Freihandel und Umweltschutz

Gerald G. Sander
Andreas Sasdi

Freihandel und Umweltschutz

Legitimation und Grenzen grüner Handelsbeschränkungen in EU und WTO

PETER LANG
Frankfurt am Main · Berlin · Bern · Bruxelles · New York · Oxford · Wien

Bibliografische Information Der Deutschen Bibliothek
Die Deutsche Bibliothek verzeichnet diese Publikation in der Deutschen Nationalbibliografie; detaillierte bibliografische Daten sind im Internet über <http://dnb.ddb.de> abrufbar.

ISBN 3-631-54271-2

www.peterlang.de

Vorwort

Habent sua fata libelli.

Anfang der neunziger Jahre des vorigen Jahrhunderts war *Gerald G. Sander* einer meiner Mitarbeiter in der Tübinger DFG-Forschergruppe „Europäische und internationale Wirtschaftsordnung aus der Sicht der Bundesrepublik Deutschland". Juristische, politik- und wirtschaftswissenschaftliche Kollegen suchten damals in einer Reihe von interdisziplinären Publikationen den Umbruch zur Weltmarktwirtschaft aus deutscher Interessenlage zu analysieren.

Nicht alle Projekte ließen sich sofort abschließen. Dazu gehörte die Problematik des Spannungsverhältnisses zwischen Freihandel und Umweltschutz oder anders ausgedrückt die Legitimation „grüner" Handelsbeschränkungen innerhalb der sich über die WTO liberalisierenden Weltwirtschaft. Zur Thematik gehörte ebenso der Stellenwert des Umweltschutzes im europäischen Binnenmarkt, wo der Europäische Gerichtshof in fortgesetzter Rechtsprechung Umweltregelungen in bestimmten Grenzen als zulässige Eingrenzungen der EG-Warenverkehrsfreiheit anerkennt. „Freihandel und Umweltschutz" sollte als Gemeinschaftsprojekt *Beise/Oppermann/Sander* erscheinen. *Marc Beise*, inzwischen wohlbestallter Wirtschaftsredakteur bei der „Süddeutschen Zeitung", war ein weiterer Mitarbeiter der Forschergruppe. Während *Gerald G. Sander* seine „Hausaufgaben" rechtzeitig abschloß, reichte es bei *Marc Beise* und mir infolge anderer Verpflichtungen (u.a. *Beise/Oppermann/Sander*, Grauzonen im Welthandel, 1998) letztlich nur zu einem größeren Aufsatz (*Oppermann/Beise*, Freier Welthandel und Umweltschutz nach der WTO-Doha-Konferenz 2001, Recht der Internationalen Wirtschaft, 2001, S. 269 ff.).

Der Schaffenskraft von *Gerald Sander,* heute an der Universität Stuttgart-Hohenheim tätig, ist zu verdanken, dass die Flinte nicht ins Korn geworfen wurde, sondern das ursprüngliche Projekt nunmehr in veränderter Besetzung vorgelegt werden kann. Mit *Andreas Sasdi* hat sich ein erfolgreicher Doktor aus der Schule meines Tübinger Lehrstuhlnachfolgers *Martin Nettesheim* hinzugesellt. Während beide das ganze Buch gemeinsam verantworten, hat sich *Sasdi* besonders dem WTO-Teil gewidmet, während *Sander* die EG/EU-Seite auf den heutigen Stand brachte.

„Freihandel und Umweltschutz" ist so aktuell geblieben wie vor einem Jahrzehnt. Die EU sucht die widerstreitenden Belange der Ökonomie und Ökologie über den Erlaß immer neuen Sekundarrechts voranzutreiben. Die Osterweiterung 2004 stellt eine zusätzliche Herausforderung für die Umsetzung der europäischen Umweltstandards in den mittelosteuropäischen Mitgliedstaaten dar. In der WTO bleibt abzuwarten, ob die Doha-Runde den seit langem international gesuchten „goldenen Schnitt“ zwischen den Handels- und Umweltinteressen von bald 150 Staaten findet. *Sander/Sasdi* machen die erheblichen europa- und weltwirtschaftsrechtlichen Schwierigkeiten auf diesem Wege deutlich und legen Vorschläge zu ihrer Überwindung vor.

Dem *Peter Lang*-Verlag ist zu danken, dass er das viel versprechende Unternehmen unter seine Fittiche genommen hat.

Tübingen, im Sommer 2005

Thomas Oppermann
Prof. (em.) Dr. iur. Dres h.c.
Juristische Fakultät der
Eberhard-Karls-Universität Tübingen

Inhaltsverzeichnis

Zweiter Teil

Abkürzungsverzeichnis

a.A.	andere(r) Ansicht
a.a.O.	am angegebenen Ort
ABl.	Amtsblatt
Abs.	Absatz
AJIL	American Journal of International Law
AM. U. INT'l L. REV.	American University International Law Review
Anm.	Anmerkung(en)
Art.	Artikel
Aufl.	Auflage
Bd.	Band
BGBl.	Bundesgesetzblatt
BISD	GATT, Basic Instruments and Selected Documents
BMU	Bundesministerium für Umwelt, Naturschutz und Reaktorsicherheit
ca.	zirka
CMLRev.	Common Market Law Review
CTE	Committee on Trade and Environment
DB	Der Betrieb (Zeitschrift)
ders./dies.	derselbe/dieselbe
DNS	Desoxiribosenucleinsäure
DVBl.	Deutsches Verwaltungsblatt (Zeitschrift)
EA	Europa-Archiv (Zeitschrift)
EAG	Europäische Atomgemeinschaft
EC	European Community/ies
EEC	European Economic Community
EG	Europäische Gemeinschaft(en)
EGKS	Europäische Gemeinschaft für Kohle und Stahl
EGV	Vertrag zur Gründung der Europäischen Gemeinschaft
EU	Europäische Union
EuGH	Gerichtshof der Europäischen Gemeinschaften
EuGRZ	Europäische Grundrechte-Zeitschrift
EuR	Europarecht (Zeitschrift)
EuZW	Europäische Zeitschrift für Wirtschaftsrecht
EWG	Europäische Wirtschaftsgemeinschaft
EWGV	Vertrag zur Gründung der EWG
EWS	Europäisches Wirtschafts- und Steuerrecht (Zeitschrift)

f./ff.	folgende/fortfolgende
Fn.	Fußnote
GA	Generalanwalt
GA. J. INT'l & COMP. L.	Georgia Journal of International and Comparative Law
GATT	General Agreement on Tariffs and Trade
gem.	gemäß
GVO	gentechnisch veränderte Organismen
hl	Hektoliter
i.S.d.	im Sinne des
ILM	International Legal Materials
Int'l Env't Rep.	International Environment Reporter
ISO	International Standards Organization
JuS	Juristische Schulung (Zeitschrift)
JWT	Journal of World Trade
KOM	Kommissions-Dokument
lit.	litera
m.w.N.	mit weiteren Nachweisen
MEAs	Multilateral Environment Agreements
Minn. J. Global Trade	Minnesota Journal of Global Trade
MMPA	Marine Mammal Protection Act
NGO	Nichtregierungsorgansiation
NJW	Neue Juristische Wochenschrift
NVwZ	Neue Zeitschrift für Verwaltungsrecht
OECD	Organisation for Economic Co-operation and Development
para(s).	Abschnitt(e)
Pkw	Personenkraftwagen
PPMs	Process and Production Methods
Rdnr.	Randnummer(n)
REACH	Registration, Evaluation and Authorization of Chemicals
RIW	Recht der Internationalen Wirtschaft (Zeitschrift)
Rs.	Rechtssache
S.	Satz/Seite(n)
Slg.	Sammlung
sog.	so genannte(r)
SPS	Sanitary and Phytosanitary Measures
st. Rspr.	ständige Rechtsprechung
TBT	Technical Barriers to Trade
u.	und
u.a.	und andere/unter anderem

UAbs.	Unterabsatz
UNCTAD	United Nations Conference on Trade and Development
UNEP	United Nations Environment Programme
UNITAR	United Nations Institute for Training and Research
Urt.	Urteil
v.	von/vom
verb.	verbundene
vgl.	vergleiche
Vorb.	Vorbemerkungen
Wash. & Lee L. Rev.	Washington & Lee Law Review
WHO	Weltgesundheitsorganisation
WVK	Wiener Übereinkommen über das Recht der Verträge
Yale L.J.	Yale Law Journal
z.B.	zum Beispiel
ZEuS	Zeitschrift für Europarecht
ZfU	Zeitschrift für Umweltpolitik und Umweltrecht
Ziff.	Ziffer
zit.	zitiert

Lassen Sie uns alles daransetzen, dass wir der nächsten Generation, den Kindern von heute, eine Welt hinterlassen, die ihnen nicht nur den nötigen Lebensraum bietet, sondern auch die Umwelt, die das Leben erlaubt und lebenswert macht.
Richard von Weizsäcker, Altbundespräsident

Ich warne davor, zu glauben, dass der Markt die Umwelt alleine in den Griff bekommt – dies ist geradezu ein Paradebeispiel für öffentliche Verantwortung.
Willy Brandt, Bundeskanzler a.D.

Einleitung

Spätestens während der 3. Ministerkonferenz der WTO in Seattle wurde erkennbar, dass der Umweltschutz eine bislang unbekannte Aufmerksamkeit in der Weltöffentlichkeit erlangt hat. In Seattle sind die Verhandlungen der WTO von massiven Protesten zahlreicher Umwelt- und Entwicklungsorganisationen begleitet worden, welche die Globalisierung u.a. für den weltweiten Abbau von Umweltstandards verantwortlich machten und damit auch die Globalisierung zum Schreckgespenst der Neuzeit erklärten. Mehrere Entwicklungen der letzten Jahrzehnte haben den globalen Umweltschutz in das Interesse der Weltöffentlichkeit rücken lassen. So hat sich beispielsweise in den letzten Jahrzehnten die Erkenntnis durchsetzen können, dass Umweltbeeinträchtigungen zunehmend globale Ausmaße annehmen. Umweltphänomene weltweiten Ausmaßes füllten in den letzten Jahrzehnten die Tageszeitungen, angefangen bei der durch Fluorkohlenwasserstoffe angegriffenen Ozonschicht bis zur globalen Erwärmung und dem zunehmenden CO_2-Ausstoß und anderen Treibhausgasen, die indirekt für das Ansteigen des Meeresspiegels, der Verstärkung des El-Niño-Phänomens und der Zunahme von Naturkatastrophen verantwortlich gemacht werden.[1] Daneben zeichnet sich eine globale Ressourcenknappheit ab, indem sich die weltweiten Süßwasserreservoires und die nicht erneuerbaren Energien verbrauchen oder die genetische Vielfalt durch die systematische Brandrodung tropischer Regenwälder jährlich verloren geht. Diese Entwicklung ging mit dem Interesse der

1 Hierzu *Arntez/Fahrbach*, El Niño. Klimaexperiment in der Natur, 1991.

Staaten einher, auf die Umweltpolitik anderer Staaten Einfluss ausüben zu können, um dadurch einen Beitrag zum Erhalt der natürlichen Ressourcen und anderer essentieller Umweltschutzgüter leisten zu können.

Die grenzüberschreitenden Auswirkungen der Umweltzerstörungen zwangen die Staaten schließlich dazu, sich an einen gemeinsamen Tisch zu setzen und die Beseitigung der globalen Umweltschutzprobleme auf die internationale Agenda zu setzen. In vielen Fällen, wie beispielsweise im Fall des Ozon-Regimes, sind nationale Umweltschutzbedingungen, nachdem sie sich zunächst auf nationaler Ebene bewährt hatten, auf internationaler Ebene ausgeweitet und schließlich einer multilateralen Regelung unterworfen worden. Ein wichtiger Impuls in dieser Entwicklung hin zu einer Internationalisierung des Umweltschutzes, war sicherlich die Rio-Konferenz zu „Umwelt und Entwicklung" im Jahr 1992. Diese Konferenz wurde in der Literatur zu Recht als Meilenstein im globalen Umweltschutz bezeichnet, brachte sie doch den Anstoß zu unzähligen weiteren multilateralen Umweltschutzkonventionen, wie beispielsweise die Rio-Deklaration, Waldgrundsatzentscheidung, Agenda 21, Klimarahmenkonvention, Biodiversitätskonvention und die Desertifikationskonvention, deren Fortentwicklung nach wie vor andauert. Daneben sind auch viele weitere multilaterale Umweltschutzabkommen unter der Verhandlungsführung der Vereinten Nationen erlassen worden, die den zwischenstaatlichen Handel einschränken, was ein erhebliches Konfliktpotential mit den Freihandelsbemühungen der WTO birgt. Die WTO hat die Aufgabe den internationalen Freihandel durch die Beseitigung von Protektionismus und Diskriminierung zu sichern. Die Auswirkungen dieser Förderung auf natürliche Ressourcen und den globalen Umweltschutz stehen teilweise in einem offenen Widerspruch zu den Zweckbestimmungen multilateraler Umweltschutzabkommen. Bemühungen der EU, der USA und der G-77 künftige Umweltschutzabkommen der Vereinten Nationen der WTO *de facto* unterzuordnen, konnten beim Weltgipfel für nachhaltige Entwicklung in Johannesburg im Jahr 2002 durch die NGO-Lobbyarbeit buchstäblich in letzter Minute verhindert werden.[2]

Eine globale Lösung von Umweltschutzproblemen drängt sich ferner deshalb auf, da nicht nur die Umweltverschmutzung selbst, sondern auch die Schadensverursacher vor nationalen Grenzen nicht Halt machen. Die Globalisierung führt in den umweltbelastenden Industriesektoren nachweislich zu einer Verlagerung ihrer Produktionsstätten in Länder, die nicht nur über billige Arbeitskräfte und Produktionsmittel, sondern auch über keine oder geringfügige Umweltschutzauflagen verfügen. So kamen die Chefökonomen der Weltbank in einem Memorandum aus dem Jahr 1991 sogar zu dem Schluss, dass die Weltbank die Verlagerung von umweltverschmutzenden Industrien in Entwicklungsländer fördern sollte, weil die Kosten für die Abfallbeseitigung dort, gemessen an den

2 Vgl. *Maier*, Vereinte Nationen 2002, S. 179 f.

geltenden Sozialstandards, wesentlich niedriger seien als in den entwickelten Ländern. Infolgedessen, so die wirtschaftliche Logik der Weltbank, gäbe es in bevölkerungsarmen Ländern, wie beispielsweise in Afrika einen viel zu geringen Verschmutzungsgrad.[3] Die Verlagerung von Industriesektoren in Länder mit niedrigen Umweltauflagen lässt bereits das Spannungsverhältnis erahnen, welches sich zwischen Umweltschutz und Freihandel und damit zwischen zwei scheinbar widersprüchlichen Politikzielen aufbaut.

Während auf der einen Seite der internationale Wettbewerbsdruck als das größte Hindernis der nachhaltigen Entwicklung und der Förderung des Umweltschutzes gesehen wird, da er zu einer Senkung der ordnungspolitisch gesetzten Umweltstandards führt, geht auf der anderen Seite die Furcht um, dass die Staaten mit vorgeschobenen Umweltschutzinteressen einen politischen Etikettenschwindel betreiben. Protektionistische Interessen werden unter dem Deckmantel des Umweltschutzes verfolgt und nach außen als legitime Ziele präsentiert. Wie dieses Spannungsverhältnis zwischen Umweltschutz und Freihandelsbestrebungen aufzulösen ist, unterliegt einer ständigen Diskussion und einem laufenden Wandel, der innerhalb der WTO und der EU zu unterschiedlichen Entwicklungen geführt hat.

Die EG hat u.a. die Errichtung eines Binnenmarktes, die Harmonisierung nationaler Vorschriften, einschließlich der Anpassung nationaler Schutzstandards, zum Ziel. In der Gemeinschaft wurden mit dem In-Kraft-Treten der Einheitlichen Europäischen Akte im Jahre 1987 umweltpolitische Ziele, Grundsätze und Kompetenzen zum Erlass von Sekundärrecht in einem eigenen Umweltkapitel festgeschrieben. Nachdem der Umweltschutz als eigenständige Zielbestimmung der EG anerkannt wurde, sind die Erfordernisse des Umweltschutzes bei der Festlegung und Durchführung anderer Gemeinschaftspolitiken einzubeziehen. Hier stellt sich die Frage, wie der Abwägungsprozess zwischen den einzelnen Zielbestimmungen der EG vorzunehmen ist und wie sich der Umweltschutz gegenüber anderen Schutzbelangen der EG in Vergangenheit durchsetzen konnte und in Zukunft durchsetzen wird.

Demgegenüber fällt die Angleichung von nationalen Umweltschutzstandards nicht in den Aufgabenbereich der WTO. Zum Tätigkeitsfeld der WTO gehört in erster Linie die Beseitigung tarifärer und nichttarifärer Handelsbeschränkungen. Umweltpolitisch motivierte Handelshemmnisse stellen ebenfalls nichttarifäre Handelsbeschränkungen dar, weshalb sie sich am Diskriminierungsverbot zu messen haben und nur unter bestimmten Voraussetzungen zulässig sind. Hieran ändert auch der Umstand nichts, dass die zum 1. Januar 1995 gegründete Welthandelsorganisation nach der Präambel des WTO-Übereinkommens dem Ziel einer „nachhaltigen Entwicklung" verpflichtet ist, zumal die WTO dieses

---

3 Vgl. dazu *Rich*, Mortgaging the Earth: The World Bank, Environmental Impoverishment and the Crises of Development, S. 246 ff.

Bekenntnis in die Praxis kaum umsetzt. In jüngster Zeit sind innerhalb der Streitbeilegungsgremien der WTO mehrere Entscheidungen zum Umweltschutz, wie beispielsweise die „Thunfisch"- und „Shrimps"-Entscheidungen, ergangen, welche die Frage aufwerfen, ob und in welchem Umfang ein Land im nationalen Alleingang gegen grenzüberschreitende Umweltschäden vorgehen kann. Gibt es ökologische Leitlinien innerhalb der WTO, die den Mitgliedstaaten bei der Verfolgung nationaler Umweltschutzinteressen einen Spielraum belassen? Diese Frage muss sich zwangsläufig auch die EU stellen.

Die Frage, wie zwischen der Liberalisierung des Gemeinschafts- und Welthandels und dem globalen Umweltschutz eine optimale Kohärenz hergestellt werden kann, gehört zu den spannendsten und umstrittensten Themenkomplexen innerhalb der EU und der WTO. Dieses Buch setzt es sich zum Ziel, die Antwort auf diese Frage ein Stück voranzubringen.

Erster Teil
Das Umweltargument im Gemeinschaftsrecht

A. Einleitung

Wirtschaftliche Entwicklung und Schutz der Umwelt hängen eng zusammen. Diese Beziehung ist in der Öffentlichkeit jedoch erst spät erkannt und problematisiert worden. Auch für die europäische Integration stand zu Beginn die ökonomische Einigung Europas an vorderster Stelle. Mit dem wirtschaftlichen und politischen Erfolg der Europäischen Gemeinschaft für Kohle und Stahl (EGKS) zeigte sich, dass erste Fortschritte in der europäischen Einigung am aussichtsreichsten und am wirkungsvollsten im ökonomischen Bereich zu erzielen sind.[4] Vergleichbare Erfahrungen werden zurzeit mit der zunehmenden wirtschaftlichen Verflechtung auf globaler Ebene gemacht.[5] Diese Erkenntnis führte, um die Integration Westeuropas noch weiter voranzubringen, konsequenterweise zur Gründung der umfassenderen Europäischen Wirtschaftsgemeinschaft im Jahre 1958, deren wesentliche Aufgabe darin besteht, einen einheitlichen Markt zu schaffen, in dem die Waren zwischen den einzelnen Mitgliedstaaten frei verkehren können. Die hierdurch entstandenen ökonomischen Vorteile[6] sind heute in allen Mitgliedstaaten anerkannt.

Im Gegensatz zum Wirtschaftsbereich zählten der geistig-kulturelle Bereich und der Umweltschutz nicht von Anfang an zum Tätigkeitsfeld der Gemeinschaft. So wurde der Schutz der Umwelt zunächst nicht ausdrücklich bei den im Vertrag aufgeführten Zielen erwähnt. Die Problematik des Wirtschaftswachstums in Bezug auf die Umwelt wurde in der EG spät erkannt und nur zurückhaltend aufgegriffen. Erst durch die Ende der 60er Jahre in das öffentliche Bewusstsein dringenden Umweltschäden wurde in der Politik allmählich anerkannt, dass auf diesem Gebiet regulierende Maßnahmen der öffentlichen Hand erforderlich sind. In der Schlusserklärung der Pariser Gipfelkonferenz vom 20. Oktober 1972[7] forderten die Staats- und Regierungschefs der Gemeinschaft, inspiriert durch die erste UN-Umweltkonferenz in Stockholm 1972, die Ausarbeitung eines umweltpolitischen Aktionsprogrammes einschließlich eines Zeitplans für dessen Maßnahmen.

---

4 *Oppermann*, Europarecht, Rdnr. 22.
5 *Sander*, Internationaler und europäischer Gesundheitsschutz, S. 340 ff.
6 *Cecchini*, Europa '92. Der Vorteil des Binnenmarktes, 1988.
7 Bulletin der EG 1972, Nr. 10, S. 15 ff.

Die Grundlage für die EG-Umweltpolitik vor 1987 bildete eine erweiterte Auslegung der Absätze 3 und 5 der Präambel des EWG-Vertrages sowie des Art. 2 EWGV, die demzufolge nun auch den Umweltschutz als ein wesentliches Ziel der Gemeinschaft begriffen. Dadurch konnte schließlich Art. 235 EWGV (jetzt Art. 308 EGV), der die Verwirklichung eines EG-Zieles forderte, in einer breiteren Anwendung umweltpolitisch nutzbar gemacht werden.[8] Die Umweltrechtsakte der Gemeinschaft wurde in der Folgezeit auf Art. 235 EWGV und einige zusätzlich auf Art. 100 EWGV (jetzt Art. 94 EGV) als Rechtsgrundlage gestützt. Vorwiegend wurde dabei vom Rat auf das Instrument der Richtlinie zurückgegriffen. Als Orientierungsrahmen für die Gestaltung der europäischen Umweltpolitik dienen dabei Umweltschutz-Aktionsprogramme, von denen seit 1973 sechs Programme mit unterschiedlichen Schwerpunkten konzipiert wurden.

Angesichts der länderübergreifenden Auswirkungen von Umweltverschmutzungen („Ökologie kennt keine Grenzen")[9] herrschte in den 80er Jahren Einigkeit darüber, dass gerade eine supranationale Organisation wie die Europäische Gemeinschaft aufgefordert ist, am Schutz von Mensch und Umwelt und an der Bewahrung der Schöpfung für künftige Generationen mitzuwirken. Deshalb verständigten sich die Mitgliedstaaten darauf, den Umweltschutz wegen seiner großen Bedeutung in einem besonderen Titel in die Politiken der Gemeinschaft aufzunehmen.[10] Mit der Einheitlichen Europäischen Akte vom 28. Februar 1986[11] fand schließlich die Umweltpolitik in dem neuen Titel VII „Umwelt" (Art. 130r-130t) Eingang in den 3. Teil des EWG-Vertrages.[12]

Auch in dem durch den Maastrichter Unionsvertrag und den Amsterdamer Vertrag geänderten Titel XIX wird der Begriff der „Umwelt" nicht näher definiert. Dadurch soll eine Begriffsbestimmung bewusst entwicklungsoffen gehalten werden.[13] Der Tatbestand der Umwelt gewinnt aber trotz dieser Offenheit jedenfalls insoweit rechtliche Konturen, als er die natürlichen Lebensgrundlagen des Menschen und deren Beziehungen untereinander sowie zum Menschen bezeichnet und dabei auch die künstliche, vom Menschen gestaltete Umwelt mit einschließt.[14]

Der Umweltschutz kann zudem nicht losgelöst von anderen Aufgaben der EG verwirklicht werden, sondern er muss letztlich bei allen Maßnahmen Be-

---

8 Ausführlicher *Behrens*, DVBl. 1978, S. 462 ff.

9 *Simonis/von Weizsäcker*, EA 1990, S. 3.

10 *Scheuing*, EuR 1989, S. 158 ff.

11 BGBl. 1987 II S. 2102; ABl. EG 1987 Nr. L 169, S. 1.

12 Hierzu ausführlicher *Lietzmann*, Einheitliche Europäische Akte und Umweltschutz: Die neuen Umweltbestimmungen im EWG-Vertrag, in: Rengeling (Hrsg.), Europäisches Umweltrecht und europäische Umweltpolitik, S. 163 ff.

13 *Scheuing*, EuR 1989, S. 161; *Oppermann*, Europarecht, Rdnr. 2006.

14 *Krämer*, CMLRev. 1987, S. 659 ff.

rücksichtigung finden.[15] Dieser Charakter des Umweltschutzes als übergreifende Aufgabe findet seinen Ausdruck in Art. 6 EGV, der festlegt, dass die Erfordernisse des Umweltschutzes integraler Bestandteil der anderen Politiken der Gemeinschaft sind (sog. „Querschnittsklausel“). Dadurch sind aber Kollisionen mit anderen Zielen der Gemeinschaft vorprogrammiert. So behindern Regelungen, wie die nationale Festlegung von Höchstgrenzen für Automobilabgase, die zum Schutz der Umwelt besondere Anforderungen an Produkte stellen, regelmäßig den Export aus anderen Mitgliedstaaten und somit den freien Warenverkehr. Sie werfen damit die grundsätzliche Frage auf, in welchem Verhältnis die verschiedenen Ziele der Gemeinschaft, einerseits die Garantie des freien Warenverkehrs und andererseits der Umweltschutz, zueinander stehen.[16]

Im Folgenden soll dieses Spannungsverhältnis zunächst in der grundlegenden Rechtsprechung des EuGH zu dieser Thematik untersucht werden. Dabei wird der Frage nachgegangen, wie der EuGH in seinen Urteilen die Belange des Umweltschutzes und des freien Warenverkehrs rechtsdogmatisch in Einklang bringt. In diesem Spannungsfeld stellt sich anschließend im Rahmen der primärrechtlichen Vorschriften der Art. 28 ff. EGV das Problem, inwieweit sich die Mitgliedstaaten auf das Argument berufen können, den freien Warenverkehr aus Gründen des Umweltschutzes einschränken zu dürfen. Letztlich geht es dabei um die Rechtfertigung nationaler Bestimmungen, die eigentlich zu einer Beeinträchtigung des freien Warenverkehrs führen und damit gegen das Verbot des Art. 28 EGV verstoßen.

Weiterhin gilt es, die umweltpolitischen Maßnahmen der Gemeinschaft, insbesondere das von den EG-Organen erlassene Sekundärrecht, für die einzelnen Umweltmedien aufzuzeigen. Außerdem ist darzustellen, welche Handlungsspielräume den Mitgliedstaaten noch verbleiben, um nationale Maßnahmen zum Schutze der Umwelt zu erlassen, die ein höheres Schutzniveau anstreben als von den gemeinschaftsrechtlichen Bestimmungen vorgegeben. Abschließend ist die Kompetenzverteilung zwischen der Gemeinschaft und ihren Mitgliedstaaten bezüglich des Abschlusses internationaler Umweltschutzabkommen aufzuzeigen.

---

15 Beispiele bei *Palme*, Nationale Umweltpolitik in der EG, S. 64 ff.

16 Zur Stellung des Umweltschutzes innerhalb verschiedener Politikbereiche ausführlich *Zils*, Die Wertigkeit des Umweltschutzes in Beziehung zu anderen Aufgaben der EG, 1994.

B. Rechtsprechung des EuGH zum Verhältnis Warenverkehrsfreiheit und Umweltschutz

Im Folgenden werden zentrale Urteile des EuGH, die sich im Spannungsfeld von freiem Warenverkehr und Umweltschutz bewegen, vorgestellt. Sie stellen erste Marksteine bei der Konturierung des Stellenwertes der Umweltpolitik in der europäischen Rechtsordnung dar, zumal lange Zeit vertragliche Regelungen fehlten. Zahlenmäßig waren die Urteile, welche sich mit dem Umweltschutz befassen, anfangs noch recht gering, insbesondere im Vergleich zu der damals bereits bändefüllenden Legion an Entscheidungen zum freien Warenverkehr.[17] Interessant ist vor allem der Rang, der dem Umweltschutz im Vergleich zur Warenverkehrsfreiheit in diesen Urteilen eingeräumt wird.

I. Das Urteil „Kramer"

Wegen des recht spät erwachenden Umweltbewusstseins der Öffentlichkeit in den 70er Jahren erging das erste Urteil zu dieser Thematik erst am 14. Juli 1976. Es betraf die Rechtssache „Kramer"[18], einer Vorlage niederländischer Strafgerichte zur Vorabentscheidung an den EuGH. Niederländische Fischer waren angeklagt, gegen niederländische Vorschriften zur Beschränkung der Zungen- und Schollenfischerei verstoßen zu haben. Diese Vorschriften beruhten auf einer Empfehlung der Fischerei-Kommission des Nordostatlantik-Fischereiabkommens. Mit dem Ziel, die Fischbestände zu schützen, hatte sich aber auch die Gemeinschaft beschäftigt und die Verordnungen (EWG) Nr. 2141/70[19] und Nr. 2142/70[20] erlassen. Die nationalen Gerichte legten dem EuGH die Frage vor, ob angesichts der beiden EWG-Verordnungen sowie der Art. 30, 31 und 34 EWGV überhaupt noch Fangquoten von den Mitgliedstaaten festgelegt werden dürfen.

In den Urteilsgründen führte der EuGH hierzu aus, dass die Mitgliedstaaten übergangsweise noch berechtigt sind, nationale Vorschriften auf Grundlage des Nordostatlantik-Fischereiabkommens zu erlassen, solange es an einem umfassenden Schutzsystem für den Erhalt der biologischen Schätze des Meeres fehlt.

17 Vgl. dazu *Steiner*, CMLRev. 1992, S. 749; *Schmidt*, Freier Warenverkehr innerhalb der EG, in: Rengeling/v. Borries (Hrsg.), Aktuelle Entwicklungen in der Europäischen Gemeinschaft, S. 57.

18 EuGH Slg. 1976, S. 1279 ff. – verb. Rs. 3, 4 u. 6/76.

19 ABl. EG 1970 Nr. L 236, S. 1 ff.

20 ABl. EG 1970 Nr. L 236, S. 5 ff.

Deswegen beeinträchtigt eine nationale Beschränkung der Fangquoten auch nicht das durch die Verordnungen errichtete System gemeinsamer Vermarktungsnormen, sondern ist vielmehr ein notwendiger Bestandteil dieses Systems.[21] Bezüglich der Frage nach der Vereinbarkeit der niederländischen Vorschrift mit Art. 30 ff. EWGV (jetzt Art. 28 ff. EGV) stellte der EuGH fest, dass die nationalen Regelungen nicht handelsregelnder, sondern vielmehr biologischer Natur sind. Hinsichtlich den auftretenden mittelbaren Handelsbehinderungen war er deshalb der Ansicht, dass es sich hier nicht um eine „Maßnahme gleicher Wirkung" nach Art. 30 ff. EWGV handelt, weil zwar kurzfristig Produktionsbeschränkungen eintreten, im Ergebnis aber die Produktion langfristig gesichert wird.

Der EuGH vermied es in diesem Urteil Stellung zu dem Spannungsverhältnis zwischen freiem Warenverkehr und Umweltschutz zu nehmen, indem er davon ausging, dass es sich bei der nationalen Vorschrift um eine Produktionsregelung handelt, auf die Art. 30 ff. EWGV gar keine Anwendung findet. Hinsichtlich der mittelbaren Handelsbeschränkungen argumentierte er rein ökonomisch, dass nämlich der Fischbestand geschützt werden muss, damit auch später noch Fischhandel betrieben werden kann. Mögliche ökologische Interessen spielten in seiner Entscheidung zu diesem Zeitpunkt noch keine Rolle.

II. Die Urteile zu Schädlingsbekämpfungsmitteln

1. Das Urteil „Biologische Producten"

Auch in dem fünf Jahre später, am 17. Dezember 1981, ergangenen Urteil „Biologische Producten"[22], dem zweiten, das sich mit der Thematik Umweltschutz und Freihandel befasste, ging es um eine Vorlage niederländischer Strafgerichte. Eine niederländische Gesellschaft war angeklagt, mit einem aus Frankreich eingeführten Schädlingbekämpfungsmittel Handel getrieben zu haben, obwohl dieses Mittel nicht in den Niederlanden zugelassen war. Diese Handlung ist nach dem nationalen Schädlingsbekämpfungsmittelgesetz verboten und auch strafbar gewesen.

Die Gesellschaft berief sich hingegen darauf, dass jenes Mittel in Frankreich rechtmäßig zugelassen war und die geforderte Neuzulassung in den Niederlanden gegen das Verbot des Art. 30 EWGV (jetzt Art. 28 EGV) verstößt. Diese Neuzulassung könne auch nicht auf eine Ausnahme nach Art. 36 EWGV (jetzt Art. 30 EGV) gestützt werden, da der Gesundheitsschutz in Frankreich

21 EuGH Slg. 1976, S. 1312 ff.
22 EuGH Slg. 1981, S. 3277 ff. – Rs. 272/80.

gleichwertig sei und die damit verbundenen Kosten unverhältnismäßig hoch seien. Das nationale Gericht legte dem EuGH deshalb die Frage vor, ob das niederländische Gesetz mit Art. 30 EWGV vereinbar ist, soweit es die Einfuhr eines rechtmäßig in einem anderen Mitgliedstaat in den Verkehr gebrachten Erzeugnisses untersagt, obwohl es dort vergleichbaren Anforderungen hinsichtlich des Gesundheitsschutzes genügt.[23]

Zwar erwähnte der EuGH in seinen Entscheidungsgründen, dass die Regierung in ihrem Vortrag auch Umweltschutzgesichtspunkte anführte, er machte sich diese Erwägungen jedoch noch nicht zu Eigen. Stattdessen argumentierte er ausschließlich auf der Grundlage des Art. 36 EWGV. Danach waren die Mitgliedstaaten noch berechtigt, nationale Vorschriften in Bezug auf Schädlingsbekämpfungsmittel zu erlassen, weil entsprechende Gemeinschaftsregelungen fehlten. Selbst wenn die gesetzlichen Zulassungsvoraussetzungen in dem Ausfuhr- und dem Einfuhrstaat vergleichbar sind, ist ein Importverbot unter dem Gesichtspunkt der öffentlichen Gesundheit gemäß Art. 36 S. 1 EWGV gerechtfertigt, weil die bloße Vermutung, dass ein ausreichender Gesundheitsschutz besteht, noch keine Sicherheit bedeutet. Insoweit folgte der EuGH den Vorschlägen der Kommission und der Regierungen der Niederlande, Dänemarks und des Vereinigten Königreichs. Wegen Art. 36 S. 2 EWGV müssen sich die Behörden der Mitgliedstaaten jedoch Analyseergebnisse untereinander zur Verfügung stellen, um keine unnötigen zusätzlichen Kontrollkosten zu verursachen.[24]

Während in der Rechtssache „Kramer“ in der Argumentation noch eine Kollision zwischen freiem Warenverkehr und Umweltschutz vermeidbar war, weil kein direktes Handels-, sondern ein Produktionshemmnis vorlag, entschied der EuGH im Urteil „Biologische Producten“, dass nationale Gesetze, die den innergemeinschaftlichen Handel erheblich behindern und gegen Art. 30 EWGV verstoßen, bei gesundheitsschädlichen Produkten durch Art. 36 EWGV gerechtfertigt sind. Hierfür ist jedoch erforderlich, dass diese Waren noch nicht Gegenstand einer harmonisierten Gemeinschaftsregelung sind und auch die Anforderungen des Art. 36 S. 2 EWGV beachtet wurden. Im Ergebnis bedeutet dies, dass selbst unterschiedliche Vorschriften in den einzelnen Mitgliedstaaten, die scheinbar denselben Schutz garantieren und Auswirkungen auf den freien Warenverkehr haben, hinzunehmen sind, wenn wichtige öffentliche Interessen betroffen sind und keine Gemeinschaftsregelungen bestehen.

---

23 EuGH, a.a.O., S. 3281.
24 EuGH, a.a.O., S. 3291.

2. *Das Urteil „Heijn"*

Das Urteil „Heijn"[25] vom 19. September 1984 schloss sich zwar nicht in zeitlicher Reihenfolge an das oben dargestellte an, weil in der Zwischenzeit noch die Entscheidungen in den Altöl-Fällen „Inter-Huiles" und „Rhônes Alpes Huiles" ergangen waren. Es gehört jedoch hier in den systematischen Zusammenhang, da wiederum die Frage der Vereinbarkeit nationaler Verbote von Schädlingsbekämpfungsmitteln mit dem freien Warenverkehr Streitgegenstand des Urteils war. Eine niederländische Firma wurde angeklagt, weil sie mit aus Italien eingeführten Äpfeln handelte, die mit einem für diese Frucht in den Niederlanden nicht genehmigten Schädlingsbekämpfungsmittel belastet waren. In weitaus größeren Mengen war dieses Mittel jedoch in den Niederlanden in Erdbeeren und Kiwis zugelassen.

Auf die nationale Vorlage hin stellte der EuGH fest, dass Schädlingsbekämpfungsmittel eine Gefahr für die Umwelt darstellen und zog damit den Gesichtspunkt des Umweltschutzes zum ersten Mal bei seiner Beurteilung stärker mit in Betracht. Da keine gemeinschaftsrechtlichen Bestimmungen existieren, sind die Mitgliedstaaten nach der Rechtsprechung des EuGH je nach Maßgabe der klimatischen Verhältnisse, der Ernährungsgewohnheiten der nationalen Bevölkerung und der Volksgesundheit noch regelungsbefugt. Deshalb sind auch unterschiedliche Höchstgrenzen für Schädlingsbekämpfungsmittel in verschiedenen Nahrungsmitteln zulässig.[26] Damit liegt auch kein Verstoß gegen Art. 30 EWGV vor, sondern die nationale Regelung ist durch Art. 36 EWGV gerechtfertigt. Im Ergebnis wertete der EuGH im Bereich von umweltschädlichen Chemikalien den Gesundheitsschutz also höher als den Grundsatz des freien Warenverkehrs.

3. *Die Folgeurteile*

Dem Urteil „Mirepoix"[27] vom 13. März 1986 lag folgendes nationales Verfahren zugrunde: Herr Mirepoix war angeklagt, niederländische Zwiebeln zum Verkauf in Frankreich eingeführt zu haben, die ein in Frankreich verbotenes Pflanzenschutzmittel beinhalteten. Weil es sich hierbei um ein gebräuchliches Mittel handelte und das Verbot faktisch die Einfuhr nach Frankreich ausschloss, legte das nationale Gericht die Frage der Vereinbarkeit des nationalen Verbots mit Art. 30 EWGV dem EuGH vor. Wie im Urteil „Heijn" führte der EuGH da-

---

25 EuGH Slg. 1984, S. 3263 ff. – Rs. 94/83.
26 EuGH, a.a.O., S. 3280.
27 EuGH Slg. 1986, S. 1067 ff. – Rs. 54/85.

zu aus, dass Schädlingsbekämpfungsmittel eine Gefahr für Menschen, Tiere und Umwelt darstellen und die nationale Regelung mangels einer Harmonisierung gerechtfertigt ist.[28]

Das Urteil „Nijman“[29] vom 7. November 1989 reiht sich ebenfalls in die oben genannten Entscheidungen ein. Herr Nijman war angeklagt, ein in den Niederlanden nicht zugelassenes Pflanzenschutzmittel verkauft zu haben. Auch hier stellte der EuGH unter Fortführung seiner Rechtsprechung fest, dass mangels gemeinschaftsrechtlicher Harmonisierung die nationale Regelung gem. Art. 36 EWGV gerechtfertigt ist.

III. Die Urteile zur Altölentsorgung

1. Das Urteil „Inter-Huiles“

Am 10. März 1983 erging das erste einer ganzen Reihe von Urteilen, welche die Altölentsorgung zum Gegenstand hatten. In der Rechtssache „Inter-Huiles“[30] handelte es sich um die Umsetzung der Richtlinie 75/439/EWG[31] über die Altölbeseitigung. Diese hatte zum Inhalt, dass die Mitgliedstaaten die erforderlichen Maßnahmen zur schadlosen Sammlung und Beseitigung von Altölen und – soweit möglich – auch ihrer Wiederverwertung treffen. Falls es dabei notwendig sein würde, sollten innerhalb eines zugewiesenen Bezirkes ein oder auch mehrere Unternehmen mit der Altölsammlung und -beseitigung beauftragt werden. In Frankreich wurde das Staatsgebiet daraufhin in im Wesentlichen den Départements entsprechende Bezirke eingeteilt. In jedem dieser Bezirke wurde dann einem Unternehmen die Genehmigung zur Sammlung und Beseitigung der Altöle erteilt. Diesem Unternehmen war das Altöl zu übergeben, außer für den Fall, dass ein Unternehmen, welches Altöl zu beseitigen hatte, dazu selbst in der Lage war und dafür auch eine Genehmigung des Umweltministers besaß.

Die Kläger des Ausgangsverfahrens, die eine solche Genehmigung zur Altölbeseitigung hatten, trugen vor, die Beklagten haben einen wirtschaftlichen Interessenverband mit dem Ziel gegründet, die gesetzliche Regelung zu umgehen, um ohne Genehmigung weiterhin Altöl zu sammeln und dieses zu einem großen Teil nach Deutschland und Belgien zu exportieren. Die Beklagten waren dagegen der Ansicht, dass die französische Regelung gegen Art. 30 EWGV verstößt und nicht durch Art. 36 EWGV gerechtfertigt ist. Das nationale Gericht legte

---

28 EuGH, a.a.O., S. 1078 f.
29 EuGH Slg. 1989, S. 3533 ff. – Rs. 125/88.
30 EuGH Slg. 1983, S. 555 ff. – Rs. 172/82.
31 ABl. EG 1975 Nr. L 194, S. 31 ff.

daraufhin dem EuGH die Frage vor, ob es mit Art. 30 und 34 EWGV vereinbar ist, dass Unternehmen, die Altöl sammeln, durch die französische Regelung daran gehindert sind, diese Altöle an Unternehmen in einem anderen Mitgliedstaat zu exportieren.

Die Kläger trugen vor, dass der Altölexport zu Umweltschäden im Exportland und langfristig auch zu einem Zusammenbruch der Altölentsorgung in Frankreich führt, da diese unrentabel wird. Die Beklagten entgegneten, dass die Richtlinie 75/439/EWG nicht zu einer innergemeinschaftlichen Handelsbeschränkung gem. Art. 34 EWGV führen darf und der Umweltschutz in den anderen Mitgliedstaaten der Gemeinschaft ebenso gewährleistet wie in Frankreich ist, weshalb auch Art. 36 EWGV keine Anwendung mehr findet. Zu diesem Ergebnis kam auch die Kommission in ihren Ausführungen. Die französische Regierung war hingegen der Ansicht, dass die nationale Regelung sowohl ökologischen als auch wirtschaftlichen Zielen dient und in Übereinstimmung mit der Richtlinie steht, nach deren Erlass Art. 30 und 34 EWGV nicht mehr anwendbar sind.[32]

Der EuGH stellte in seiner Entscheidung fest, dass die französische Regelung im Ergebnis ein Ausfuhrverbot für Altöl enthält. Die Ermächtigung eines Unternehmens zur ausschließlichen Altölsammlung und -beseitigung in einem Bezirk rechtfertigt aber keine Errichtung von Ausfuhrbeschränkungen. Diese widersprechen dem Ziel der Richtlinie und verstoßen gegen Art. 34 EWGV. Auch die Rentabilität ist kein Argument, weil die Richtlinie die Möglichkeit von Zuschüssen vorsieht. Außerdem ist der Umweltschutz in den anderen Mitgliedstaaten in einem gleichen Maße gewährleistet wie in Frankreich.[33]

Der Gerichtshof ging in diesem Urteil zum ersten Mal ausdrücklich auf Umweltschutzargumente im Zusammenhang mit dem freien Warenverkehr ein. Gefördert wurde diese Stellungnahme aber auch dadurch, dass der Umweltschutz als Ziel in der dritten Erwägung der Richtlinie 75/439/EWG ausdrücklich erwähnt wurde. Ein Urteil zugunsten des Freihandels oder des Umweltschutzes blieb dem EuGH allerdings erspart. Er konnte zugunsten des freien Warenverkehrs unter Beachtung des von der Richtlinie 75/439/EWG vorgesehenen Umweltschutzniveaus entscheiden.

32 EuGH Slg. 1983, S. 562.
33 EuGH, a.a.O., S. 566.

2. *Die Urteile „Rhônes Alpes Huiles – Altöl II" und „Altöl III"*

Am 9. Februar 1984 erging die Entscheidung „Rhônes Alpes Huiles"[34], die dem ersten Altöl-Urteil sehr ähnlich ist. Die Klägerin des Ausgangsverfahrens verklagte ebenfalls einen wirtschaftlichen Interessenverband, trug diesmal aber neben dem Rentabilitätsargument vor, dass in Frankreich eher auf die Wiederverwertung von Altöl geachtet wird als im Ausland, weshalb die französische Regelung umweltfreundlicher ist. In seiner Entscheidung verwies der EuGH auf das Inter-Huiles-Urteil und führte diesmal ohne Erwähnung des Umweltschutzes aus, dass die Ausfuhr von Altöl nicht durch nationales Recht beschränkt werden darf.

Das dritte Altöl-Urteil vom 7. Februar 1985[35] betraf wiederum die französische Umsetzung der Richtlinie 75/439/EWG. Diesmal war die Kommission aufgrund Art. 169 EWGV gegen Frankreich vorgegangen. Sie klagte auf Feststellung, dass Frankreich durch das inzidente Altölausfuhrverbot gegen Art. 34 EWGV verstößt, was Frankreich allerdings bestritt. In einem kurzen Urteil führte der EuGH, wie schon in den beiden ersten Altöl-Entscheidungen aus, dass die französische Vorschrift ein Ausfuhrverbot enthält, das Art. 34 EWGV verletzt.

3. *Das Urteil „ADBHU"*

Das Urteil „ADBHU"[36] erging am selben Tag wie die Entscheidung „Altöl III". Es unterscheidet sich jedoch erheblich von den vorangegangenen Judikaturen und stellt einen entscheidenden Fortschritt in der Umweltrechtsprechung des EuGH dar. Der Gegenstand dieses Urteils war nicht mehr ein Exportverbot, sondern das ebenfalls in dem französischen Gesetz vorgesehene Verbot des Verbrennens von Altöl. In dem nationalen Verfahren, das zur Vorlage dieser Rechtssache an den EuGH nach Art. 177 EWGV führte, hatte der Staatsanwalt die Auflösung der Schutzvereinigung der Altölverbrenner (ADBHU) verlangt. Er warf dieser vor, dass ihr Hauptzweck darin besteht, diejenigen Unternehmen, die nach der französischen Regelung zur Umsetzung der Richtlinie 75/439/EWG keine Genehmigung besitzen, zur Verbrennung von Altöl anzustiften. Die ADBHU hatte daraufhin die Vereinbarkeit der Richtlinie mit Art. 30 ff. EWGV in Frage gestellt und bezweifelt, ob diese Richtlinie überhaupt Rechtsgrundlage für das Verbot der Altölverbrennung sein kann.

---

34 EuGH Slg. 1984, S. 575 ff. – Rs. 295/82.
35 EuGH Slg. 1985, S. 491 ff. – Rs. 173/83.
36 EuGH Slg. 1985, S. 531 ff. – Rs. 240/83.

In dem Verfahren vor dem EuGH trug die Kommission ausführlich vor, wie gefährlich das Verbrennen von Altöl für die Umwelt und den Menschen ist und dass der Umweltschutz im Allgemeininteresse liegt und somit ein Ziel der Gemeinschaft sein muss.[37] Der EuGH machte sich diese Überlegung zu Eigen und stellte fest:

> „Der Grundsatz der Handelsfreiheit gilt nicht absolut; er ist bestimmten Beschränkungen unterworfen, die durch die von der Gemeinschaft verfolgten, im Allgemeininteresse liegenden Ziele gerechtfertigt sind, (...). Es gibt keinen Anhaltspunkt dafür, daß die Richtlinie diese Beschränkungen außer acht gelassen hätte. Sie fällt nämlich in den Rahmen des Umweltschutzes, eines wesentlichen Zieles der Gemeinschaft.“[38]

Hinsichtlich der in der Richtlinie vorgesehenen Maßnahmen führte er aus:

> „soweit sie den freien Handel (...) einschränken können, dürfen sie weder diskriminierend sein, noch über die unvermeidlichen Beschränkungen hinausgehen, die aus Gründen des Umweltschutzes, eines im Allgemeininteresse liegenden Ziels, gerechtfertigt sind. Unter diesen Umständen verstoßen Artikel 5 und 6 [der Richtlinie] nicht gegen die vorerwähnten fundamentalen Prinzipien des Gemeinschaftsrechts.“[39]

In diesem, für die Umweltrechtsprechung zentralen Urteil, hatte der EuGH somit bereits ein Jahr vor der Unterzeichnung der „Einheitlichen Europäischen Akte“, durch die der neue Titel „Umwelt“ (Art. 130r-130t) in den EWG-Vertrag eingeführt wurde, darauf hingewiesen, dass der Umweltschutz ein wesentliches Gemeinschaftsziel ist. Gleichzeitig hatte er damit angedeutet, dass es sich hierbei um ein „zwingendes Erfordernis“ handelt. Dies gilt allerdings nur, sofern die Beschränkungen nicht diskriminierend sind und auch nicht über das für den Umweltschutz notwendige Maß hinausgehen. Mit dem letzten Gesichtspunkt wird vom EuGH bereits eine Verhältnismäßigkeitsprüfung angedeutet.

Diese Entscheidung stellt eine erste Gewichtung des Umweltschutzes gegenüber dem freien Warenverkehr dar. Nachdem Umweltschutzgesichtspunkte bis zu diesem Zeitpunkt nur im Zusammenhang mit den Schutzgütern des Art. 36 EWGV Erwähnung fanden, hat der EuGH den Umweltschutz im Urteil

---

37 EuGH, a.a.O., S. 541.
38 EuGH, a.a.O., S. 549.
39 EuGH, a.a.O., S. 549 f.

„ADBHU" isoliert betrachtet und als wesentlichen Gemeinwohlbelang anerkannt, der den Grundsatz der Handelsfreiheit einschränken kann.

4. *Die Urteile „Altöl V" und „Vanacker"*

Im Jahr 1993 ergingen zwei weitere Urteile zum Problemkreis der Altölentsorgung, die jeweils wieder die Richtlinie 75/439/EWG zum Gegenstand hatten. In dem Urteil „Altöl V"[40] vom 2. August 1993 ging es um die italienische Umsetzung der Richtlinie 75/439/EWG, die nach Ansicht der Kommission nicht ausreichend gewesen war. Sie trug vor, dass Italien außerdem gegen Art. 34 EWGV verstoße, weil die italienische Regelung den Altölexport in andere Mitgliedstaaten untersage. Diesen letzten Vorwurf konnte Italien, das durch das Ergebnis der Klage der Kommission gegen Frankreich in „Altöl III" gewarnt war, aus der Welt schaffen, indem es nach Klageerhebung durch die Kommission die entsprechende nationale Bestimmung nun gemeinschaftsrechtskonform ausgestaltete. Deshalb blieb nur noch eine Klage hinsichtlich der Feststellung übrig, dass Italien einzelne Artikel der Richtlinie 75/439/EWG nicht ausreichend umgesetzt hat. Dieser Klage gab der EuGH dann auch erwartungsgemäß statt.

Im Ausgangsverfahren des Urteils in Sachen „Vanacker und Lesage"[41] vom 12. Oktober 1993 wurden mehrere Belgier in Frankreich angeklagt, weil sie, ohne die dafür nach der französischen Umsetzung der Richtlinie 75/439/EWG notwendige Genehmigung zu besitzen, in Frankreich Altöl gesammelt und transportiert hatten. Nachdem sie sowohl in der ersten als auch in der Berufungsinstanz freigesprochen wurden, hatte der Cour de Cassation das Urteil aufgehoben und die Sache an ein anderes Berufungsgericht zurückverwiesen. Dieses legte dem EuGH die Frage vor, ob die französische Regelung Art. 30 und 36 EWGV dahingehend verletzt, dass nach ihr bei der Vergabe von Genehmigungen zur Sammlung und Entsorgung von Altöl nur französische Unternehmen berücksichtigt werden. In einer kurzen Urteilsbegründung stellte der EuGH unter Hinweis auf die ersten drei „Altöl"-Urteile fest, dass die alleinige Zulassung nationaler Unternehmen zur Altölbeseitigung nach der Richtlinie 75/439/EWG unzulässig ist. Im Ergebnis blieb der EuGH also seiner Rechtsprechungslinie treu, ohne allerdings in diesen beiden Urteilen die Möglichkeit gehabt zu haben, das Verhältnis zwischen Umweltschutz und Warenverkehrsfreiheit weiter präzisieren zu können.

---

40 EuGH Slg. 1993, S. I-4201 ff. – Rs. C-366/89.
41 EuGH Slg. 1993, S. I-4947 ff. – Rs. C-37/92.

IV. Das Urteil „Dänische Pfandflaschen“

Ein zentrales Urteil zum Spannungsverhältnis zwischen freiem Warenverkehr und Umweltschutz stellt die Entscheidung „Dänische Pfandflaschen“[42] vom 20. September 1988 dar. Dänemark hatte 1981 gesetzlich geregelt, dass Erfrischungsgetränke und Bier nur noch in genehmigten Mehrwegverpackungen auf den Markt gebracht werden dürfen. Eine Genehmigung konnte für den Fall versagt werden, dass die fragliche Verpackung nicht zu einem Rücknahmesystem gehörte, das die Wiederverwendung in einer ausreichend großen Anzahl sicherstellte oder eine Verpackung mit gleichem Volumen bereits genehmigt worden war.

Einwänden der Kommission Folge leistend, erließ Dänemark drei Jahre später Ausnahmebestimmungen, nach denen Hersteller aus anderen Mitgliedstaaten 3.000 hl Getränke pro Jahr in nicht genehmigten Verpackungen in Dänemark verkaufen durften, sofern sie ein Pfand- und Rücknahmesystem errichteten und es sich dabei nicht um Metallverpackungen handelte. Nach Ansicht der Kommission verstieß aber die gesamte Regelung gegen Art. 30 EWGV, weshalb sie im Jahre 1986 nach Art. 169 EWGV Klage gegen Dänemark auf Feststellung dieses Verstoßes erhob.

Die Kommission trug vor, dass das Verkaufsverbot von Waren in Verpackungen, die in anderen Mitgliedstaaten erlaubt sind, grundsätzlich gegen Art. 30 EWGV verstößt, außer es ist durch Art. 36 EWGV oder ein „zwingendes Erfordernis“ gerechtfertigt. Der Umweltschutz als „zwingendes Erfordernis“ kann allerdings nur dann rechtfertigend wirken, wenn die fragliche Regelung nicht diskriminierend ist und einer Verhältnismäßigkeitsprüfung standhält. Im vorliegenden Fall ist die dänische Regelung aber faktisch diskriminierend, da das Erfordernis der Einrichtung der notwendigen Infrastruktur für Rücknahme, Sortierung, Lagerung und Transport der Flaschen auf ausländische Hersteller abschreckend wirkt. Die dänische Vorschrift ist außerdem unverhältnismäßig, da ein ausreichender Umweltschutz auch durch eine getrennte Sammlung von Einwegverpackungen zu erreichen ist. Zudem ist die Ausnahmeregelung für 3.000 hl Getränke pro Jahr und Hersteller ein Verstoß gegen das Verbot mengenmäßiger Beschränkungen. Auch kann es nicht angehen, dass Dänemark dem Umweltschutz absoluten Vorrang einräumt und dabei die Warenverkehrsfreiheit außer Acht lässt. Schließlich ist es zweifelhaft, ob Dänemark tatsächlich Belange des Umweltschutzes im Auge hat, wenn man bedenkt, dass für Verpackungen von Wein und Milch, Getränke bei denen es keinen Wettbewerb mit ausländischen Herstellern gibt, kein vergleichbares Maß an Umweltschutz vorgeschrieben ist.[43] Die Kommission hob deshalb hervor, dass sie ausdrücklich die Frage

42 EuGH Slg. 1988, S. 4607 ff. – Rs. 302/86.
43 EuGH, a.a.O., S. 4610 ff.

geklärt haben möchte, inwieweit das Anliegen des Umweltschutzes dem Grundsatz der Warenverkehrsfreiheit vorgeht, da sie die Gefahr sieht, dass sich die einzelnen Mitgliedstaaten künftig hinter ökologischen Argumenten verschanzen werden, um die Öffnung ihrer Märkte zu verhindern. Auf Frage des EuGH trug die Kommission außerdem noch vor, dass es Sache der einzelnen Mitgliedstaaten ist, ein bestimmtes Umweltschutzniveau festzulegen, welches sie für angemessen halten. Die Verhältnismäßigkeit der Maßnahmen muss dabei aber beachtet werden.

Das Vereinigte Königreich war als Streithelfer der Kommission der Ansicht, dass nicht jede Umweltschutzmaßnahme von vornherein gerechtfertigt ist. Es muss in der Verhältnismäßigkeitsprüfung vielmehr einen Punkt geben, über den hinaus der Umweltschutz kein wesentliches Ziel der Gemeinschaft mehr darstellt. Hierfür muss ein Gleichgewicht zwischen Umweltschutz und Freihandel gefunden werden.[44]

Dänemark entgegnete, dass die beanstandete Regelung sehr wohl aus Gründen des Umweltschutzes erfolgt ist. Der Hinweis auf andere Getränke ist kein Argument, da Milchbehälter aus Pappe leicht verbrannt werden können und in Dänemark fast kein Wein getrunken wird. Ferner warf Dänemark der Kommission vor, dass sie nicht mit dem steigenden ökologischen Bewusstsein Schritt gehalten hat, welches zu einer Vorrangstellung des Umweltschutzes gegenüber dem freien Warenverkehr geführt hat. Die Regelung ist auch verhältnismäßig, da es keine ebenso wirksame Alternativlösung gibt.[45]

In seinem Schlussantrag sah der Generalanwalt in der dänischen Regelung eine „Maßnahme gleicher Wirkung", die nicht nach Art. 36 EWGV gerechtfertigt ist.[46] Sie kann jedoch durch das „zwingende Erfordernis" des Umweltschutzes gerechtfertigt sein. Hierfür ist zunächst festzuhalten, dass die dänische Maßnahme unter Umweltschutzgesichtspunkten in einem hohen Maße wirksam ist, da die Flaschen zu 99 % zurückgegeben und bis zu 30mal wiederverwendet werden könnten. Andererseits benachteiligt das Erfordernis der Wiederverwendung aber die ausländischen Hersteller wegen der anfallenden Kosten stärker als die inländischen Produzenten. Es muss deshalb eine Interessenabwägung zwischen freiem Warenverkehr und Umweltschutz stattfinden, auch wenn dabei das Umweltschutzniveau gesenkt würde. Im vorliegenden Fall sind andere Maßnahmen, wie z.B. ein freiwilliges Pfandsystem, Sanktionen für das Wegwerfen von Abfällen und eine Aufklärung der Öffentlichkeit, ebenfalls nicht ungeeignet.[47]

In Fortführung der ADBHU-Entscheidung erkannte der EuGH zunächst den Umweltschutz als „zwingendes Erfordernis" an und sah sich durch die Ein-

44 EuGH, a.a.O., S. 4612 f.
45 EuGH, a.a.O., S. 4614 ff.
46 GA *Slynn*, Schlussanträge, in: EuGH, a.a.O., S. 4621.
47 GA *Slynn*, Schlussanträge, in: EuGH, a.a.O., S. 4626.

führung der Umweltpolitik in den EWG-Vertrag in seiner Ansicht bestätigt. Dann stellte er fest, dass nationale Umweltschutzmaßnahmen aber nur dann hinzunehmen sind, wenn sie notwendig sind und in einem angemessenen Verhältnis zum verfolgten Zweck stehen.

Im Ergebnis hielt er das Pfandsystem für notwendig, wenn eine weitgehend vollständige Wiederbefüllung der Getränkeverpackungen erreicht werden soll. Dieses von Dänemark festgelegte Umweltschutzziel der vollständigen Wiederbefüllung der Behältnisse unterzog er auch keiner weiteren Überprüfung. Er führte aber aus, dass es nicht hinzunehmen ist, dass eine Genehmigung für einen Flaschentyp selbst dann versagt werden kann, wenn der Hersteller die Rücknahme und Wiederverwendung garantiert. Das System der Rücknahme nicht genehmigter Flaschen ist bereits umweltfreundlich genug und wirkt sich auf die Einfuhren hemmend aus, so dass die Menge an Getränken, die in nicht genehmigten Flaschen auf den Markt kommt, begrenzt ist. Die Höchstmenge von 3.000 hl pro Hersteller und Jahr für nicht genehmigte Verpackungen aus anderen Mitgliedstaaten ist unverhältnismäßig und verstößt deshalb gegen Art. 30 EWGV. Im Übrigen wies der EuGH die Klage der Kommission ab.

In diesem Urteil ist von entscheidender Bedeutung, dass der EuGH nun ausdrücklich den Umweltschutz als „zwingendes Erfordernis" anerkannt hat, das geeignet ist, den freien Warenverkehr einzuschränken. Bei der Verhältnismäßigkeitsprüfung des EuGH fällt auf, dass er nicht das vom nationalen Gesetzgeber festgelegte Umweltschutzziel überprüft, sondern lediglich das zur Verfolgung dieses Ziels eingesetzte Mittel.[48] Ob daraus allerdings gefolgert werden kann, dass er grundsätzlich auf seine Prüfungskompetenz in diesem Punkt verzichtet hat, ist umstritten.[49] Aber gerade bei diesem Punkt offenbaren sich die dogmatischen Defizite des EuGH. Dadurch, dass er bei der Ziel-Mittel-Relation zunächst zwar das Ziel selbst nicht in Frage stellt, dann aber die Regelung, der er vorher noch den höchsten Grad der Wiederverwertung bescheinigt und als wirkungsvoll für die Zielerreichung bezeichnet,[50] schließlich als nicht erforderlich verwirft, macht er letztlich Abstriche an der Zielvorgabe. Der EuGH nimmt somit im Nachhinein doch eine eigene Zielbestimmung vor.[51]

Außerdem wäre – systematisch betrachtet – dieses Problem auf der Ebene der Angemessenheit und nicht bei der Erforderlichkeit der Maßnahme zu lösen gewesen. Der EuGH hätte eine umfassende Güterabwägung vornehmen müssen, indem er die Interessen des Umweltschutzes und die des freien Warenverkehrs in eine Konkordanz bringt, wobei beide Ziele wohl gleichrangig einzuordnen gewesen wären. Diese sachgerechtere Lösung hatte auch der Generalanwalt

48 *Rengeling/Heinz*, JuS 1990, S. 617.

49 So *Epiney/Möllers*, Freier Warenverkehr und nationaler Umweltschutz, S. 72 ff.; a.A. *Schutt/Steffens*, RIW 1989, S. 449.

50 EuGH Slg. 1988, S. 4632.

51 Dieser Ansicht ist auch *Henke*, EuGH und Umweltschutz, S. 185 f.

Slynn in seinen Schlussanträgen favorisiert.[52] Da der EuGH dieser Entscheidung ausgewichen ist, hat er die erhebliche Rechtsunsicherheit und -unklarheit hinsichtlich der Stellung des Umweltschutzes nicht beseitigen können. Abschließend kann deshalb festgestellt werden, dass das Urteil noch beachtliche dogmatische Fragen in Bezug auf die Verhältnismäßigkeitsprüfung unbeantwortet gelassen hat.

V. Das Urteil „Wallonisches Abfallrecht“

Am 9. Juli 1992 erging das Urteil „Wallonisches Abfallrecht“[53]. Die wallonische Verordnung über die Einbringung bestimmter Abfälle in Deponien in der Region Wallonien von 1987[54] sah vor, dass es bis auf wenige, zeitlich begrenzte und auf schwerwiegenden außergewöhnlichen Umständen beruhende Abweichungen grundsätzlich untersagt war, Abfälle aus dem Ausland und aus anderen belgischen Regionen in Wallonien zu entsorgen. Dabei galten nach Art. 5 der Verordnung alle Abfälle als nicht wallonisch, die nicht in Wallonien produziert worden sind.

Die Kommission warf Belgien in einem Vertragsverletzungsverfahren vor, damit einerseits gegen die Richtlinie 75/442/EWG[55] über Abfälle sowie die Richtlinie 84/671/EWG[56] über die Überwachung der grenzüberschreitenden Verbringung gefährlicher Abfälle und andererseits gegen Art. 30 und 36 EWGV zu verstoßen. Die Kommission vertrat die Ansicht, dass die Richtlinien den freien Abfallverkehr sicherstellen sollen. Die wallonische Regelung verstößt gegen diese Richtlinien und gegen Art. 30 und 36 EWGV, weil sie eine Maßnahme gleicher Wirkung darstellt und eine Berufung auf Art. 36 EWGV ausgeschlossen ist, weil durch die Richtlinien die Abfallbeseitigung gemeinschaftsrechtlich harmonisiert ist.

Belgien verteidigte die Regelung damit, dass diese eine Notreaktion auf den enormen Zustrom von Abfällen aus anderen Regionen nach Wallonien darstellt und aus Gründen des Gesundheits- und Umweltschutzes erlassen wurde. Außerdem ist Art. 30 EWGV nicht anwendbar, weil nach der Rechtsprechung des EuGH nur solche Erzeugnisse Waren im Sinne der Art. 30 ff. EWGV sind, die einen Geldwert besitzen, was zumindest bei nicht wiederverwertbaren Abfällen nicht der Fall ist. Im Übrigen ist Abfall generell keine Ware, sondern ein Gut

---

52 EuGH Slg. 1988, S. 4626.
53 EuGH Slg. 1992, S. I-4431 ff. – Rs. C-2/90.
54 Moniteur belge vom 28.3.1987, S. 4671 ff.
55 ABl. EG 1975 Nr. L 194, S. 47 ff.
56 ABl. EG 1975 Nr. L 326, S. 31 ff.

sui generis. Außerdem muss der Umweltschutz schwerer wiegen als das Prinzip des freien Abfallverkehrs.

Der EuGH stellte zunächst fest, dass die Richtlinie 75/442/EWG sehr allgemeine Abfallbestimmungen und Prinzipien enthält und sich daraus grundsätzlich kein Verbot einer nationalen Regelung folgern lässt. Dagegen regelt die Richtlinie 84/631/EWG den Bereich des grenzüberschreitenden Verkehrs gefährlicher Abfälle abschließend. Nach ihr können nationale Behörden Einwände erheben und eine bestimmte Verbringung gefährlicher Abfälle verbieten, jedoch ist ein generelles Verbot jeglichen grenzüberschreitenden Verkehrs mit der Richtlinie 84/631/EWG unvereinbar.

Da sich diese Richtlinie aber nur auf gefährliche Abfälle bezieht, untersuchte der EuGH die belgische Regelung noch vor dem Hintergrund der Art. 30 und 36 EWGV, soweit sie ungefährliche Abfälle betrifft. Zunächst klärte der EuGH, ob Abfälle als Waren zu charakterisieren sind oder ob die Entsorgung nicht wiederverwertbarer Abfälle vielmehr eine Dienstleistung gemäß Art. 59 EWGV darstellt. Dieser letzteren Ansicht schloss sich der EuGH allerdings nicht an, da die Unterscheidung zwischen wiederverwertbaren und nicht wiederverwendbaren Abfällen von unsicheren, sich im Lauf der Zeit ändernden Faktoren, wie dem technischen Fortschritt, den Kosten der Rückführung und damit ihrer Rentabilität abhängt, so dass eine Unterscheidung notwendigerweise subjektiv wäre. Folglich sind Abfälle, seien sie rückführbar oder nicht, als Erzeugnisse anzusehen, deren Verkehr nach Art. 30 EWGV im Grundsatz nicht verhindert werden darf.[57]

Damit wendet der EuGH im Ergebnis Art. 30 ff. EWGV auf sämtliche Abfallarten an. Die Argumentation des Gerichtshofs zu diesem Punkt ist überzeugend, denn in der Tat ist schwer zu bestimmen, ob Abfälle als wiederverwertbar oder als unverwertbar zu klassifizieren sind, denn mit einem entsprechenden Aufwand sind heute nahezu alle Güter rückführbar.

Anschließend stellte der EuGH fest, dass die belgischen Maßnahmen aufgrund des unbestrittenen massiven Zustroms von auswärtigen Abfällen durch „zwingende Erfordernisse" des Umweltschutzes gerechtfertigt sind. Hinsichtlich des Einwands der Kommission, dass die Maßnahmen für Abfälle aus anderen Mitgliedstaaten diskriminierend sind, weil sie nicht unterschiedslos auf einheimische und eingeführte Erzeugnisse anwendbar sind, führte er aus, dass hier zu berücksichtigen ist, dass Abfälle eine besondere Art von Güter sind. Das Prinzip der Ursprungsbekämpfung des Art. 130r Abs. 2 S. 1 EWGV (jetzt Art. 174 Abs. 2 UAbs. 1 S. 2 EGV) beinhaltet, dass es Sache der Gebietskörperschaften ist, geeignete Maßnahmen zu treffen, um ihre eigenen Abfälle möglichst nah am Ort ihrer Erzeugung zu entsorgen.[58] Dies würde auch der Baseler Konvention

57 EuGH Slg. 1992, S. I-4479, Rdnr. 28.
58 EuGH, a.a.O., S. I-4480.

über die Kontrolle des grenzüberschreitenden Verkehrs gefährlicher Abfälle entsprechen, welche die Europäische Gemeinschaft mit unterzeichnet hat. Die streitbefangenen wallonischen Maßnahmen sind deshalb im Ergebnis nicht diskriminierend.

Durch den Verweis auf das Ursprungsprinzip in Art. 130r Abs. 2 S. 1 EWGV stellt der EuGH fest, dass schon im EWG-Vertrag selbst Anforderungen für eine umweltgerechte Ausübung der Marktfreiheit aufgezeigt werden. Damit kam der EuGH zu dem Ergebnis, dass die wallonische Regelung zwar zulässig ist, soweit sie ungefährliche Abfallstoffe betrifft, nicht jedoch, sofern sie den Import gefährlicher Abfälle untersagt, da dieser Sachverhalt durch die Richtlinie 84/631/EWG abschließend geregelt wird.

Im Übrigen wirft das Urteil jedoch einige Auslegungsprobleme auf. Der Gerichtshof geht in seiner Entscheidung davon aus, dass nationale Einfuhrbeschränkungen für auswärtige Abfälle aus Umweltschutzgesichtspunkten erforderlich sind und Vorrang vor dem freien Warenverkehr besitzen, was mit dem Grundsatz des Art. 130r Abs. 2 S. 1 EWGV begründet wird. Bei der Überprüfung der Richtlinie im ersten Teil der Entscheidung verneinte der Gerichtshof hingegen, dass das generelle Einfuhrverbot eine Rechtsvorschrift zum Schutze der Umwelt ist und führte weiter aus, dass deshalb das Bestimmungsland bei jedem Einzelfall prüfen muss, ob es zu einer Verletzung des innerstaatlichen Umweltrechts kommt. Diese beiden Aussagen sind nur schwer in Einklang zu bringen.[59]

Aber auch zu seinem Urteil „Inter-Huiles“ setzte er sich in Widerspruch, weil er dort noch äußerte, dass es unter Umweltgesichtspunkten keinen Unterschied macht, ob Abfälle in Anlagen des Herkunftslandes oder in denen anderer Mitgliedstaaten beseitigt werden. Außerdem hatte der EuGH in ständiger Rechtsprechung[60] judiziert, dass Einschränkungen des freien Warenverkehrs zugunsten „zwingender Erfordernisse“ nur zulässig sind, wenn die Maßnahmen unterschiedslos angewandt werden. Ansonsten können sie nur noch durch Art. 36 EWGV gerechtfertigt sein.

Die Einfuhrbeschränkungen von Abfällen setzen aber schon definitionsgemäß unterschiedliche Bedingungen für inländische und ausländische Abfälle fest. Der EuGH umgeht dieses Problem, indem er schlicht auf die Besonderheiten von Abfällen abstellt, ohne diese aber näher zu erläutern, und schafft damit keine Rechtsklarheit hinsichtlich der künftigen Aufrechterhaltung dieser Voraussetzung. Grundsätzlich ist jedenfalls das umweltfreundliche Ergebnis der Entscheidung zu begrüßen; teilweise wird hierin sogar ein Kurswechsel in der

---

59 So auch *von Wilmowsky*, EuR 1992, S. 417.

60 Z.B. EuGH Slg. 1981, S. 1625 (1639) – Rs. 113/80.

europäischen Umweltpolitik im Hinblick auf ihr Verhältnis zur Warenverkehrsfreiheit gesehen.[61]

VI. Das Urteil „Dosenpfand"

In einem aktuellen Rechtsstreit war der EuGH wiederholt mit dem Umweltschutzargument bei einem Pfand- und Rücknahmesystem konfrontiert.[62] Zwei österreichische Getränkehersteller hatten vor dem Verwaltungsgericht Stuttgart gegen das Land Baden-Württemberg im Hinblick auf die für Getränke-Einwegverpackungen in Deutschland geltenden Pfand- und Rücknahmepflichten (sog. Dosenpfand) geklagt, die mit der nationalen Verpackungsverordnung eingeführt wurden. Bisher hatten sich die Unternehmen der Verwertungsgesellschaft „Der Grüne Punkt" angeschlossen. Sie trugen vor, dass die Mehrwegquotenregelung und die damit in Zusammenhang stehenden Pfand- und Rücknahmepflichten gegen die Richtlinie 94/62/EG[63] über Verpackungen und Verpackungsabfälle sowie gegen Art. 28 EGV verstoßen. Art. 7 Abs. 1 der Richtlinie verpflichtet die Mitgliedstaaten, ein System für die Rücknahme und/oder Sammlung von Verpackungen/Verpackungsabfällen und die Wiederverwendung und/ oder Verwertung einzuführen. Ferner müssen sich alle einschlägigen Marktteilnehmer und zuständigen Behörden an diesem System beteiligen können. Importprodukte dürfen keine Benachteiligung erfahren und es dürfen keine Handels- und Wettbewerbsverzerrungen entstehen.

Für das nationale Gericht stellte sich die Frage der Vereinbarkeit der neuen deutschen Verpackungsverordnung mit dem Europarecht, da sie das In-Verkehr-Bringen von Einwegverpackungen erschwert, wenn der Mehrweganteil einen bestimmten Schwellenwert unterschreitet. Ausländische Getränkehersteller hätten einen höheren Aufwand zu betreiben als inländische Produzenten, wenn sie die Getränke in wieder verwertbaren Verpackungen anbieten möchten.

Zunächst entschied der EuGH, dass die Förderung der Wiederverwertung von Verpackungen gegenüber der Verwertung nicht gegen die Richtlinie verstößt, da sie keine Rangfolge zwischen diesen Maßnahmen herstellt. Die Richtlinie gibt keinen Anspruch darauf, weiterhin an einem bestimmten System der Verpackungsbewirtschaftung teilzunehmen. Damit die bestmögliche Entsorgung stattfinden kann, ist ein Mitgliedstaat durchaus berechtigt, das Bewirtschaf-

---

61 *Schröder*, NVwZ 1996, S. 834.

62 EuGH, Urteil vom 14.12.2004 in der Rs. C-309/02; Auszüge in: EuZW 2005, S. 81 ff. mit Anm. *Fischer*; vgl. auch das Vertragsverletzungsverfahren gegen Deutschland in der Rs. C-463/01 vom gleichen Tag.

63 ABl. EG 1994 Nr. L 365, S. 10.

tungssystem zu ändern. Der EuGH verlangte aber im Hinblick auf Art. 7 der Richtlinie, dass bei der Ersetzung eines flächendeckenden Systems der Sammlung von Verpackungsabfällen durch ein neues Pfand- und Rücknahmesystem den Herstellern und Vertreibern zumindest eine angemessene Übergangsfrist für ihre Produktionsmethoden und Vertriebsketten gewährt werden muss.

Da die Vorschriften der Verpackungsverordnung jedenfalls das In-Verkehr-Bringen von in Deutschland hergestellten und das In-Verkehr-Bringen von im Ausland hergestellten Getränken nicht in gleicher Weise berühren, fallen sie in den Anwendungsbereich des Art. 28 EGV. Die Regelungen verlangen eine Änderung der Verpackung oder der Etikettierung, weshalb sie keine Verkaufsmodalitäten im Sinne der Keck-Rechtsprechung[64] darstellen. Der Umweltschutz kann aber als zwingendes Erfordernis möglicherweise rechtfertigend wirken. Den deutschen Regelungen wird vom EuGH insoweit bescheinigt, dass sie geeignet sind, den Anteil der Mehrwegverpackungen zu erhöhen und damit das Abfallvolumen zu reduzieren. Allerdings sind sie nicht erforderlich, soweit die Hersteller nicht über eine angemessene Übergangsfrist verfügen, um sich an das neue System anzupassen und auch kein arbeitsfähiges Pfand- und Rücknahmesystem zur Verfügung steht.

Grundsätzlich erachtet der EuGH ein Zwangspfandsystem als vereinbar mit der Richtlinie, wenn eine ausreichende Anzahl von Rücknahmestellen vorhanden ist. Dies war mit dem bisherigen geschlossenen Pfand- und Rücknahmesystem (sog. „Insellösung") nicht der Fall, bei dem die Verbraucher die Verpackungen nur bei den Handelsketten zurückgeben konnten, bei denen sie die Getränke gekauft hatten. Die ökologischen Vorteile eines Pfand- und Rücknahmesystems werden aber vom EuGH voll anerkannt.[65] Damit handelt es sich um ein durchaus ausgewogenes Urteil, dass den Umweltschutz gegenüber der Warenverkehrsfreiheit Gewicht verleiht, allerdings unterstützt durch die Verpackungs-Richtlinie, die zur Verpackungsbewirtschaftung verpflichtet.

VII. Ergebnis

Anhand der dargestellten Urteile lässt sich eine gewisse Entwicklung der Rechtsprechung des EuGH im Spannungsfeld zwischen freiem Warenverkehr und Umweltschutz erkennen. Seine Rechtsprechungslinie war bis ins Jahr 1988 nachvollziehbar und er maß dem Umweltschutz eine immer größer werdende

64 EuGH Slg. 1993, S. I-6097 ff. – verb. Rs. C-267/91 u. C-268/91.

65 A.A. GA *Colomer* in seinen Schlussanträgen, der die Vorteile von Einwegverpackungen stärker gewichtete und bereits die Geeignetheit der deutschen Maßnahme in Frage stellte.

Bedeutung zu. Bei Importverboten oder -behinderungen für umwelt- und gesundheitsschädliche Produkte prüft der EuGH zunächst, ob die fragliche Ware Gegenstand einer Harmonisierungsregelung ist. Wenn dies nicht der Fall ist, wertet er den Verstoß gegen Art. 28 EGV als durch Art. 30 EGV gerechtfertigt, falls nicht Art. 30 S. 2 EGV missachtet wurde. Dem Gesundheitsschutz des Menschen räumt der EuGH dabei den „ersten Rang“[66] unter den Gütern des Art. 30 EGV ein und überlässt es den Mitgliedstaaten, das angestrebte Schutzniveau festzulegen.

In den Entscheidungen, die umweltpolitisch motivierte Exportbeschränkungen von Altöl zum Gegenstand hatten, konnte neben Art. 28 ff. EGV die Richtlinie 75/439/EWG als Quelle herangezogen werden. So kam der EuGH in den ersten drei Altöl-Fällen jeweils zu dem Ergebnis, dass das faktische Altölexportverbot gegen Art. 29 EGV verstieß und durch Umweltschutzargumente nicht zu rechtfertigen war.

In dem Urteil „ADBHU“ nutzte der EuGH die Gelegenheit, seine Rechtsprechung zum Spannungsfeld zwischen Warenverkehrsfreiheit und Umweltschutz einen entscheidenden Schritt voranzubringen. Dieses Urteil markierte einen ersten großen Fortschritt in der Linie der Entscheidungen des EuGH. Er ging über die eng auszulegenden Rechtfertigungsgründe des Art. 30 S. 1 EGV hinaus und ordnete den Umweltschutz als wesentliches Ziel der Gemeinschaft den „zwingenden Erfordernissen“ im Sinne der Cassis-Rechtsprechung[67] zu. Diese schließen Verstöße gegen Art. 28 und 29 EGV tatbestandlich aus, wenn die nationalen Bestimmungen die Voraussetzungen des Art. 30 S. 2 EWGV erfüllen und verhältnismäßig sind. Diese Sichtweise hat er ausdrücklich in dem Urteil „Dänische Pfandflaschen“ bestätigt.

In den zentralen Entscheidungen in Sachen „Dänische Pfandflaschen“ und „Wallonisches Abfallrecht“ ist die bisher klare Linie in der Rechtsprechung des EuGH einer eher unsystematischen Vorgehensweise gewichen. Er hat es in beiden Fällen nicht vermocht, klare und widerspruchsfreie Aussagen zum Verhältnis zwischen Warenverkehrsfreiheit und Umweltschutz zu treffen und neue Prüfungsmaßstäbe und Kriterien zu entwickeln.[68] Im Dänische-Pfandflaschen-Urteil hatte der EuGH mit einer wenig überzeugenden Argumentation in der Verhältnismäßigkeitsprüfung das nationale Umweltschutzniveau zugunsten des Freihandels eigenmächtig reduziert[69] und auf eine Interessenabwägung zwischen freiem Warenverkehr und Umweltschutz auf der Angemessenheitsebene verzichtet.[70] Der „goldene Schnitt“ im Konkurrenzverhältnis zwischen freiem

66 EuGH Slg. 1976, 613 (635) – Rs. 104/75 „de Peijper“.

67 EuGH Slg. 1979, S. 649 ff. – Rs. 120/78.

68 *Rengeling/Heinz*, JuS 1990, S. 617.

69 *Henke*, EuGH und Umweltschutz, S. 185 f.; *Rengeling/Heinz*, JuS 1990, S. 617.

70 Vgl. zur Kritik an dieser Entscheidung auch *Krämer*, in: von der Groeben/Schwarze, EU-/EG-Vertrag Kommentar, Bd. 3, Vorb. zu Art. 174 – 176 Rdnr. 128.

Warenverkehr und Umweltschutz sollte vielmehr durch eine Abwägung auf der Angemessenheitsebene der Verhältnismäßigkeitsprüfung gefunden werden.

In dem Urteil „Wallonisches Abfallrecht" ist es ihm, soweit die wallonische Regelung den nicht in der Richtlinie geregelten Bereich ungefährlicher Abfälle erfasste, gelungen, den Umweltschutz weiter zu akzentuieren. Wie der EuGH diesen Teil behandelte, ist aber dogmatisch ebenfalls schwer nachvollziehbar. Zwar hat er im Ergebnis sehr umweltfreundlich entschieden, aber hinsichtlich des Vorliegens einer Diskriminierung und der Voraussetzung der unterschiedslosen Anwendbarkeit einer Maßnahme keine Rechtssicherheit geschaffen. Im aktuellen Dosenpfand-Urteil bestätigte der EuGH jedenfalls die besondere Bedeutung des Umweltschutzes und überließ dem Mitgliedstaat die Wahl des konkreten Verpackungsbewirtschaftungssystems.

C. Das Umweltargument im Lichte der EG-Warenverkehrsfreiheit

Für eine Darstellung des Spannungsverhältnisses von Freihandel und Umweltschutz ist es vor allem von Interesse, inwieweit eine nationale Vorschrift, die den Schutz der Umwelt bezweckt, dabei aber gleichzeitig den freien Warenverkehr behindert, noch mit den primärrechtlichen Vorschriften der Art. 28, 29 und 30 EGV vereinbar ist.

I. Die Warenverkehrsfreiheit

Eine solche einzelstaatliche Vorschrift ist aber bereits dann ausgeschlossen, wenn ein Rechtsakt der Gemeinschaft existiert, der abschließende Regelungen für den betreffenden Bereich enthält.[71] In diesem Fall richtet sich die Prüfung der Vereinbarkeit der nationalen Vorschrift mit dem Gemeinschaftsrecht ausschließlich nach der sekundärrechtlichen Umweltvorschrift. Liegt allerdings kein Rechtsakt der Gemeinschaft vor, muss sich die nationale Vorschrift an den Art. 28 ff. EGV messen lassen.

---

71 EuGH Slg. 1977, S. 1576 ff. – Rs. 5/77 in st. Rspr.

1. Art. 28 EGV

Nach Art. 28 EGV sind mengenmäßige Einfuhrbeschränkungen von Waren sowie alle Maßnahmen gleicher Wirkung zwischen den Mitgliedstaaten verboten. Diese Vorschrift soll den freien Warenverkehr zwischen den Mitgliedstaaten vor einzelstaatlichen Beschränkungen schützen und zählt, von seiner Stellung innerhalb des Vertrages her, zu den „Grundlagen der Gemeinschaft". Auch seine praktische Bedeutung ist, was sich aus den zahlreichen Entscheidungen des EuGH in diesem Bereich ablesen lässt, außerordentlich groß.[72]

Adressaten dieses Verbotes sind die Mitgliedstaaten der Gemeinschaft. Deshalb gilt das Verbot nur für den innergemeinschaftlichen Warenverkehr, aber auch für Waren aus Drittstaaten, die sich gemäß Art. 24 EGV im freien Verkehr eines Mitgliedstaates befinden.[73] Etwaige Einschränkungen des internationalen Handelsverkehrs mit Drittstaaten fallen hingegen nicht in den Anwendungsbereich des Art. 28 EGV.

Obwohl auch der Gemeinschaftsgesetzgeber an den Grundsatz des freien Warenverkehrs gebunden ist, ist er doch nicht unmittelbar dem Verbot des Art. 28 EGV unterworfen.[74] Das Verbot des Art. 28 EGV findet somit nur auf einzelstaatliche Maßnahmen Anwendung. Bei Verstößen gegen diese Vorschrift kann die Kommission oder auch ein anderer Mitgliedstaat ein Vertragsverletzungsverfahren gemäß Art. 226 ff. EGV gegen den betreffenden Staat einleiten. Außerdem begründet Art. 28 EGV seit dem Ablauf der Übergangszeit in ex-Art. 7 EGV unmittelbare Rechte von Einzelpersonen, die von nationalen Behörden und einzelstaatlichen Gerichten zu berücksichtigen sind.[75]

a) Der Begriff der „Ware"

Nach Art. 23 Abs. 2 EGV gilt das Verbot des Art. 28 EGV für „die aus den Mitgliedstaaten stammenden Waren sowie für diejenigen Waren aus dritten Ländern, die sich in den Mitgliedstaaten im freien Verkehr befinden". Grundvoraussetzung für eine Anwendung des Verbotes des Art. 28 EGV ist, dass die mitgliedstaatliche Maßnahme, die den innergemeinschaftlichen Handel beschränkt, auf „Waren" bezogen ist. Dies folgt aus dem systematischen Zusammenhang, in

---

72 *Müller-Graff*, in: von der Groeben/Schwarze, EU-/EG-Vertrag Kommentar, Bd. 1, Vorb. zu Art. 28-31 Rdnr. 9.

73 EuGH Slg. 1976, S. 1921 (1935 f.) – Rs. 41/76 „Donckerwolcke".

74 *Müller-Graff*, in: von der Groeben/Schwarze, EU-/EG-Vertrag Kommentar, Bd. 1, Art. 28 Rdnr. 294 f.

75 *Becker*, Der Gestaltungsraum der EG-Mitgliedstaaten im Spannungsfeld zwischen Umweltschutz und freiem Warenverkehr, S. 44 f.

dem Art. 28 EGV innerhalb von Kapitel 2 des Titel I im 3. Teil des EG-Vertrages steht.[76]

Der Vertragstext enthält selbst jedoch keine Definition, was unter einer Ware zu verstehen ist. Nach der Begriffsbestimmung des EuGH sind Waren „Erzeugnisse, die einen Geldwert haben und deshalb Gegenstand von Handelsgeschäften sein können“[77]. Bei Waren muss es sich somit um körperliche Gegenstände handeln. Dabei kommt es nicht darauf an, ob diese noch für eine weitere Verarbeitung bestimmt sind, also selbst noch keine Erzeugnisse darstellen, wie z.B. Stoffe, Rohstoffe oder Zubereitungen.[78] Auch Tiere und Pflanzen, gleichgültig ob sie geschützt oder nicht geschützt sind, können Waren im Sinne von Art. 23 Abs. 2 EGV sein.[79] Art. 305 EGV nimmt allerdings Güter aus, die unter den Anwendungsbereich des EAG-Vertrages fallen, und bezüglich landwirtschaftlicher Erzeugnisse ist Art. 38 Abs. 2 EGV zu beachten.

Hinsichtlich des Geldwertes als Abgrenzungskriterium für den Begriff der „Ware“ treten im Bereich des Umweltschutzes allerdings zwei besondere Problemkreise auf. Zum einen, ob Verpackungen unter diesen Warenbegriff fallen und zum anderen, ob auch Abfälle Waren im Sinne des EG-Vertrages darstellen.

aa) Verpackung als Ware

Infolge der anhaltenden Bemühungen, anfallenden Müll von vornherein zu vermeiden, anstatt ihn später wieder aufwendig und teuer entsorgen zu müssen, werden Umverpackungen und Verpackungsmaterialien zunehmend Gegenstand nationaler Umweltschutznormen. So wurde beispielsweise bereits 1991 in Deutschland eine Verpackungsverordnung[80] erlassen. Kauft der Produzent einer Ware die erforderliche Verpackung bei einem Hersteller in einem anderen Mitgliedstaat ein, fällt diese unstreitig in den Anwendungsbereich des Art. 28 EGV[81], da hier die Verpackung selbst Objekt des Handelsgeschäfts ist. Fraglich ist aber bei Verpackungen, die nicht als solche Gegenstand eines Handelsgeschäfts sind, sondern lediglich als Umkleidung und Schutzummantelung für das eigentliche Handelsobjekt gebraucht werden, ob diesen ein eigener Geldwert zukommt. In diesem Fall würde Art. 28 EGV auf die Verpackungen Anwendung finden. Es könnte allerdings auch sein, dass nur der verpackte Gegenstand allein

---

76 *Müller-Graff*, in: von der Groeben/Schwarze, EU-/EG-Vertrag Kommentar, Bd. 1, Art. 28 Rdnr. 1.

77 EuGH Slg. 1968, S. 633 (642) – Rs. 7/68 „Kunstschätze I“.

78 *Becker*, Der Gestaltungsspielraum, S. 46.

79 EuGH Slg. 1990, S. I-2143 (I-2161) – Rs. C-169/89 „Gourmetterie Van den Burg“.

80 BGBl. 1991 I S. 1234 ff.

81 So auch EuGH Slg. 1984, S. 1299 (1327) – Rs. 16/83 „Bocksbeutel“.

den Wert der Ware verkörpert. Das Objekt des Handelsgeschäfts wird nämlich im Regelfall bereits bei der Produktion mit der Verpackung so verbunden, dass die jeweiligen Geschäftspartner nicht mehr getrennt über die Ware und ihre Verpackung verhandeln. In diesen Fällen ist eine getrennte Behandlung von Verpackung und Ware auch gar nicht sinnvoll, denn nur die Ware stellt das eigentliche Handelsobjekt dar.[82] Deshalb wird im Ergebnis nicht zwischen Ware und Verpackung hinsichtlich der Anwendung des Art. 28 EGV zu unterscheiden sein, sondern die gesamte Sache stellt eine Ware im Rechtssinne dar.[83]

bb) Abfall als Ware

Angesichts der großen Mengen an Abfall, die jedes Jahr in der Gemeinschaft anfallen, rückte das Problem der Abfallbeseitigung und hier vor allem der grenzüberschreitenden Abfallverbringung in das Blickfeld der öffentlichen Aufmerksamkeit. Zudem wurde die Dringlichkeit einer Regelung[84] durch die EG für diesen Bereich immer deutlicher.[85] Nach Art 1 *lit.* a der Richtlinie 75/442/EWG[86] sind Abfälle „alle Stoffe oder Gegenstände, deren sich der Besitzer entledigt oder gemäß den geltenden einzelstaatlichen Vorschriften zu entledigen hat". Diese Richtlinie enthielt damit eine subjektive und eine objektive Begriffsbestimmung. Der geänderte Abfallbegriff in der Änderungsrichtlinie 91/156/EWG[87] umfasst „alle Stoffe oder Gegenstände, die unter die in Anhang I aufgeführten Gruppen fallen und deren sich ihr Besitzer entledigt, entledigen will oder entledigen muss". Das subjektive und das objektive Element bleiben damit im Ergebnis erhalten.

Im Zusammenhang mit Abfällen stellt sich die Frage, ob auf die grenzüberschreitende Abfallverbringung auch die Vorschriften über den freien Warenverkehr (Art. 28 ff. EGV) oder aber die Regelungen über die Dienstleistungsfreiheit (Art. 49 ff. EGV) anzuwenden sind. Beim Rückgriff auf die Warendefinition des EuGH ist das Erfordernis des Geldwerts einer Ware als problematisch anzuse-

---

82 *Becker*, Der Gestaltungsspielraum, S. 47 f.

83 EuGH Slg. 1982, S. 3961 (3972 ff.) – Rs. 261/81; EuGH Slg. 1983, S. 203 (237) – Rs. 124/81; vgl. auch *Schutt/Steffens*, RIW 1989, S. 449.

84 Z.B. Richtlinie 84/631/EWG; ABl. EG 1984 Nr. L 326, S. 31 mit einem sog. „Notifizierungsverfahren" für die grenzüberschreitende Verbringung gefährlicher Abfälle; hierzu ausführlicher *von Wilmowsky*, Abfallwirtschaft im Binnenmarkt, S. 11 ff. Zur Bedeutung der EG-Rechtsakte im Abfallrecht für die nationale Gesetzgebung *Dieckmann*, Das Abfallrecht der Europäischen Gemeinschaft, 1994.

85 *von Köller/Klett/Konzak*, EG-Abfallverbringungsverordnung, S. 13.

86 ABl. EG 1975 Nr. L 194, S. 39.

87 ABl. EG 1991 Nr. L 78, S. 32.

hen. Abfälle werden nämlich in der Regel nicht auf dem Markt nachgefragt, sondern die einzelnen Wirtschaftssubjekte wollen sich ihrer zumeist entledigen und sind bereit, dafür Geld zu bezahlen.

Der EuGH hatte sich mit dem Problem des Abfallexports im Rahmen der Beseitigung von Altölen und Schlachtrückständen beschäftigt. Es handelte sich in den Altölfällen um französische Rechtsvorschriften zur Beseitigung von Altölen und in dem anderen Fall um den niederländischen Anschluss- und Benutzungszwang für Schlachtrückstände von Geflügel.[88] Der EuGH hatte in diesen Fällen entschieden, dass es sich bei Altölen und Schlachtrückständen um Waren im Sinne des Art. 28 ff. EGV handelt. Unproblematisch ist dies bei speziellen Abfällen, die als Ausgangsprodukte für eine weitere Verarbeitung dienen; in den oben genannten Fällen beispielsweise zu Zweitraffinaten bzw. zu Hunde- oder Katzenfutter. Für sie wird deshalb auch auf dem freien Markt ein Preis geboten, das heißt ihnen kommt der vom EuGH geforderte Geldwert zu. Im Ergebnis fallen sie damit in den Anwendungsbereich der Art. 28 ff. EGV.

Schwieriger zu klären sind die übrigen Abfallarten, die für keine Weiterverarbeitung eingesetzt werden können und für deren Beseitigung deshalb ein Entgelt gezahlt werden muss. Der EuGH geht in einer Entscheidung davon aus, „dass Gegenstände, die im Hinblick auf Handelsgeschäfte über eine Grenze verbracht werden, unabhängig von der Natur dieser Geschäfte Art. 30 [jetzt Art. 28] unterliegen“[89]. Hiergegen kann allerdings vorgebracht werden, dass bei der grenzüberschreitenden Verbringung der Abfälle mit negativem Geldwert grundsätzlich die Entsorgungshandlung im Mittelpunkt steht. Dies zeigt sich schon darin, dass nicht der Empfänger des Abfalls, sondern derjenige, der zur Beseitigung verpflichtet ist, hierfür bezahlt. Weil damit der Schwerpunkt der unternehmerischen Tätigkeit in der Erbringung einer Dienstleistung besteht,[90] sollen für Abfälle mit negativem Geldwert die Regelungen über den freien Dienstleistungsverkehr (Art. 49 ff. EGV) und nicht die über den freien Warenverkehr anwendbar sein.[91]

Letzterer Ansicht folgte der EuGH jedoch nicht. Seine Auffassung begründete er damit, dass die Unterscheidung zwischen wiederverwertbaren und unverwertbaren Abfällen von unsicheren, sich im Laufe der Zeit ändernden Faktoren wie dem technischen Fortschritt, den Kosten der Rückführung und damit ihrer Rentabilität abhängt, so dass eine Unterscheidung notwendigerweise subjektiv wäre.[92] Diesem Argument ist zuzustimmen, da heute fast jede Abfallart bei

---

88 Zu den Altöl-Fällen siehe oben B. III.; EuGH Slg. 1987, S. 3883 (3907 f.) – Rs. 118/86.

89 EuGH Slg. 1992, S. I-4478, Rdnr. 26.

90 *Becker*, Der Gestaltungsspielraum, S. 53.

91 *Wilmowsky*, Abfallwirtschaft im Binnenmarkt, S. 73 ff.; differenzierend *Müller-Graff*, in: von der Groeben/Schwarze, EU-/EG-Vertrag Kommentar, Bd. 1, Art. 28 Rdnr. 281.

92 EuGH Slg. 1992, S. I-4478, Rdnr. 27.

entsprechendem technischem Aufwand wiederverwendbar ist und es lediglich vom Kostenaufwand mit abhängt, ob dies tatsächlich auch geschieht.

b) Die mengenmäßigen Einfuhrbeschränkungen

Das Verbot des Art. 28 EGV umfasst „mengenmäßige Einfuhrbeschränkungen sowie alle Maßnahmen gleicher Wirkung". Der Begriff der „mengenmäßigen Einfuhrbeschränkungen" beinhaltet jede staatliche Maßnahme, welche die Einfuhr oder die Durchfuhr einer aus einem anderen Mitgliedstaat kommenden Ware, die ihren Ursprung aber auch in einem Drittland haben kann, der Menge oder dem Wert nach, auf Dauer oder zeitweise begrenzt oder völlig verbietet.[93] Dieser Tatbestand kann wenigstens im Grundsatz als geklärt betrachtet werden.[94]

c) Die Maßnahmen gleicher Wirkung

Dagegen sind mit dem Begriff der „Maßnahmen gleicher Wirkung wie mengenmäßige Beschränkungen" entscheidende Interpretationsfragen verbunden. Vor allem diese nationalen Maßnahmen sind aber für den Umweltschutz klärungsbedürftig, weil sie in der Praxis bei den produktbezogenen Umweltschutzbestimmungen, im Gegensatz zu den Kontingenten, eine große Rolle spielen.[95] Auch hat es den Mitgliedstaaten in der Vergangenheit nicht an Einfallsreichtum für den Erlass versteckt protektionistischer Maßnahmen unter dem Deckmantel des Umweltschutzes gemangelt.[96] Diese Vielfältigkeit der den freien Warenverkehr behindernden Regelungen ist der Grund dafür, dass eine abschließende Definition des Begriffs der „Maßnahmen gleicher Wirkung" nicht leicht zu treffen ist.

---

93 *Dauses*, RIW 1984, S. 201; *Middeke*, Nationaler Umweltschutz im Binnenmarkt, S. 123.

94 So auch *Müller-Graff*, in: von der Groeben/Schwarze, EU-/EG-Vertrag Kommentar, Bd. 1, Art. 28 Rdnr. 16.

95 *Becker*, Der Gestaltungsspielraum, S. 53.

96 *Dauses*, RIW 1984, S. 201.

aa) Die Definition im Urteil „Dassonville"

Eine erste Definition der Maßnahmen gleicher Wirkung durch den EuGH findet sich in der Entscheidung „Dassonville"[97]. Gegenstand dieses Urteils war eine strafrechtliche Verfolgung von Vater und Sohn Dassonville wegen eines Verstoßes gegen eine belgische Norm, die eine Echtheitsbescheinigung über den Ursprung von schottischem Whisky für die Einfuhr nach Belgien verlangte. Die in diesem Urteil getroffene Begriffsbestimmung lautet, dass jede Handelsregelung der Mitgliedstaaten, die geeignet ist, den innergemeinschaftlichen Handel unmittelbar oder mittelbar, tatsächlich oder potentiell zu behindern, als Maßnahmen gleicher Wirkung wie eine mengenmäßige Beschränkung zu sehen ist.[98]

In nachfolgenden Urteilen präzisierte der EuGH seine Rechtsprechung dahingehend, dass die Maßnahme keinen „handelsfunktionalen Charakter" haben muss, also nicht unbedingt Handelszwecken zu dienen hat, sondern prinzipiell jede einzelstaatliche Maßnahme in Betracht kommt.[99] Das bedeutet, dass auch Umweltschutzvorschriften, denen ein Handelsbezug fehlt, solche Maßnahmen darstellen können. In Frage kommen dafür nicht nur gesetzliche Regelungen, sondern es genügen bloße Rechts- und Verwaltungsvorschriften oder eine gefestigte Verwaltungspraxis in den Mitgliedstaaten, wenn sie sich in gleicher Weise auswirken.[100]

Aus der Dassonville-Formel folgt, dass es unerheblich ist, ob die in Frage stehende Maßnahme tatsächlich den zwischenstaatlichen Handel beeinträchtigt. Es ist allein schon ausreichend, wenn die betreffende Maßnahme objektiv für derartige Behinderungen geeignet ist.[101] Das Abstellen auf einen hypothetischen Vergleich der Marktsituation mit und ohne die fragliche Maßnahme ist deswegen von großer Bedeutung, weil ein Nachweis von Einfuhrrückgängen wegen einer bestimmten Maßnahme in der Regel nur schwer zu erbringen sein wird. Auch auf die Schwere der Beeinträchtigung, die sog. Spürbarkeit, kommt es für die Beurteilung nicht an.[102]

Mit Hilfe der Dassonville-Formel klärte der EuGH gleichzeitig auch die bis dahin umstrittene Frage, ob diejenigen Maßnahmen, die den Grenzübertritt der

97 EuGH Slg. 1974, S. 837 ff. – Rs. 8/74.

98 EuGH Slg. 1974, S. 847.

99 EuGH Slg. 1976, S. 1279 (1315) – verb. Rs. 3,4 u. 6/76 „Kramer" in st. Rspr.

100 *Müller-Graff*, in: von der Groeben/Schwarze, EU-/EG-Vertrag Kommentar, Bd. 1, Art. 28 Rdnr. 291.

101 EuGH Slg. 1975, S. 181 (198) – Rs. 12/74.

102 So ausdrücklich EuGH Slg. 1984, S. 1299 (1326) – Rs. 16/83 „Bocksbeutel"; ebenso *Dauses*, RIW 1984, S. 201; a.A. *Rabe*, Garantien und Sicherungen des freien Warenverkehrs im Lichte der neusten Rechtsprechung des EuGH, in: Schwarze (Hrsg.), Das Wirtschaftsrecht des Gemeinsamen Marktes in der aktuellen Rechtsentwicklung, S. 51.

Waren nicht direkt berühren, sondern erst nach der Einfuhr der Ware eingreifen, gleichfalls unter die Definition der Maßnahmen kontingentgleicher Wirkung fallen.[103] Der EuGH erfasst mit seiner Begriffsbestimmung ebenfalls diese, den Vertrieb oder den Absatz behindernde Vorschriften.[104] Dieser Begriffsklärung ist zuzustimmen, weil eine Behinderung des freien Warenverkehrs in gleicher Weise auch durch Maßnahmen, die erst nach dem Import der Waren Wirkung entfalten, erreicht werden kann. Art. 28 EGV stellt gerade auf die mögliche Wirkung, nicht aber auf die dafür einsetzbaren Mittel ab. Deswegen können beispielsweise auch staatliche Empfehlungen und Appelle zur Bevorzugung bestimmter Produkte sowie Werbekampagnen zum Kauf heimischer Waren[105] unter die Maßnahmen gleicher Wirkung fallen.

Aufgrund des weiten Begriffs der „Maßnahmen gleicher Wirkung wie mengenmäßige Beschränkungen" sind auch nicht diskriminierende, das heißt auf inländische und ausländische Waren unterschiedslos anwendbare Maßnahmen grundsätzlich mit umfasst.[106] Diese unterschiedslos anwendbaren Maßnahmen können der Sache nach den Handel zwischen den Mitgliedstaaten erschweren, obwohl sie formell betrachtet die inländischen Produkte genauso belasten wie die importierten Waren. Zu einer solchen Handelsbehinderung kommt es vor allem dann, wenn der Einfuhrstaat Anforderungen an die importierten (und auch heimischen) Waren stellt, die diese in ihrem Herkunftsland nicht zu erfüllen brauchen.

Weil durch diese weite Definition des Begriffs der „Maßnahmen gleicher Wirkung" durch den EuGH auch nationale Regelungen, die aufgrund legitimer öffentlichen Interessen, wie dem Gesundheits-, Verbraucher- oder Umweltschutz, bestimmte Anforderungen an die Waren, ihre Vermarktung oder Verwendung stellen, von der Dassonville-Formel erfasst werden, gewann schon früh die Frage nach ihrer Einschränkung an Gewicht.

bb) Einschränkungen aufgrund der Cassis-Rechtsprechung

In der als Meilenstein empfundenen Entscheidung „Cassis de Dijon"[107] bestätigte der EuGH zwar grundsätzlich diese sehr weite Begriffsbestimmung der „Maßnahmen gleicher Wirkung wie mengenmäßige Beschränkungen", grenzt sie dann aber wieder ein, um den Mitgliedstaaten die Möglichkeit zu geben, zur

---

103 Vgl. *Becker*, Der Gestaltungsspielraum, S. 57 m.w.N.

104 EuGH Slg. 1989, S. 3851 ff. – Rs. C-145/88 „Sonntagsverkaufsverbot".

105 Ausführliche Aufzählung bei *Müller-Graff*, in: von der Groeben/Schwarze, EU-/EG-Vertrag Kommentar, Bd. 1, Art. 28 Rdnr. 90 ff.

106 *Middeke*, Nationaler Umweltschutz, S. 170.

107 EuGH Slg. 1979, S. 649 ff. – Rs. 120/78.

Wahrnehmung legitimer öffentlicher Aufgaben bestimmte Anforderungen an Produkte innerhalb ihres Hoheitsgebietes zu stellen. Wichtige Allgemeinwohlinteressen, wie der Umwelt-, der Verbraucher- oder zunächst auch der öffentliche Gesundheitsschutz, erkannte der EuGH als „zwingende Erfordernisse“ an, die in der Lage sind, die Verbotsnorm des Art. 28 EGV einzuschränken.[108]

Weil diese Einschänkungsmöglichkeit jedoch nur im Rahmen der sonstigen Ausnahmen des Verbots des Art. 28 EGV verständlich ist, wird nach der Darstellung der ausdrücklich im Vertrag vorgesehenen Rechtfertigungsgründe für Maßnahmen gleicher Wirkung des Art. 30 EGV auf dieses Urteil des EuGH zurückzukommen sein. Im Folgenden soll zunächst die Frage erörtert werden, inwieweit der EuGH die sehr weite Begriffsbestimmung der Maßnahmen gleicher Wirkung in späteren Entscheidungen begrenzt hat.

cc) Die Keck Rechtsprechung

Diese rechtliche Ausgangslage hat sich durch die spätere Rechtsprechung des EuGH in den Fällen „Keck und Mithouard“[109] sowie „Hünermund“[110] modifiziert. Die sehr weite Begriffsbestimmung der „Maßnahmen gleicher Wirkung“ in den Urteilen „Dassonville“ und „Cassis de Dijon“ hatte zur Folge, dass die Mitgliedstaaten jede Regelung, die den freien Warenverkehr behindert, durch die Ausnahmevorschrift des Art. 30 EGV oder „zwingende Erfordernisse“ rechtfertigen mussten. Als Folge davon beriefen sich die Wirtschaftsteilnehmer in zunehmendem Maße auf das Verbot des Art. 28 EGV, um diejenigen Bestimmungen zu beanstanden, die sich als Beschränkung ihrer geschäftlichen Freiheit auswirkten, auch wenn sie nicht gezielt auf Erzeugnisse aus anderen Mitgliedstaaten gerichtet waren. Der EuGH hielt es darum für notwendig, seine Rechtsprechung auf diesem Gebiet zu überprüfen und klarzustellen. Dabei war ihm vor allem an der Klärung des Verhältnisses von freiem Warenverkehr und nationalen Beschränkungsmaßnahmen gelegen. Entgegen seiner bisherigen Rechtsprechung ist die Anwendung nationaler Bestimmungen, die bestimmte Verkaufsmodalitäten beschränken oder verbieten, auf Erzeugnisse aus anderen Mitgliedstaaten nicht geeignet, den Handel zwischen den Mitgliedstaaten im Sinne des Urteils Dassonville unmittelbar oder mittelbar, tatsächlich oder potenziell zu behindern, sofern diese Bestimmungen für alle betroffenen Wirtschaftsteilnehmer gelten, die ihre Tätigkeit im Inland ausüben, und sofern sie den Absatz der

---

108 Hierzu *Schilling*, EuR 1994, S. 51 f.

109 EuGH Slg. 1993, S. I-6097 ff. – verb. Rs. C-267/91 u. C-268/91.

110 EuGH Slg. 1993, S. I-6787 ff. – Rs. C-292/92.

inländischen Erzeugnisse aus anderen Mitgliedstaaten rechtlich wie tatsächlich in der gleichen Weise berühren.[111]

Bei den in Frage stehenden Regelungen handelte es sich einmal um ein französisches Verbot, Waren unter dem Einkaufspreis weiterzuverkaufen, zum anderen um ein deutsches standesrechtliches Verbot, für apothekenübliche Waren außerhalb der Apotheke zu werben. Beide Vorschriften waren geeignet, das Absatzvolumen bestimmter Waren zu beschränken, da sie einmal ein Preislimit setzen und das andere Mal die absatzfördernde Werbung verboten. Dennoch stellte der EuGH fest, dass diese Maßnahmen nicht in den Anwendungsbereich des Art. 28 EGV fallen, also der Tatbestand der Norm schon nicht erfüllt ist.[112]

In der Entscheidung „Keck", dem Ausgangspunkt der neuen Rechtsprechung, ging es um ein französisches Verbot für eine bestimmte Absatzstrategie, nämlich den Verkauf einer Ware zum Verlustpreis. Entgegen seiner bisherigen Rechtsprechung wandte der EuGH Art. 28 EGV nun nicht mehr auf nationale Vorschriften an, die bestimmte Verkaufsmodalitäten beschränken oder verbieten. Dies gilt allerdings nur für unterschiedslos geltende Regelungen, und der Absatz ausländischer Produkte darf rechtlich wie tatsächlich nicht mehr berührt sein als der Absatz inländischer Waren.[113]

Das Urteil „Hünermund" drehte sich um ein von der Landesapothekenkammer statuiertes Werbeverbot für apothekenübliche Waren außerhalb der Apotheken. Die Apotheker sahen dadurch den freien Warenverkehr verletzt, weil sich das Werbeverbot auch auf Importware erstreckte. Nach alter Rechtsprechung wäre dies durchaus eine grundsätzlich verbotene Maßnahme gleicher Wirkung gewesen, denn zumindest mittelbar und potenziell kann das Werbeverbot auch den Absatz ausländischer Waren beeinträchtigen. Da es sich hier aber um eine bloße Verkaufsmodalität handelt und nicht um eine Regelung, welche die Waren direkt betrifft (z.B. ihre Zusammensetzung, das Gewicht, die Aufmachung oder die Umweltverträglichkeit), fällt das Werbeverbot aus dem Begriff der „Maßnahmen gleicher Wirkung" heraus und muss nicht mehr auf eine Rechtfertigung hin geprüft werden.

Die weite Definition der „Maßnahmen gleicher Wirkung" im Urteil „Dassonville" wird im Ergebnis für Einschränkungen und Verbote bestimmter Verkaufsmodalitäten eingegrenzt, falls diese unterschiedslos anwendbar sind, das heißt, wenn sie rechtlich und tatsächlich die in- und ausländischen Waren gleich behandeln. Der EuGH begründete diese neue Rechtsprechung damit, dass derartige Regelungen den Marktzugang für ausländische Produkte nicht stärker als für inländische einschränken. Er nimmt damit seine Aussage, dass auch nicht diskriminierende Maßnahmen unter das Verbot des Art. 28 EGV fallen, jeden-

---

111 EuGH Slg. 1993, S. I-6131, Rdnr. 16.
112 *Möschel*, NJW 1994, S. 430.
113 EuGH Slg. 1993, S. I-6131, Rdnr. 17.

falls für bestimmte Verkaufs- und Absatzmodalitäten wieder zurück. Damit entwickelt sich die Norm zu einer Art Diskriminierungsverbot.[114] Problematisch bleibt allerdings die Abgrenzung von Verkaufsmodalitäten und Warenmodalitäten,[115] denn viele Verkaufsstrategien sind bereits Bestandteil der Aufmachung und des Produktdesigns, mithin also eigentliche Warenmodalitäten. Von dieser Grenzziehung hängt aber entscheidend die Wirksamkeit der Kurskorrektur des EuGH ab.[116]

Grundsätzlich können auch Umweltschutzmaßnahmen solche Verkaufs- und Absatzmodalitäten darstellen, wie z.B. Rücknahmepflichten für Altautos.[117] Jene würden dann allein aufgrund der Tatsache, dass sie unterschiedslos anwendbar sind und damit keine Diskriminierung der Einfuhren aus anderen Mitgliedstaaten vorliegt, nicht mehr unter das Verbot des Art. 28 EGV fallen.

dd) Nationale Umweltschutzvorschriften als Maßnahmen gleicher Wirkung

Im Folgenden soll untersucht werden, inwieweit umweltschützende Regelungsinstrumente der Mitgliedstaaten ebenfalls Maßnahmen kontingentgleicher Wirkung darstellen können und damit geeignet sind, die Warenverkehrsfreiheit einzuschränken.[118] Den Mitgliedstaaten steht für die Auswahl ihrer Instrumente in dem Bereich des Umweltschutzes eine breite Palette an möglichen Regelungen zur Verfügung.[119] Aus den verschiedenen Varianten für eine Systematisierung dieser nationalen Maßnahmen ist innerhalb dieser Darstellung die Unterscheidung nach Regelungsgegenständen bzw. Gefahrenquellen am zweckmäßigsten. Auf diese Weise können diejenigen Instrumente ausgeschlossen werden, die sich auf Regelungsgegenstände beziehen, die grundsätzlich nicht die Warenverkehrsfreiheit tangieren. So wird zum einen nicht auf das gebietsbezogene Umweltrecht, das die Nutzung und Aufteilung des Raumes regelt, und zum anderen auch nicht auf das anlagenbezogene Umweltrecht, das sich auf umweltbelastende Anlagen bezieht, einzugehen sein. Der Anwendungsbereich der „Anlagen" ist

---

114 *Schilling*, EuR 1994, S. 58.

115 *Schilling*, EuR 1994, S. 60.

116 Zur Weiterentwicklung der Keck-Rechtsprechung in Bezug auf Verkaufsmodalitäten als Marktzugangsbeschränkungen siehe EuGH, Urteil vom 11.12.2003 in der Rs. C-322/01 „DocMorris"; vgl. hierzu auch *Koenig/Engelmann*, ZUM 2001, S. 22 f.; dagegen *Sander*, Der Vertrieb von Arzneimittel über das Internet, S. 36 ff.

117 Vgl. *Möschel*, NJW 1994, S. 430.

118 Ausführlich hierzu *Becker*, Der Gestaltungsraum der EG-Mitgliedstaaten, S. 58 ff.

119 Kritisch zu der Effektivität solcher nationaler Maßnahmen *Petersmann*, Aussenwirtschaft 1993, S. 97 ff.

in diesem Sinne eng zu verstehen, damit Kraftfahrzeuge und Flugzeuge als nicht ortsgebundene Anlagen aus der Begriffsbestimmung herausfallen.

Die Staaten können auf dem Gebiet des Umweltschutzes zum einen produktionsbezogene Vorschriften erlassen, die sich ausschließlich auf die Art und Weise der Herstellung einer bestimmten Ware beziehen. Diese Bestimmungen können allerdings nur gegen das Verbot des Art. 29 EGV, nicht aber gegen Art. 28 EGV verstoßen, weil sie ausschließlich nationale Produktionsanlagen betreffen. Damit sind sie in ihren Auswirkungen lediglich geeignet, die Exporte der heimischen Industrie zu behindern.[120] Das Hauptgewicht der folgenden Darstellung soll deswegen auf dem produktbezogenen Umweltrecht liegen, das Voraussetzungen, insbesondere technischer Art, an die Beschaffenheit von Waren stellt,[121] um Umweltbeeinträchtigungen bei der Verwendung dieser Produkte zu vermeiden. Im Rahmen des produktbezogenen Umweltrechts können sich die Mitgliedstaaten einer Vielzahl von Regelungsinstrumenten bedienen. Es kann sich dabei um direkt oder indirekt wirkende Regelungen zum Schutze der Umwelt handeln.

Die direkten Maßnahmen der Verhaltenssteuerung verlangen von ihrem Adressaten ein spezielles Handeln, Dulden oder Unterlassen. Sie enthalten mithin ein Ge- oder Verbot eines konkreten Verhaltens. Die sich hieraus entwickelnden produktbezogenen Leistungspflichten verdichten sich in Grundpflichten, die allgemeine Verpflichtungen zum umweltfreundlichen Verhalten begründen, oder auch in Geldleistungs- und Handlungspflichten, die zumeist mit einem erhöhten Kostenaufwand verknüpft sind. In jedem Fall wird aber die Vermarktung der Produkte erschwert, weil die besonderen Anforderungen durch spezielle Rücksichtnahmen zu erfüllen sind.[122] So verlangen beispielsweise Rücknahmevorschriften für Getränkeverpackungen, dass die Getränke in entsprechend wiederverwendbaren Behältnissen auf dem Markt angeboten werden und über ein Abholungssystem der erneuten Benutzung zugeführt werden können. Derartige umweltschützende Leistungspflichten sind durchaus geeignet, den Handelsverkehr zu behindern, weil ausländischen Herstellern höhere Kosten entstehen können als inländischen Produzenten. Die Duldungspflichten können sowohl eine öffentlich-rechtliche als auch eine privatrechtliche Natur besitzen.

Die Unterlassungspflichten bestehen in Verboten bestimmter umweltschädlicher Verhaltensweisen. Die einschneidenste Maßnahme zum Schutze der Umwelt ist ein absolutes Verbot, das ohne Ausnahme die Herstellung oder das In-Verkehr-Bringen bestimmter Waren verbietet. Es stellt eine Maßnahme kontingentgleicher Wirkung dar, weil der Handel mit diesen Produkten völlig verhin-

---

120 *Epiney/Möllers*, Freier Warenverkehr, S. 28 f.

121 *Epiney/Möllers*, Freier Warenverkehr, S. 22.

122 *von Lersner*, Umweltschutz im Spannungsfeld von nationalem Recht und europäischem Gemeinschaftsrecht, in: Behrens/Koch (Hrsg.), Umweltschutz in der EG, S. 164.

dert wird.[123] Dieses Verbot kann neben der gesamten Ware, aber auch lediglich einzelne Teile, Inhalts-, Zusatzstoffe oder die Verpackung als nicht abtrennbaren Bestandteil erfassen.[124]

Abgeschwächt werden kann ein solches Verbot in der Weise, dass es als präventives Verbot mit Erlaubnisvorbehalt (Kontrollerlaubnis) oder als repressives Verbot mit Befreiungsvorbehalt (Ausnahmebewilligung) normiert wird. Die Kontrollerlaubnis ermöglicht die Prüfung eines grundsätzlich erlaubten Verhaltens dahingehend, ob dieses im Einzelfall gegen materiell-rechtliche Vorschriften verstößt. Eine Ausnahmebewilligung erlaubt demgegenüber bei Einhaltung der geforderten Voraussetzungen ein ansonsten verbotenes Verhalten. Aber selbst wenn die Unterlassungspflichten als Kontrollerlaubnis oder Ausnahmebewilligung ausgestaltet ist, stellt allein schon die Pflicht zum Durchlaufen der Verfahren zur Erlangung der Genehmigung oder des Dispenses grundsätzlich eine Behinderung der Warenverkehrsfreiheit dar.

Damit es den zuständigen Behörden erleichtert wird, die Einhaltung der Ver- und Gebote zu kontrollieren, werden in der Regel verschiedene Auskunftspflichten festgelegt. Diese dienen zum einen der Eröffnungskontrolle, das heißt sie sind einmalig der Vornahme umweltschädigender Handlungen vorgeschaltet, um der Verwaltung die notwendigen Informationen für ein möglicherweise erforderliches Einschreiten zu geben. Solche Auskunftspflichten stellen als bloße Verpflichtung zur Informationsmitteilung, ohne unmittelbare Rechtsfolgen zu setzen, das mildeste Mittel zum Schutze der Umwelt dar. Zum anderen können Auskunftspflichten der Befolgungskontrolle, also einer fortlaufenden Überwachung von umweltschädigendem Verhalten, dienen.

Daneben ist es möglich, spezielle Anzeige- oder Kennzeichnungspflichten für einzelne Produkte vorzuschreiben. Weil auch bei Anzeigepflichten bestimmte Formalitäten einzuhalten sind, erschweren diese den Marktzugang und behindern somit zumindest potenziell den freien Warenverkehr. Die Kennzeichnungspflichten greifen insofern stärker in den freien Warenverkehr ein, als sie vom Produzenten verlangen, seine Güter für den jeweiligen Mitgliedstaat besonders zu etikettieren.[125] Um seine Waren auf diesem Markt anbieten zu können, muss er mithin einen zusätzlichen kostenverursachenden Aufwand betreiben. Außerdem kann die Etikettierungspflicht durch die regionale Zuordnung von Produkten das Verbraucherverhalten nachteilig beeinflussen, etwa durch an sich unbegründete Vorbehalte gegenüber Produkten bestimmter Länder.

Außer den Instrumenten der direkten Verhaltenssteuerung können auch indirekt wirkende Maßnahmen zum Schutze der Umwelt eingesetzt werden. Statt unmittelbaren Zwang auszuüben, beabsichtigen diese Instrumente, motivierend

123 Vgl. *Epiney/Möllers*, Freier Warenverkehr, S. 91 f.
124 EuGH Slg. 1984, S. 1299 (1327) – Rs. 16/83 „Bocksbeutel".
125 EuGH Slg. 1980, S. 3839 (3853) – Rs. 27/80 „Fietje".

auf den betreffenden Adressaten einzuwirken, damit dieser sich auch ohne rechtlich verbindliche Ge- oder Verbote nach der Zielvorgabe umweltbewusst verhält. Maßnahmen indirekter Verhaltenssteuerung sind administrative Warnungen, Empfehlungen[126] und Informationen. Eine derartige staatliche Einwirkung durch Öffentlichkeitsarbeit, Beratung einzelner Bürger sowie durch Empfehlungen und Appelle liegt außerhalb der traditionellen Eingriffsverwaltung, sie gewinnt heutzutage allerdings zunehmend an Bedeutung und Wirksamkeit. Auch staatlich unverbindliche Maßnahmen zur Information der Verbraucher können eine den freien Warenverkehr behindernde Wirkung haben, weil sie als Warnung vor umweltschädigenden bzw. umweltgefährdenden Erzeugnissen oder als Appell und Empfehlung für umweltfreundlichere Waren darauf gerichtet sind, das jeweilige Verbraucherverhalten zu beeinflussen.

Indirekte Verhaltenssteuerungen können ebenso durch Gewährung von Benutzungsvorteilen oder Begünstigungen erreicht werden. So kann beispielsweise durch die Befreiung von der Kfz-Steuer beim Kauf eines Fahrzeuges mit Katalysator[127] ein Anreiz zum Kauf bestimmter besonders umweltverträglicher Waren geschaffen werden. Auch Benutzungsvorteile können die Warenverkehrsfreiheit einschränken, weil sie z.B. speziellen Produkten Verwendungsbeschränkungen auferlegen und damit gleichzeitig die hiervon nicht betroffenen Güter begünstigen.

Die Zulässigkeit fiskalischer Steuerungsinstrumente, wie etwa Zuschüsse oder Steuerbefreiungen, richtet sich nach Art. 87 EGV, der als speziellere Vorschrift Art. 28 EGV vorgeht.[128] Da derartige Maßnahmen grundsätzlich nicht mehr in den Anwendungsbereich des Art. 28 EGV fallen, bleiben sie bei der folgenden Darstellung außer Betracht.[129]

2. *Art. 29 EGV*

Das Verbot des Art. 28 EGV wird durch die Vorschrift des Art. 29 EGV auf Ausfuhrbeschränkungen ausgedehnt. Nach der Rechtsprechung des EuGH sind sämtliche nationalen Maßnahmen verboten, die spezifische Beschränkungen der Ausfuhrströme bezwecken oder bewirken und damit unterschiedliche Bedingungen für den Binnenhandel innerhalb eines Mitgliedstaates und seinen Außenhandel schaffen, so dass die nationale Produktion oder der Binnenmarkt des

---

126 Z.B. EuGH Slg. 1982, S. 4005 (4022 f.) – Rs. 249/81 „Buy Irish“; vgl. auch *Dauses*, RIW 1984, S. 201.

127 *Middeke*, Nationaler Umweltschutz, S. 137 f.

128 EuGH Slg. 1977, S. 557 (575) – Rs. 74/76 „Papiererzeugnisse“.

129 Hierzu ausführlich *Becker*, Der Gestaltungsspielraum, S. 64 ff.

betroffenen Staates zum Nachteil der Produktion oder des Handels anderer Mitgliedstaaten einen besonderen Vorteil erlangt.[130]

In der Regel wird durch die Behinderung des Exports aber eine Verbesserung des Umweltschutzes mittels produkt- und produktionsbezogener Vorschriften nicht zu erreichen sein.[131] Eine Ausnahme bildet allerdings das Verbot bzw. die Einschränkung des Abfallexports mit dem Ziel, eine staatliche Kontrolle der sachgerechten Entsorgung möglichst nah am Erzeugungsort zu gewährleisten.[132] Dies kann jedoch durch das Prinzip der Ursprungsbekämpfung in Art. 174 Abs. 2 UAbs. 1 EGV gerechtfertigt sein.

Ausfuhrhindernisse können jedoch auch dadurch entstehen, dass nationale Vorschriften zum Schutze der Umwelt zu einer Erhöhung der Produktionskosten führen, die den Absatz auf Auslandsmärkten erschweren.[133] Allgemeine produkt- und produktionsbezogene Regelungen mit dem Ziel den Umweltschutz zu fördern, verstoßen aber nicht gegen Art. 29 EGV, weil sie nicht zwischen ausländischen und inländischen Absatzmärkten unterscheiden und damit nicht spezifisch die Ausfuhrströme beschränken.[134]

II. Ausnahmen

Das Verbot des Art. 28 EGV gilt aber schon nach dem Vertragstext nicht uneingeschränkt. Neben den Rechtfertigungsgründen des Art. 30 S. 1 EGV kommt die vom EuGH in seiner Rechtsprechung entwickelte Ausnahme der „zwingenden Erfordernisse“ in Betracht.

1. Art. 30 EGV

Art. 28 EGV bestimmt, dass mengenmäßige Beschränkungen und Maßnahmen gleicher Wirkung „unbeschadet der nachstehenden Bestimmungen“ verboten sind. Jene nachfolgenden Vorschriften schließen auch Art. 30 EGV mit ein. Diese Norm gestattet den Mitgliedstaaten vom Verbot des Art. 28 EGV abzuweichen, wenn die Ausnahmen „aus Gründen der öffentlichen Sittlichkeit, Ordnung

---

130 EuGH Slg. 1979, S. 3409 (3415) – Rs. 15/79 „Groenveld“.

131 *Becker*, Der Gestaltungsspielraum, S. 63.

132 EuGH Slg. 1992, S. I-4480.

133 *Müller-Graff*, in: von der Groeben/Schwarze, EU-/EG-Vertrag Kommentar, Bd. 1, Art. 29 Rdnr. 3.

134 Vgl. *Epiney/Möllers*, Freier Warenverkehr, S. 33.

und Sicherheit, zum Schutz der Gesundheit und des Lebens von Menschen, Tieren oder Pflanzen, des nationalen Kulturguts von künstlerischem, geschichtlichem oder archäologischem Wert oder des gewerblichen oder kommerziellen Eigentums gerechtfertigt sind". Hiermit wird den Mitgliedstaaten die Möglichkeit eröffnet, ausnahmsweise zum Schutz der genannten Rechtsgüter die Warenverkehrsfreiheit einzuschränken, falls keine abschließende Gemeinschaftsregelung ergangen ist. Damit können fehlende gemeinschaftliche Schutzmöglichkeiten für die aufgezählten Rechtsgüter durch einzelstaatliche Bestimmungen kompensiert werden.[135] Art. 30 EGV ist allerdings nicht so auszulegen, dass für die genannten Bereiche durch die Vorschrift eine ausschließliche Zuständigkeit der Mitgliedstaaten begründet wird.[136]

Als Ausnahmebestimmung zur Grundfreiheit der Art. 28 und 29 EGV wird Art. 30 EGV restriktiv ausgelegt.[137] Deshalb ist die Aufzählung derjenigen Rechtsgüter, zu deren Schutz die Mitgliedstaaten im Rahmen des Art. 30 EGV nationale Maßnahmen treffen können, welche die Warenverkehrsfreiheit beschränken, als abschließend zu begreifen.[138] Auch der Wortlaut des Art. 30 EGV gibt keinen Hinweis darauf, dass diese Aufzählung nicht enumerativ, sondern nur beispielhaft zu verstehen ist. Infolgedessen kann das Umweltschutzargument kein Grund sein, eine nationale Maßnahme durch Art. 30 S. 1 EGV zu rechtfertigen. Der EuGH beschränkt die Ausnahmen des Art. 30 EGV zudem auf „Tatbestände nichtwirtschaftlicher Art". Dieses ist so zu verstehen, dass Art. 30 EGV den Mitgliedstaaten nicht gestattet, allein aufgrund rein wirtschaftlicher Schwierigkeiten Schutzmaßnahmen zu treffen, die die Warenverkehrsfreiheit behindern.[139]

---

135 *Müller-Graff*, in: von der Groeben/Schwarze, EU-/EG-Vertrag Kommentar, Bd. 1, Art. 30 Rdnr. 1.

136 EuGH Slg. 1976, S. 1871 (1886) – Rs. 35/76 „Simmenthal".

137 EuGH Slg. 1968, S. 679 (694) – Rs. 13/68 „Salgoil".

138 EuGH Slg. 1981, S. 1625 (1638) – Rs. 113/80 „Irische Souvenirs".

139 *Müller-Graff*, in: von der Groeben/Schwarze, EU-/EG-Vertrag Kommentar, Bd. 1, Art. 30 Rdnr. 33 ff.

d) *Rechtfertigungsgründe*

Auch wenn der Umweltschutz nicht ausdrücklich zu den in Art. 30 S. 1 EGV aufgeführten Rechtsgütern gehört, ist es doch möglich, dass drei der genannten Schutzbereiche Randbereiche des Umweltschutzes berühren.[140]

aa) *Gründe der öffentlichen Sicherheit und Ordnung*

Die Definition der „öffentlichen Sicherheit und Ordnung“ beinhaltet die hoheitlichen Grundregeln eines Mitgliedstaates in Übereinstimmung mit seiner Wertordnung, allerdings in gemeinschaftsrechtlichen Grenzen.[141] Die hoheitlichen Grundregeln umfassen dabei die staatlichen Interessen von fundamentalem Charakter, nicht aber rein wirtschaftliche Schwierigkeiten. Diese Begriffsbestimmung ist demzufolge weit enger gezogen als der Tatbestand der „öffentlichen Ordnung und Sicherheit“ im deutschen Polizeirecht.[142]

Die Rechtfertigung von produktbezogenen Umweltschutznormen durch das Tatbestandsmerkmal der „öffentlichen Sicherheit und Ordnung“ kommt deshalb nur in Ausnahmefällen in Betracht. Bei solchen Maßnahmen wird eher eine Rechtfertigung aufgrund des Schutzes der menschlichen Gesundheit einschlägig sein. Eine Anwendbarkeit der Vorschrift kommt allenfalls unter dem Gesichtspunkt einer besonderen Gefahrenlage im Bereich des Umweltschutzes, die grundlegende nationale Interessen gefährdet, in Betracht.[143]

bb) *Schutz der Gesundheit und des Lebens von Menschen*

Dem Schutz der Gesundheit und des Lebens von Menschen gebührt nach der Rechtsprechung des EuGH der „erste Rang“ unter den in Art. 30 EGV aufgezählten Rechtsgütern.[144] Aus diesem Grund besitzen die Mitgliedstaaten einen großen Ermessensspielraum einerseits bei der Entscheidung, ob bestimmte Vorschriften zum Schutze der Gesundheit unter die Ausnahmeregelung des Art. 30 EGV fallen, andererseits, wie umfassend sie diesen Schutz ausweiten wollen.

---

140 *Middeke*, Nationaler Umweltschutz, S. 162.

141 EuGH Slg. 1979, S. 3795 ff. – Rs. 34/79 „Henn und Darby“; vgl. auch *Oppermann*, Europarecht, Rdnr. 1302.

142 *Becker*, Der Gestaltungsspielraum, S. 72.

143 *Becker*, Der Gestaltungsspielraum, S. 73.

144 EuGH Slg. 1976, S. 613 (635) – Rs. 104/75 „de Peijper“.

Deshalb können schon potenzielle Gefährdungen der Gesundheit der Bevölkerung sowie rein präventive Gesundheitsschutzmaßnahmen für eine Rechtfertigung nach Art. 30 EGV ausreichen.[145]

Im Zusammenhang mit dem Umweltschutz können vor allem Schutzbestimmungen zur Abwehr von Gefahren durch Pflanzenschutzmittel, Vorschriften zum Lärmschutz oder auch Smogverordnungen mit Hilfe von Art. 36 EGV gerechtfertigt werden. Letztlich dient jedoch jede Maßnahme, die den Schutz der Umwelt bezweckt, gleichzeitig auch der Erhaltung der menschlichen Lebensgrundlage, indem sie langfristig die Menschen vor Gesundheitsschäden schützen möchte.[146]

Aus diesem Grund wird eine Begrenzung dieser Ausnahmemöglichkeit als notwendig erachtet, um den Anwendungsbereich der Norm nicht ausufern zu lassen. Damit der Rechtfertigungsgrund des Gesundheitsschutzes in Art. 30 EGV nicht den Regeltatbestand der Warenverkehrsfreiheit in Art. 28 EGV verdrängt, ist der Begriff der „Gesundheit" in Art. 30 S. 1 EGV auf die Weise auszulegen, dass er auf das nationale Gesundheitsrecht verweist, dies allerdings in den allgemeinen Grenzen des Vertrages, hier insbesondere der Erforderlichkeit der Maßnahme.[147]

cc) Schutz der Gesundheit und des Lebens von Tieren oder Pflanzen

Zum Schutz der Gesundheit von Tieren gehört grundsätzlich auch das Wohlbefinden der Tiere. Der EuGH hat noch keine genaue Definition dieses Begriffs in seiner Rechtsprechung festgelegt. In den Anwendungsbereich der Vorschrift fallen aber insbesondere die Importbeschränkungen von krankheitserregenden Lebewesen oder von in ihrer Existenz gefährdeten Arten freilebender Tiere und Pflanzen.[148]

Neben den Bestimmungen, die den Schutz besonderer Tierarten bezwecken, besitzt diese Ausnahmeregelung vor allem im Zusammenhang mit Schädlingsbekämpfungsmitteln umweltrechtliche Relevanz, weil diese eine erhebliche Gefahr für die Gesundheit von Tieren darstellen können.[149] Nationale Maßnahmen, welche die Anwendung oder den Import von Pflanzenschutzmitteln verbieten, fallen damit in den Anwendungsbereich von Art. 30 EGV. Auch hier ver-

---

145 *Becker*, Der Gestaltungsspielraum, S. 74.
146 *Sander*, Internationaler und europäischer Gesundheitsschutz, S. 33 f.
147 *Oppermann*, Europarecht, Rdnr. 1302.
148 Vgl. EuGH Slg. 1984, S. 283 (317) – Rs. 74/82.
149 EuGH Slg. 1984, S. 3263 (3279) – Rs. 94/83.

weist der Begriff grundsätzlich auf das nationale Veterinär- und Pflanzenschutzrecht, ebenfalls in den allgemeinen Grenzen des Vertrages.[150]

b) *Fehlen einer abschließenden Gemeinschaftsregelung*

Voraussetzung für die Anwendbarkeit der Rechtfertigungsgründe des Art. 30 EGV ist zunächst, dass noch keine abschließende Gemeinschaftsregelung erlassen wurde.[151] Mit einem solchen Gemeinschaftsakt wäre der Schutz der in Art. 30 S. 1 EGV genannten Rechtsgüter bereits gewährleistet und es bestünde in diesen Fällen keine Notwendigkeit mehr, den Mitgliedstaaten Ausnahmen von dem Verbot der Art. 28 und 29 EGV zu erlauben.[152] Ansonsten wäre es möglich, die Rechtsakte der Gemeinschaft durch einseitige Maßnahmen der Mitgliedstaaten auszuhöhlen.[153] Dies würde letztlich dem gesamten europäischen Einigungsprozess erheblichen Schaden zufügen. Die Mitgliedstaaten dürfen in diesen Fällen deshalb keine nationalen Maßnahmen unter Berufung auf Art. 30 EGV mehr erlassen, sondern können lediglich versuchen, im Wege der im Vertrag vorgesehenen Verfahren, eine Änderung des Gemeinschaftsaktes zu erreichen.

Eine Ausnahme hiervon gestatten allerdings die Regelungen der Art. 95 Abs. 4 und Art. 176 EGV. Ein Mitgliedstaat kann aufgrund dieser Bestimmungen trotz einer Harmonisierungsmaßnahme des Rates noch nationale Vorschriften mit einem höheren Umweltschutzniveau erlassen. Dies gilt im Falle des Art. 95 Abs. 4 EGV aber nur, wenn die einzelstaatliche Regelung durch wichtige Erfordernisse im Sinne des Art. 30 S. 1 EGV oder zum Schutz der Arbeitsumwelt oder des Umweltschutzes gerechtfertigt ist. Für die in Art. 30 S. 1 EGV genannten Rechtsgüter wird den Mitgliedstaaten somit auch nach Erlass einer abschließenden Gemeinschaftsregelung ein sog. „Ausscherrecht“ zum Schutz der Umwelt zugebilligt. Um solche einzelstaatlichen Alleingänge zu vermeiden, schreibt Art. 95 Abs. 3 EGV vor, dass die Kommission in ihren Vorschlägen, auch für den Bereich des Umweltschutzes, von einem hohen Schutzniveau auszugehen hat. Nach Art. 176 EGV gilt dieses Ausscherrecht auch für den Fall, dass eine gemeinschaftliche Umweltvorschrift auf Art. 175 EGV gestützt wurde. Bei der Darstellung der Kompetenzen der Gemeinschaft zum Erlass von sekundärem Recht im Umweltschutzbereich wird noch näher auf diese Voraussetzungen einzugehen sein.

---

150 *Oppermann*, Europarecht, Rdnr. 1302.

151 Vgl. EuGH Slg. 1979, S. 3369 (3388 f.) – Rs. 251/78 „Denkavit“ in st. Rspr.

152 EuGH Slg. 1977, S. 1555 (1557) – Rs. 5/77 „Tedeschi“.

153 *Palme*, Nationale Umweltpolitik, S. 53.

c) Art. 30 S. 2 EGV

Die Norm des Art. 30 S. 2 EGV besagt, dass nationale Vorschriften, die unter die Ausnahmebestimmung des Art. 30 S. 1 EGV fallen, nur dann gerechtfertigt sind, wenn sie kein Mittel zur willkürlichen Diskriminierung und keine verschleierte Beschränkung des Handels zwischen den Mitgliedstaaten darstellen. Aus dem Gesichtspunkt der Einheit der Gemeinschaftsrechtsordnung, beansprucht die EG die Kontrolle über die Anwendung der Ordre-public-Vorbehalte des Art. 36 EGV, als einer Norm des primären Gemeinschaftsrechts.[154] Nach der Rechtsprechung des EuGH soll das Missbrauchsverbot des Art. 30 S. 2 EGV verhindern, dass die nationalen Beschränkungen nur die Gründe des Art. 30 S. 1 EGV vorgeben, in Wirklichkeit aber der Diskriminierung von Waren aus anderen Mitgliedstaaten oder zum mittelbaren Schutz bestimmter inländischer Produktionen dienen sollen.[155]

Der Begriff der „willkürlichen Diskriminierung" ist der Vorschrift des Art. XX GATT entnommen. Damit ist eine unterschiedliche Behandlung gemeint, die durch keine anerkennenswerten sachlichen Erfordernisse gerechtfertigt ist. Eine Diskriminierungsabsicht desjenigen, der die Maßnahme erlassen hat, ist dabei nicht erforderlich.[156] Dagegen ist in einer verschleierten Handelsbeschränkung jede, als Schutzmaßnahme getarnte Handelsbehinderung zwischen den einzelnen Mitgliedstaaten zu sehen, ohne dass der Nachweis einer Behinderungsabsicht gefordert wird.[157]

Aus diesem Missbrauchsverbot leitet der EuGH zudem das Erfordernis einer Verhältnismäßigkeitsprüfung ab.[158] Deshalb kommt Art. 30 S. 2 EGV für die Beurteilung der durch Art. 30 S. 1 EGV eröffneten Ausnahmemöglichkeiten nur eine untergeordnete Bedeutung zu, weil der Gerichtshof die Rechtfertigung einzelstaatlicher Maßnahmen grundsätzlich am Prinzip der Verhältnismäßigkeit misst. [159] Die Vorschrift des Art. 30 S. 2 EGV ist für ihn also nur ein Ausdruck des allgemeinen Verhältnismäßigkeitsgrundsatzes.[160] Weil diese Verhältnismäßigkeitsprüfung aber auch für die weiteren Ausnahmen vom Verbot der Art. 28 und 29 EGV, die sog. „zwingenden Erfordernisse", von Bedeutung ist, soll sie erst im Anschluss an diese Gründe dargestellt werden. Ihr kommt nämlich für

---

154 EuGH Slg. 1985, S. 3731 ff. – Rs. 182/84 „Genever"; vgl. auch *Oppermann*, Europarecht, Rdnr. 1307.

155 *Middeke*, Nationaler Umweltschutz, S. 168 f.

156 GA *Warner*, Schlussanträge, in: EuGH Slg. 1979, S. 3818 (3827) – Rs. 34/79 „Henn und Darby".

157 Vgl. hierzu *Müller-Graff*, in: von der Groeben/Schwarze, EU-/EG-Vertrag Kommentar, Bd. 1, Art. 30 Rdnr. 170 m.w.N.; a.A. *Gloria*, RIW 1983, S. 903 ff.

158 EuGH Slg. 1985, S. 3887 (3905, Rdnr. 20) – Rs. 247/84 „Motte".

159 EuGH Slg. 1987, S. 2525 ff. – Rs. 406/85 in st. Rspr.

160 EuGH Slg. 1987, S. 1227 (1274) – Rs. 178/84.

beide Ausnahmen eine zentrale Funktion bei der Abwägung zwischen der Garantie der Warenverkehrsfreiheit und den berechtigten Interessen der Mitgliedstaaten im Bereich des Umweltschutzes zu.

2. Die „zwingenden Erfordernisse"

Aufgrund der weiten Begriffsbestimmung der „Maßnahmen gleicher Wirkung" durch die Rechtsprechung des EuGH und der engen Auslegung des Art. 30 S. 1 EGV als Ausnahmevorschrift, besitzen die einzelnen Mitgliedstaaten nur noch sehr begrenzte Möglichkeiten, Maßnahmen zum Schutze grundlegender Interessen innerhalb ihres Staates zu erlassen.[161] Art. 28 EGV bezweckt aber lediglich die Gewährleistung eines ungehinderten Warenverkehrs, nicht jedoch die Beseitigung der grundsätzlichen Befugnis der Mitgliedstaaten, in Ermangelung eines Gemeinschaftsaktes, ihre öffentlichen Interessen wahrzunehmen.[162] Solche legitimen Schutzinteressen können allerdings auch in anderen Sachgebieten bestehen.

a) Das Urteil „Cassis de Dijon"

Der EuGH erkannte dieses Problem und baute deshalb in seiner Entscheidung „Cassis de Dijon"[163] die Ausnahmemöglichkeiten der Mitgliedstaaten vom Verbot des Art. 28 EGV erheblich aus. Den Auswirkungen dieser Rechtsprechung kommt auch für den Umweltschutz eine große Bedeutung zu. Hierdurch werden die Möglichkeiten der Mitgliedstaaten, die Warenverkehrsfreiheit aus Gründen des Umweltschutzes einzuschränken, wesentlich erweitert.

In dem Urteil ging es um die Genehmigung für eine Handelskette, den Likör „Cassis de Dijon" aus Frankreich nach Deutschland einführen zu dürfen. Diese war zuvor mit der Begründung versagt worden, dass Trinkbranntweine nach § 100 Abs. 3 des Branntweinmonopolgesetzes einen Mindestalkoholgehalt von 32 % aufweisen müssen, der Likör „Cassis de Dijon" allerdings nur einen Alkoholanteil von 15-20 % besitze. Einerseits bestätigte der EuGH in dieser Entscheidung zwar erneut die Ausdehnung des Begriffs der „Maßnahmen gleicher Wirkung" auf unterschiedslos anwendbare Maßnahmen, andererseits er-

161 *Middeke*, Nationaler Umweltschutz, S. 170 f.

162 *Müller-Graff*, in: von der Groeben/Schwarze, EU-/EG-Vertrag Kommentar, Bd. 1, Art. 28 Rdnr. 183.

163 EuGH Slg. 1979, S. 649 ff. – Rs. 120/78.

kannte er aber gleichzeitig zusätzliche Ausnahmemöglichkeiten an, die es den Mitgliedstaaten gestatten können, vom Verbot des Art. 28 EGV abzuweichen. Danach müssen Beschränkungen, die aus den Unterschieden der einzelstaatlichen Bestimmungen über die Vermarktung eines Produkts resultieren, für den innergemeinschaftlichen Handel hingenommen werden, soweit diese Regelungen notwendig sind, um zwingenden Erfordernissen gerecht zu werden, insbesondere den Erfordernissen einer wirksamen steuerlichen Kontrolle, des Schutzes der öffentlichen Gesundheit, der Lauterkeit des Handelsverkehrs und des Verbraucherschutzes.[164]

Diese Feststellung, die zwischenzeitlich in ständiger Rechtsprechung bestätigt worden ist,[165] erlaubt den Mitgliedstaaten aufgrund „zwingender Erfordernisse" Regelungen zu treffen, die eigentlich „Maßnahmen gleicher Wirkung" im Sinne von Art. 28 EGV darstellen würden.Zusätzlich zu den ausdrücklich aufgezählten Gründen in Art. 30 S. 1 EGV kann es im Einzelfall also noch weitere, im nationalen Interesse liegende Schutzziele geben, denen ein gleich hoher Stellenwert einzuräumen ist. Beispielhaft erwähnt der EuGH in seiner Entscheidung einige solcher „zwingenden Erfordernisse", wie die wirksame steuerliche Kontrolle, den Schutz der öffentlichen Gesundheit, die Lauterkeit des Handelsverkehrs oder den Verbraucherschutz. Diese Aufzählung ist vom EuGH nicht abschließend gemeint, was sich bereits aus seiner Formulierung, nach der „insbesondere" diese Gründe geeignet sind, nationale Maßnahmen trotz der Verbote in Art. 28 und 29 EGV zu rechtfertigen, ergibt.[166]

Diese Erfordernisse sind also im allgemeinen Interesse liegende Ziele, die wegen ihrer besonderen Bedeutung den Anforderungen des freien Warenverkehrs vorgehen.[167] Die Erwägungen des Gemeinwohls müssen jedoch zwingend sein, eine bloße Zweckmäßigkeit reicht allein nicht aus. Dies folgt aus der besonderen Bedeutung, die der Warenverkehrsfreiheit innerhalb des Gemeinschaftsmarktes eingeräumt wird. Außerdem muss es sich hierbei um Erfordernisse nichtwirtschaftlicher Art handeln. Allgemeine Regelungen des Wirtschaftslebens, wie etwa Maßnahmen der Konjunktur-, Wachstums- und Kreditpolitik, können demzufolge keine „zwingenden Erfordernisse" im Sinne der EuGH-Rechtsprechung darstellen.[168] Dagegen kann der Umweltschutz durch-

---

164 EuGH, a.a.O., S. 662.

165 Vgl. z.B. EuGH Slg. 1981, S. 1625 (1638) – Rs. 113/80; Slg. 1982, S. 2349 (2360) – Rs. 220/81 „Robertson".

166 *Becker*, Der Gestaltungsspielraum, S. 80.

167 *von Wilmowsky*, Jura 1992, S. 340.

168 *Müller-Graff*, in: von der Groeben/Schwarze, EU-/EG-Vertrag Kommentar, Bd. 1, Art. 28 Rdnr. 226.

aus als ein solches „zwingendes Erfordernis" im Sinne der Cassis-Judikatur angesehen werden.[169]

b) *Der Umweltschutz als „zwingendes Erfordernis"*

Im Rahmen des Art. 30 EGV verbleibt den Mitgliedstaaten nur ein sehr begrenzter Spielraum, nationale Maßnahmen zum Schutze der Umwelt zu beschließen, die den freien Warenverkehr legitimerweise beschränken dürfen. Deshalb entstand das Bedürfnis, notwendige Umweltschutzmaßnahmen mittels der in der Cassis-de-Dijon-Rechtsprechung entwickelten weiteren Einschränkungsmöglichkeit zu rechtfertigen. Eine solche kommt in Betracht, wenn der Umweltschutz ein „zwingendes Erfordernis" im Sinne dieser Rechtsprechung darstellen würde.

Der EuGH hatte bereits in der Entscheidung, in der es um die Entsorgung von Altölen ging, den Umweltschutz als ein wesentliches Ziel der Gemeinschaft bezeichnet, das Behinderungen der Warenverkehrsfreiheit rechtfertigen kann.[170] Damit hob der EuGH erstmals die besondere Bedeutung des Umweltschutzes für die Gemeinschaft hervor. Hieran knüpfte er in seiner Entscheidung „Dänische Pfandflaschen"[171] an, in der er nun ausdrücklich zu der Frage Stellung nahm, ob es sich beim Umweltschutz um ein „zwingendes Erfordernis" im Sinne der Cassis-Rechtsprechung handelt. Der EuGH führte in diesem Urteil aus, dass der Umweltschutz als ein wesentliches Ziel der Gemeinschaft ein „zwingendes Erfordernis" darstellt, welches Beschränkungen des freien Warenverkehrs rechtfertigen kann.[172] Diese Ansicht sah der EuGH vor allem durch die Aufnahme von Umweltschutzvorschriften in den Vertrag (Art. 130r bis 130t EWGV) durch die Einheitliche Europäische Akte von 1986 bestätigt.

Somit können einzelstaatliche Umweltschutzmaßnahmen, die den freien Warenverkehr behindern, nicht nur gerechtfertigt sein, wenn sie die engen Voraussetzungen des Art. 30 EGV erfüllen, sondern auch aufgrund „zwingender Erfordernisse" im Rahmen der Cassis-Rechtsprechung.[173] Die Möglichkeiten der Mitgliedstaaten, nationale Maßnahmen zum Schutze der Umwelt trotz des Verbotes in Art. 28 EGV zu treffen, sind hierdurch erheblich erweitert worden.

---

169 EuGH Slg. 1991, S. I-1361 (I-1377) – Rs. C-205/89; *von Wilmowsky*, Abfallwirtschaft im Binnenmarkt, S. 148.

170 EuGH Slg. 1985, S. 531 (549) – Rs. 240/83 „ADBHU".

171 EuGH Slg. 1988, S. 4607 ff. – Rs. 302/86.

172 EuGH, a.a.O., S. 4630.

173 *Becker*, Der Gestaltungsspielraum, S. 81.

c) Dogmatische Einordnung

Es bedarf einer besonderen Begründung für die richterliche Rechtsfortbildung, weil der Wortlaut des Art. 28 EGV keinen Hinweis auf eine Ausnahme durch „zwingende Erfordernisse“ gibt[174] und auch Art. 30 EGV keine weiteren Ausnahmen zuzulassen scheint. Die damit aufgeworfene Frage nach der dogmatischen Einordnung der Cassis-Rechtsprechung ist in der Literatur umstritten.

aa) Weite Interpretation der „öffentlichen Sicherheit und Ordnung“

Eine Ansicht im Schrifttum verlangt, das enge Verständnis des EuGH hinsichtlich des Begriffs der „öffentlichen Sicherheit und Ordnung“ in Art. 30 S. 1 EGV zu modifizieren. Danach soll zwar im Grunde an der restriktiven Handhabung dieser Voraussetzung für die Annahme einer Ausnahme festgehalten werden, die vom EuGH in seiner Rechtsprechung entwickelten „zwingenden Erfordernisse“ werden aber dem Begriff der „öffentlichen Sicherheit und Ordnung“, als dem Auffangtatbestand innerhalb des Art. 30 EGV, zugeordnet.[175] Dies lässt sich dann vertreten, wenn man unter der öffentlichen Ordnung die Gesamtheit der hoheitlich festgelegten, unverzichtbaren Grundregeln versteht, die im Interesse der politischen und sozialen Struktur des jeweiligen Gemeinwesens erlassen worden sind. Zwingenden Schutzbedürfnissen könnte somit im Rahmen des Art. 30 S. 1 EGV, als einer im Vertragstext verankerten Ausnahmevorschrift zu Art. 28 und 29 EGV, Rechnung getragen werden. Begründet wird diese Ansicht damit, dass sie einerseits an der gebotenen restriktiven Auslegung des Art. 30 S. 1 EGV festhält, andererseits aber dieses enge Verständnis nicht durch den inhaltsoffenen, im EG-Vertrag nicht erwähnten Begriff der „zwingenden Erfordernisse“ aushöhlt. Außerdem stimmen die vom EuGH entwickelten Voraussetzungen für eine Rechtfertigung nach der Cassis-Rechtsprechung mit denen des Art. 30 EGV überein.

bb) Ungeschriebene, gemeinschaftsrechtsimmanente Schranke

Eine andere Literaturmeinung sieht in den „zwingenden Erfordernissen“ eine ungeschriebene, dem Gemeinschaftsrecht immanente Schranke der Warenver-

---

174 *Becker*, Der Gestaltungsspielraum, S. 77.

175 So *Müller-Graff*, in: von der Groeben/Schwarze, EU-/EG-Vertrag Kommentar, Bd. 1, Art. 30 Rdnr. 29 f., Art 28 Rdnr. 184.

kehrsfreiheit.[176] Nach dieser Ansicht ist diese Grenze des freien Warenverkehrs bereits selbst im EG-Vertrag angelegt. Die Konzeption eines Staatenverbundes als Rechtsgemeinschaft verlangt, dass die Funktions- und Handlungsfähigkeit der einzelnen Staaten grundsätzlich erhalten bleibt. Dazu gehört es auch, dass sie die Kompetenz besitzen, Regelungen zum Schutz ihrer legitimen grundlegenden Interessen zu erlassen. Im EG-Vertrag wird deshalb immanent vorausgesetzt, dass den Mitgliedstaaten die Möglichkeit erhalten bleiben muss, aus „zwingenden Erfordernissen“ vom Verbot der Art. 28 und 29 EGV abzuweichen.

cc) Negatives Tatbestandsmerkmal

Die herrschende Meinung im Schrifttum geht dem gegenüber davon aus, dass die „zwingenden Erfordernisse“ ein negatives Tatbestandsmerkmal des Art. 28 EGV darstellen.[177] Dies hat zur Folge, dass die „zwingenden Erfordernisse“ bereits eine Qualifizierung der Regelung als „Maßnahme gleicher Wirkung“ im Sinne des Art. 28 EGV ausschließen; der tatbestandliche Anwendungsbereich wird also erst gar nicht eröffnet. Gestützt wird diese Auffassung auf die Folgerechtsprechung des EuGH zu „Cassis de Dijon“, in der er klarstellt, dass die „zwingenden Erfordernisse“ nicht zu den in Art. 30 S. 1 EGV aufgeführten Ausnahmen gehören[178], sondern im Rahmen des Art. 28 EGV zu entscheiden ist, ob die nationale Maßnahme unter den durch die Dassonville-Formel geprägten weiten Begriff der „Maßnahmen gleicher Wirkung“ fällt.[179]

dd) Abwägung der einzelnen Ansichten

Gegen die weite Interpretation des Begriffs der „öffentlichen Sicherheit und Ordnung“ spricht, dass bei einem solchen Verständnis die Aufzählung der anderen Rechtsgüter im Vertragstext überflüssig wäre, da diese bereits unter den Begriff der „öffentlichen Ordnung“ fallen würden.[180] Außerdem birgt diese Auslegung die Gefahr, die an sich restriktiv zu definierende Ausnahmemöglichkeit des Art. 30 S. 1 EGV auf dem Umweg einer weiten Begriffsbestimmung ei-

176 *Becker*, Der Gestaltungsspielraum, S. 79 f.
177 Vgl. *Moench*, NJW 1987, S. 1109; *Rengeling/Heinz*, JuS 1990, S. 616; *Epiney/Möllers*, Freier Warenverkehr, S. 25, 27 u. 29.
178 EuGH Slg. 1982, S. 2349 (2360) – Rs. 220/81 „Robertson“.
179 EuGH Slg. 1981, S. 1625 (1639) – Rs. 113/80.
180 *Becker*, Der Gestaltungsspielraum, S. 79.

nes Tatbestandsmerkmals auszuhöhlen und dadurch den unbeschränkten Warenverkehr innerhalb des EG-Binnenmarktes zu gefährden.

Die Auffassung, dass „zwingende Erfordernisse" eine vertragsimmanente Schranke der Warenverkehrsfreiheit darstellen, vermag ebenfalls kaum zu überzeugen. Vor allem an der Existenz der Ausnahmevorschrift des Art. 30 EGV ist zu erkennen, dass der EG-Vertrag im Falle des Eingreifens von Art. 28 EGV keine zusätzlichen Ausnahmen von diesem, für die Gemeinschaft so wichtigen Verbot zulassen möchte. Einen potenziellen Willen der Vertragsparteien für eine weitere Ausnahme zu unterstellen, erscheint im Zusammenhang mit der gebotenen restriktiven Auslegung völkerrechtlicher Verträge äußerst problematisch.

Vorzugswürdig ist deshalb die überwiegende Meinung in der Literatur und die Ansicht des EuGH, nach der „zwingende Erfordernisse" im Sinne der Cassis-Formel als negatives Tatbestandsmerkmal des Art. 28 EGV anzusehen sind. Systematisch hat aus diesem Grund die Erörterung des Problems, ob „zwingende Erfordernisse" eine einzelstaatliche Maßnahme erlauben, bereits bei der Untersuchung, ob eine „Maßnahme gleicher Wirkung wie eine mengenmäßige Beschränkung" vorliegt, zu erfolgen. Die in der Entscheidung „Cassis de Dijon" entwickelte Einschränkung der Garantie der Warenverkehrsfreiheit grenzt damit den tatbestandlichen Geltungsbereich des Art. 28 EGV ein.

d) Voraussetzungen für das Vorliegen „zwingender Erfordernisse"

Voraussetzungen für eine Ausnahme vom Verbot des Art. 28 EGV sind außer dem Vorliegen eines „zwingenden Erfordernisses", dass keine einschlägige Gemeinschaftsregelung besteht und die einzelstaatliche Maßnahme unterschiedslos auf einheimische und importierte Waren anwendbar ist.[181] Zudem muss die nationale Vorschrift verhältnismäßig sein[182] sowie den Anforderungen des Art. 30 S. 2 EGV genügen.[183] Im Folgenden sollen diese Voraussetzungen näher dargestellt werden, wobei zu bedenken ist, dass sie teilweise gleichermaßen auch auf die Rechtfertigungsgründe des Art. 30 S. 1 EGV Anwendung finden.

---

181 EuGH Slg. 1981, S. 1625 (1639, Rdnr. 11) – Rs. 113/80 „Irische Souvenirs".

182 EuGH Slg. 1988, S. 4489 (4511, Rdnr. 15) – Rs. 298/87 „SMANOR".

183 EuGH Slg. 1980, S. 3839 (3854 f., Rdnr. 14) – Rs. 27/80.

uu) Keine abschließende Gemeinschaftsregelung

Ebenso wie bei den Gründen des Art. 30 S. 1 EGV darf auch bei den „zwingenden Erfordernissen“ keine abschließende Gemeinschaftsregelung für den Bereich bestehen, in dem die nationale Regelung die Warenverkehrsfreiheit einschränkt, damit diese erlaubt sein kann. Hierfür werden dieselben Gründe wie bei Art. 30 EGV genannt, dass nämlich der Schutz des in Betracht kommenden Rechtsguts bereits durch die Gemeinschaftsregelung ausreichend gewährleistet wird. Ansonsten bestünde die Gefahr einer möglichen Aushöhlung des EG-Rechtsaktes. Auf die Möglichkeiten der Mitgliedstaaten trotz der Gemeinschaftsregelung noch schärfere nationale Umweltvorschriften zu erlassen, wird zu einem späteren Zeitpunkt einzugehen sein.

bb) Unterschiedslose Anwendbarkeit

Für das Vorliegen eines „zwingenden Erfordernisses“ sind weiterhin die unterschiedslose Anwendung der nationalen Maßnahme sowie die Verhältnismäßigkeit der einzelstaatlichen Regelung notwendig.[184] Die nationalen Bestimmungen dürfen zunächst in ihrem Anwendungsbereich nicht zwischen importierten und inländischen Waren differenzieren.[185] Allerdings sind auch solche Maßnahmen auszuscheiden, die zwar formell unterschiedslos anwendbar sind, ihrer Wirkung nach aber eine Benachteiligung ausländischer Waren herbeiführen.

Anders stellt sich die Ausgangslage allerdings für die Vorschrift des Art. 30 EGV dar. Diese Norm verlangt keine unterschiedslose Anwendbarkeit der nationalen Maßnahme. Diese unterschiedliche Behandlung der Ausnahmetatbestände ist für den Fall problematisch, dass die Mitgliedstaaten nationale Regelungen treffen, um grenzüberschreitende Abfallimporte zu verhindern. Aufgrund der Einseitigkeit der Maßnahmen würde hier eine Rechtfertigung aus Umweltschutzgründen als zwingendes Erfordernis eigentlich nicht in Betracht kommen. Bei dieser Sachlage hat der EuGH deshalb in seiner Rechtsprechung – ohne dies allerdings näher zu begründen – auf das Erfordernis der unterschiedslosen Anwendbarkeit bei dem Vorliegen „zwingender Erfordernisse“ verzichtet.[186] Darüber hinaus wäre einer grundsätzlichen Aufgabe dieses Kriteriums zuzustimmen, da in der Sache eigentlich kein Unterschied zwischen den Recht-

---

184 EuGH Slg. 1981, S. 1625 (1639) – Rs. 113/80 in st. Rspr.

185 *Müller-Graff*, in: von der Groeben/Schwarze, EU-/EG-Vertrag Kommentar, Bd. 1, Art. 28 Rdnr. 192.

186 EuGH Slg. 1992, S. I-4431 ff. – Rs. C-2/90 „Wallonisches Abfallrecht“.

fertigungsgründen des Art. 30 S. 1 EGV und den „zwingenden Erfordernissen" besteht.[187]

3. *Verhältnismäßigkeitsprüfung*

Zentrale Voraussetzung für die Rechtfertigung einer einzelstaatlichen Umweltschutzregelung nach Art. 30 EGV als auch für die Geltung einer nationalen Maßnahme zur Verfolgung „zwingender Erfordernisse" ist deren Vereinbarkeit mit dem Verhältnismäßigkeitsgrundsatz[188] unter Berücksichtigung der Regel des Art. 30 S. 2 EGV. In der Rechtsprechung des EuGH hat sich dieses gemeinschaftsrechtliche Verhältnismäßigkeitsprinzip mit wechselnder Wortwahl herausgebildet.[189] Die Begrifflichkeit des EuGH kann zwar nicht vollständig mit der des deutschen Rechts gleichgesetzt werden, es hat sich aber doch eine dem deutschen Recht vergleichbare Dreigliederung der Prüfung des Grundsatzes der Verhältnismäßigkeit entwickelt.[190] Eine nationale Maßnahme darf demzufolge nur dann die Warenverkehrsfreiheit beeinträchtigen, wenn sie geeignet ist, das angestrebte Ziel zu erreichen, nicht über das erforderliche Maß hinausgeht und auch angemessen ist, das heißt der Zweck und das Mittel der Maßnahme nicht außer Verhältnis zum angestrebten Ziel stehen.

a) *Geeignetheit*

Die Geeignetheit einer Maßnahme setzt voraus, dass diese tauglich ist, ein angestrebtes Ziel zu erreichen. Diese Zielsetzung muss gemeinschaftsrechtlich anerkannt sein[191], was bei Umweltschutzmaßnahmen spätestens seit der Aufnahme der Art. 130r ff. (jetzt Art. 174 ff.) in den EG-Vertrag, die den Schutz der Umwelt zudem sehr weit fassen, der Fall ist.

Ein völlig untaugliches Mittel rechtfertigt keine Beschränkung der Warenverkehrsfreiheit, die nationale Umweltbestimmung muss also tatsächlich dem

---

187 Gegen diese Differenzierung auch *Dauses*, RIW 1984, S. 205.

188 Hinsichtlich der Einschränkung der Verhältnismäßigkeitsprüfung bei (außenwirtschafts)politischen Entscheidungen auf offensichtliche Fehleinschätzungen vgl. *Cascante/Sander*, Der Streit um die EG-Bananenmarktordnung, S. 56 f.

189 EuGH Slg. 1987, S. 2525 ff. – Rs. 406/85 in st. Rspr.

190 Vgl. hierzu *Grupp/Schäder*, EWS 1993, S. 27 ff.

191 EuGH Slg. 1985, S. 2605 (2626, Rdnr. 22) – verb. Rs. 60 u. 61/84 „Videokassetten".

Ziel des Umweltschutzes dienen.[192] Der Gesetzgeber muss dabei in einer *Ex-ante*-Entscheidung eine Prognose für die Zukunft abgeben, ob mit dieser Maßnahme wirklich das erstrebte Ziel erreicht wird. Deshalb ist ihm auch ein gewisser Ermessensspielraum einzuräumen. Gerade bei Umweltschutzmaßnahmen ist diese Beurteilung nicht einfach, weil die Kausalketten oft sehr komplex und durch die Forschung noch nicht vollständig geklärt sind. Der EuGH überprüft deshalb lediglich, ob die Maßnahme im Zeitpunkt ihres Erlasses „offensichtlich" ungeeignet war.

b) Erforderlichkeit

Im Rahmen der Untersuchung der Verhältnismäßigkeit durch den EuGH ist die Prüfung der Erforderlichkeit von entscheidender Bedeutung.[193] Eine Maßnahme ist nur dann erforderlich, wenn es kein milderes Mittel gibt, um das angestrebte Ziel zu erreichen.[194] Der freie Warenverkehr darf demzufolge nicht mehr als für die Zielerreichung unbedingt notwendig eingeschränkt werden (sog. „Interventionsminimum").

Für die Überprüfung, ob eine Maßnahme erforderlich ist, um das anvisierte Ziel zu erreichen, bedarf es einer näheren Festlegung dieser Zielbestimmung. Wird im Bereich des Umweltschutzes von einem hohen Schutzniveau ausgegangen, sind grundsätzlich erheblich beschränkendere Maßnahmen zur Erreichung dieses hohen Schutzgrades erforderlich, als wenn nur ein Minimalschutz gewährt werden soll. So wäre beispielsweise eine nationale Regelung, die Grenzwerte für einen Schadstoff sehr hoch ansetzt, dann nicht erforderlich, wenn gemeinschaftsrechtlich von einem wesentlich niedrigeren Grenzwert auszugehen ist.

Grundsätzlich besitzen die Mitgliedstaaten die Befugnis, das Schutzniveau selbst festzulegen.[195] Dies gilt nach der Rechtsprechung des EuGH auch für den Bereich des Umweltschutzes.[196] Beim Erlass der einzelstaatlichen Vorschriften dürfen die Mitgliedstaaten auf nationale Besonderheiten, wie beispielsweise klimatische Bedingungen oder eine hohe Bevölkerungsdichte, Rücksicht nehmen, wenn diese strengere Schutzmaßnahmen erfordern. Dieser Grundsatz lässt

---

192 *Epiney/Möllers*, Freier Warenverkehr, S. 73, sprechen dem EuGH die Befugnis ab, die ökologischen Zielsetzungen der Mitgliedstaaten zu überprüfen.

193 So auch *Kahl*, Umweltprinzip und Gemeinschaftsrecht, S. 185.

194 EuGH Slg. 1988, S. 793 (811, Rdnr. 7) – Rs. 216/84 „Milchpulver".

195 EuGH Slg. 1984, S. 2367 (2386, Rdnr. 18) – Rs. 97/83 „Milcherzeugnisse".

196 EuGH Slg. 1989, S. 3533 ff. – Rs. 125/88 „Nijman".

sich aus der Rechtsprechung des EuGH zum Bereich des Gesundheitsschutzes auf den Umweltschutzsektor übertragen.[197]

Selbst wenn die Mitgliedstaaten dasselbe Umweltschutzniveau anstreben, stellt sich die Frage, ob ein Mitgliedstaat den Import von Waren eines anderen Mitgliedstaates auch für den Fall zulassen muss, dass diese zwar nicht den heimischen Umweltschutzregelungen entsprechen, wohl aber den ausländischen Vorschriften mit identischem Schutzniveau. Nach Ansicht des EuGH läuft es dem Verhältnismäßigkeitsprinzip zuwider, wenn eine nationale Bestimmung verlangt, dass eingeführte Produkte alle produktbezogenen Umweltschutzregelungen erfüllen müssen, obwohl sie dasselbe Schutzniveau gewährleisten.[198] Eine solche Vorschrift wäre nicht erforderlich und verstieße damit gegen das Verbot des Art. 28 EGV. Im Hinblick auf die hiermit angesprochene gegenseitige Anerkennung von Umweltschutzvorschriften sind an die Gleichwertigkeit der Regelungen aber hohe Anforderungen zu stellen.[199]

c) *Angemessenheit*

Nach der Rechtsprechung des EuGH muss eine nationale Vorschrift letztlich auch angemessen sein, das heißt, der Zweck und das Mittel der Regelung dürfen nicht außer Verhältnis zum angestrebten Ziel stehen.[200] Es ist somit zwischen den Nachteilen für den freien Warenverkehr und den Vorteilen für das durch die Maßnahme geschützte Rechtsgut abzuwägen. Diesen Maßstab der Verhältnismäßigkeit im engeren Sinne hat der EuGH ausdrücklich auch bei Einschränkungen der Warenverkehrsfreiheit durch Umweltschutzmaßnahmen angewandt.[201]

Im Rahmen dieser Abwägung ist auf der einen Seite die Schwere des Eingriffs zu berücksichtigen. Eine bloße Anzeigepflicht behindert den freien Warenverkehr weniger als besondere Wiederverwertungs- oder Rücknahmevorschriften. Auch Verbote mit Erlaubnis- oder Befreiungsvorbehalt wiegen in ihrer Wirkung weniger schwer als absolute Produktverbote. Dabei hat auch die Spürbarkeit der Maßnahme, also das Ausmaß der Beschränkung für die Warenverkehrsfreiheit, eine Bedeutung. Im Grundsatz kann die Aussage getroffen werden, dass je höher das angestrebte Umweltschutzziel einzuordnen ist, umso stärker darf auch die Eingriffsintensität sein.[202]

---

197 Z.B. EuGH Slg. 1981, S. 409 (422, Rdnr. 13 f.) – Rs. 53/80.
198 EuGH Slg. 1986, S. 419 (436, Rdnr. 16) – Rs. 188/84 „Holzbearbeitungsmaschinen".
199 EuGH, a.a.O., S. 437, Rdnr. 21.
200 *Becker*, Der Gestaltungsspielraum, S. 89 f.
201 EuGH Slg. 1988, S. 4607 ff. – Rs. 302/86 „Dänische Pfandflaschen".
202 *Epiney/Möllers*, Freier Warenverkehr, S. 96 ff.

Diesen negativen Auswirkungen des Eingriffs steht andererseits die Umweltschutzwirkung einer Regelung als positiver Aspekt gegenüber. Dabei sind nicht nur die Instrumente zur Abwehr einer konkreten Gefahr hoch einzuschätzen, sondern auch solche, die der Vorsorge und Vorbeugung dienen.[203] Dieser Grundsatz, dass Maßnahmen zum Schutze der Umwelt nicht nur auf repressive Mittel beschränkt sind, findet in Art. 174 Abs. 2 UAbs. 1 S. 2 EGV seine Bestätigung.

Entscheidend für die Abwägung im Rahmen der Angemessenheit ist die Frage, welcher Rang dem Umweltschutz gegenüber den anderen Politiken der Gemeinschaft, insbesondere der Warenverkehrsfreiheit, eingeräumt wird.[204] Ursprünglich war wegen der Ausrichtung der Gemeinschaft in ihrer Anfangsphase auf ausschließlich wirtschaftliche Belange von einer Vorrangstellung der Marktfreiheiten auszugehen.[205] Mit der Übertragung nicht rein wirtschaftlicher Politikbereiche durch die EEA und infolge der Besonderheit des Umweltschutzes als Querschnittsaufgabe (vgl. Art. 6 EGV), wird in der Literatur teilweise eine bevorrechtigte Sonderstellung der Umweltpolitik angenommen.[206] Die überwiegende Auffassung im Schrifttum geht jedoch von einer Gleichrangigkeit der beiden Gemeinschaftsziele aus. Einerseits hat die Europäische Gemeinschaft mit dem „Maastrichter Unionsvertrag“ ausdrücklich den Status der „Wirtschaftsgemeinschaft“ zugunsten der (politischen) „Gemeinschaft“ aufgegeben, andererseits wird der Umweltschutz aber, wie Art. 95 Abs. 3 EGV zeigt, in einen wirtschaftspolitischen Zusammenhang gestellt.[207] Auch könnte ein Vorrang des Umweltschutzes zu einer Blockade der Rechtsetzungstätigkeit in anderen Politikfeldern führen, was vom Vertrag sicherlich nicht gewollt ist.

Darüber hinaus ist die nationale Maßnahme im Rahmen des Abwägungsgebots auch an den allgemeinen Rechtsgrundsätzen, dort insbesondere an den Grundrechten, zu messen, deren Wahrung der EuGH zu sichern hat.[208]

III. Ergebnis

Art. 28 EGV enthält ein Verbot mengenmäßiger Beschränkungen und kontingentgleicher Maßnahmen, welche die Warenverkehrsfreiheit im EG-Binnenmarkt beschränken. Dem Verbot des Art. 28 EGV unterfallen dabei Waren und Verpackungen, soweit sie selbst Handelsobjekte darstellen sowie nach der

203 *Becker*, Der Gestaltungsspielraum, S. 91.
204 Hierzu ausführlich *Zils*, Die Wertigkeit des Umweltschutzes, 1994.
205 *Dauses*, RIW 1984, S. 205.
206 *Scheuing*, EuR 1989, S. 176 f.
207 *Middeke*, Nationaler Umweltschutz, S. 201 f.
208 EuGH Slg. 1991, S. I-2925 (I-2964) – Rs. 260/89 „ERT“.

Rechtsprechung des EuGH auch Abfälle aller Art. Gerechtfertigt sind nach dem EG-Vertrag nationale Bestimmungen nur für den Fall, dass ein Ausnahmetatbestand des Art. 30 S. 1 EGV eingreift.

Durch die sehr weite Bestimmung des Begriffs der „Maßnahmen kontingentgleicher Wirkung" im Urteil „Dassonville" wurde der Gestaltungsspielraum der Mitgliedstaaten noch nationale Maßnahmen zum Schutze der Umwelt zu treffen, stark eingeschränkt. Insbesondere produktbezogene Umweltschutzregeln sind als „Maßnahmen gleicher Wirkung" im Sinne des Art. 28 EGV einzuordnen. Auch die Ausnahmevorschrift des Art. 30 EGV bot insofern keinen Ausweg, als sie durch ihre gebotene enge Interpretation nur die wenigsten Umweltschutzvorschriften rechtfertigen kann. Diese restriktive Auslegung kommt durch die Begrenzung auf die ausdrücklich genannten Rechtsgüter in Art. 30 S. 1 EGV zum Ausdruck.

In der Rechtsprechung „Cassis de Dijon" ist der Anwendungsbereich des Art. 28 EGV insoweit eingeschränkt worden, als kontingentgleiche Maßnahmen, die „zwingende Erfordernisse" verfolgen, aus dem Verbot herausfallen. Als ein solches „zwingendes Erfordernis" erkennt der EuGH ausdrücklich den Umweltschutz an. Die Rechtfertigung einer nationalen Umweltschutzmaßnahme verlangt zum einen, dass für diesen Bereich noch keine abschließende Gemeinschaftsregelung besteht. Weiterhin fordert die Rechtsprechung des EuGH, dass die Vorschrift unterschiedslos anwendbar ist, obwohl er von diesem Erfordernis abzurücken scheint, da in der Sache auch kein Unterschied zu den Rechtfertigungsgründen des Art. 30 S. 1 EGV besteht.

Außerdem muss sich die Regelung als verhältnismäßig erweisen, wobei dem Gesetzgeber hinsichtlich der Geeignetheit der Maßnahme ein weiter Beurteilungsspielraum zugestanden wird. Bei der Angemessenheit ist zu berücksichtigen, dass mit steigendem Umweltschutzniveau auch die Intensität des Eingriffs zunehmen darf. Bei einer Interessenabwägung sind schließlich die Politiken der Warenverkehrsfreiheit und des Umweltschutzes als grundsätzlich gleichrangig einzuordnen.

D. Umweltschutz im EG-Sekundärrecht

I. Umweltschutz als Aufgabe der Gemeinschaft

Die Mitgliedstaaten besitzen infolge ihrer völkerrechtlichen Souveränität grundsätzlich eine umfassende Regelungskompetenz.[209] Sie haben allerdings mit dem

209 *Becker*, Der Gestaltungsspielraum, S. 37.

Prinzip der begrenzten Einzelermächtigung für einen Teil ihrer Handlungsbefugnisse den Organen der EG die Zuständigkeit zu ihrer Ausübung eingeräumt.[210] Darüber hinaus besteht mit Art. 308 EGV und der Auslegungsart des „effet utile“[211] sowie der Implied-Powers-Doktrin[212] in der Rechtsprechung des EuGH die Möglichkeit zur Ergänzung und Abrundung der Gemeinschaftskompetenzen.

Wenn auf gemeinschaftsrechtlicher Grundlage verbindliches Recht gesetzt worden ist, genießt dieses gegenüber dem einzelstaatlichen Recht prinzipiell Anwendungsvorrang. Um beurteilen zu können, inwieweit die Mitgliedstaaten noch in der Lage sind, Maßnahmen zum Schutze der Umwelt auf nationaler Ebene zu erlassen, ist zunächst zu untersuchen, wie weit die Kompetenzen der Gemeinschaft auf diesem Gebiet reichen und wo sie durchbrochen werden können.

Mit der Einführung der Art. 130r-130t EWGV (jetzt Art. 174-176 EGV) durch die Einheitliche Europäische Akte von 1986[213] wurden den Organen der Gemeinschaft erstmals ausdrücklich Umweltkompetenzen übertragen.[214] Die Vertragsänderungen von Maastricht erklärten den Umweltschutz zu einer der Politiken der Gemeinschaft. Die eigentliche Kompetenznorm findet sich in Art. 175 EGV, wonach die Gemeinschaft zur Verfolgung von Umweltschutzzielen tätig werden darf.[215] Allerdings wird diese Kompetenzzuweisung durch das Prinzip der Subsidiarität in Art. 5 EGV begrenzt. Bis zum In-Kraft-Treten des Maastrichter Vertrages befand sich dieses Prinzip für den Umweltschutz noch in Art. 130r EWGV. Die Gemeinschaftsorgane dürfen ihre Befugnisse deshalb nur für den Fall ausüben, dass ein Tätigwerden auf Gemeinschaftsebene mehr Erfolg verspricht (sog. „Kompetenzausübungsschranke“).

Aber selbst wenn die Gemeinschaft von ihrer Umweltkompetenz Gebrauch gemacht hat, verbleibt den Mitgliedstaaten wegen der sog. Schutzverstärkungsklausel des Art. 176 EGV die Möglichkeit, den gemeinschaftsrechtlichen Mindestschutz durch nationale Maßnahmen zu verstärken.[216] Außerdem können die Mitgliedstaaten nach Art. 174 Abs. 2 UAbs. 2 EGV aus nichtwirtschaftlich bedingten, umweltpolitischen Gründen bei Harmonisierungsmaßnahmen zu einem erhöhten Schutzniveau ermächtigt werden.

Für Harmonisierungsmaßnahmen, die sich unmittelbar auf die Errichtung oder das Funktionieren des Gemeinsamen Marktes beziehen, sehen Art. 94 und

---

210 *Oppermann*, Europarecht, Rdnr. 513.

211 EuGH Slg. 1960, S. 708 ff. – Rs. 20/59 in st. Rspr.

212 EuGH Slg. 1955/56, S. 311 ff. – Rs. 8/55 in st. Rspr.

213 BGBl. 1987 II S. 2102; ABl. EG 1987 Nr. L 169, S. 1; in Kraft getreten ist die EEA am 1. Juli 1987.

214 *Becker*, Der Gestaltungsspielraum, S. 39.

215 *Palme*, Nationale Umweltpolitik, S. 23.

216 *Scheuing*, EuR 1989, S. 168.

95 EGV ebenfalls Kompetenzen für die Gemeinschaft vor. Insofern besteht das Abgrenzungsproblem, ob Harmonisierungsmaßnahmen, die einen Bezug zum Umweltschutz aufweisen, aufgrund Art. 95 Abs. 1 EGV oder Art. 175 EGV zu erlassen sind.[217] Diese Frage wird später noch ausführlicher zu erörtern sein.

Mit der Einfügung des Subsidiaritätsprinzips in Art. 5 EGV gilt die sog. „Besserklausel" nun auch für Maßnahmen, die nach Art. 95 EGV erlassen werden sollen. Solche Harmonisierungsmaßnahmen darf die Gemeinschaft seitdem ebenfalls nur dann erlassen, wenn sich das angestrebte Ziel besser auf Gemeinschaftsebene erreichen lässt. Auch bei Vorschriften, die auf der Grundlage von Art. 95 EGV erlassen wurden, besitzen die Mitgliedstaaten noch die Möglichkeit, in bestimmten Bereichen den Schutz durch den Erlass von einzelstaatlichen Maßnahmen nach Art. 95 Abs. 4 EGV zu verstärken.

II. Rechtsgrundlagen für EG-Sekundärrecht

Nach dem Prinzip der begrenzten Einzelzuständigkeiten benötigen die Organe der Gemeinschaft für jeden Rechtsakt, den sie erlassen, eine ausdrückliche Rechtsgrundlage in den Gemeinschaftsverträgen.[218] Somit muss sich das europäische Sekundärrecht im Bereich des Umweltschutzes auf einschlägige vertragliche Ermächtigungsnormen stützen. Dabei ist für die Kompetenzzuweisung zwischen der Rechtslage vor In-Kraft-Treten der Einheitlichen Europäischen Akte und danach zu unterscheiden.

1. Kompetenzen vor In-Kraft-Treten der EEA

Vor dem In-Kraft-Treten der EEA am 1. Juli 1987 wurden umweltrechtliche Gemeinschaftsmaßnahmen vorwiegend auf Art. 100 EWGV (jetzt Art. 94 EGV) und gleichzeitig auf Art. 235 EWGV (jetzt Art. 308 EGV) oder in einigen Fällen auch lediglich auf Art. 235 EWGV gestützt.

Insbesondere die Hervorhebung des Umweltschutzes als ein ausdrückliches Gemeinschaftsziel durch die Pariser Schlusserklärung der europäischen Staats- und Regierungschefs vom 20. Oktober 1972[219] führte zu einer extensiveren und umweltschutzadäquateren Auslegung der Vertragsabrundungskompetenz des

---

217 *Palme*, Nationale Umweltpolitik, S. 32 ff.
218 *Oppermann*, Europarecht, Rdnr. 513.
219 Bulletin der EG 1972, Nr. 10, S. 15 ff.

Art. 235 EWGV.[220] Mit dem 1. Umweltschutz-Aktionsprogramm von 1973[221] wurde durch eine entsprechende Auslegung der Absätze 3 und 5 der Präambel des EWGV sowie Art. 2 EWGV anerkannt, dass der Umweltschutz ein wesentliches Ziel der Gemeinschaft darstellt.[222] Damit wurde auch der Anwendungsvoraussetzung des Art. 235 EWGV Genüge getan, der eine Verwirklichung eines EG-Zieles verlangt.

Über die Rechtsangleichungszuständigkeit nach Art. 100 EWGV konnten auch einheitliche EG-Umweltstandards eingeführt werden, um gleichmäßige Produktzulassungsvoraussetzungen zur Beseitigung von Handelshemmnissen zu ermöglichen.[223] Diese können jedoch nur durch einstimmige Ministerratsentscheidungen beschlossen werden. Außerdem erlaubte Art. 100 EWGV lediglich den Erlass von Richtlinien.

2. *Kompetenzen nach In-Kraft-Treten der EEA*

Mit der Aufnahme der Art. 130r-130t (jetzt Art. 174-176 EGV) in Titel VII „Umwelt" des EWG-Vertrages (jetzt Titel XIX des EGV) durch Art. 25 der EEA wurde die Zuständigkeit der Gemeinschaft im Bereich der Umweltpolitik erstmals ausdrücklich verankert.[224] So normieren Art. 174 ff. EGV Ziele und Arbeitsgrundsätze der Umweltpolitik der Gemeinschaft, das Verfahren bei der Rechtsetzung und das Verhältnis des EG-Umweltrechts zum Recht der Mitgliedstaaten.

Des Weiteren wurde die Möglichkeit, Harmonisierungsmaßnahmen im Umweltrecht zu erlassen, durch die Einfügung des Art. 100a EWGV (jetzt Art. 95 EGV) erheblich erweitert. Im Unterschied zu Art. 94 EGV, der bei Rechtsangleichungen die Einstimmigkeit des Rates voraussetzt, ist gemäß Art. 95 Abs. 1 und Abs. 3 EGV nur die qualifizierte Mehrheit bei einer binnenmarktbezogenen Harmonisierung des Umweltrechts erforderlich. Außerdem schließen die Harmonisierungsmaßnahmen nach Art. 95 EGV auch den Erlass von Verordnungen mit ein. Allerdings ist die Kommission nach der Erklärung in der Schlussakte zur EEA verpflichtet, der Richtlinie den Vorrang einzuräumen, wenn die Angleichung in mindestens einem Mitgliedstaat die Änderung gesetzlicher Vorschriften erfordert. Auch das Subsidiaritätsprinzip des Art. 5 EGV gebietet die bevorzugte Wahl der Richtlinie. Daneben können Umweltschutzmaßnahmen aber auch auf weitere Spezialvorschriften, wie z.B. Art. 37, Art. 80

220 *Behrens*, DVBl. 1978, S. 462 ff.

221 ABl. EG 1973 Nr. C 112, S. 1 ff.

222 *Oppermann*, Europarecht, Rdnr. 1995.

223 *Scheuing*, EuR 1989, S. 154.

224 *Hoffert*, Europarecht und nationale Umweltpolitik, S. 79.

Abs. 2 und Art. 93 EGV, gestützt werden.[225] So sind etwa Umweltmaßnahmen, die vorrangig den Straßenverkehr betreffen, auf Art. 71 EGV zu gründen.[226]

3. Abgrenzung zwischen den Rechtsgrundlagen

a) Abgrenzung zwischen Art. 95 und 94 EGV

Angesichts der Unterschiede zwischen den Verfahren nach Art. 95 und Art. 94 EGV ist eine Abgrenzung dieser beiden Vorschriften notwendig.[227] Neben den bereits erwähnten Unterschieden sieht Art. 94 EGV auch keine einzelstaatliche Abweichungsmöglichkeit wie Art. 95 Abs. 4 EGV vor.

Im Verhältnis zu Art. 94 EGV ist Art. 95 EGV als *lex specialis* anzusehen. Dieses ergibt sich allein schon aus dem Wortlaut des Art. 95 Abs. 1 S. 1 EGV. Danach „(...) gilt abweichend von Artikel 94 für die Verwirklichung der Ziele des Artikels 14 die nachstehende Regelung" des 2. Satzes von Art. 95 Abs. 1 EGV.

In den Anwendungsbereich des Art. 94 EGV fallen somit nur noch diejenigen Maßnahmen, die zu den in Art. 95 Abs. 2 EGV aufgeführten Bereichen gehören. Umweltpolitische Vorschriften sind dagegen, soweit sie unter den Abs. 1 fallen, was wegen der Produkt- oder Produktionsbezogenheit der Bestimmungen regelmäßig der Fall sein wird, auf Art. 95 EGV zu stützen und nicht mehr auf Art. 94 oder Art. 308 EGV[228].

b) Abgrenzung zwischen Art. 95 und Art. 175 EGV

Ein Großteil des europäischen Sekundärrechts im Bereich des Umweltschutzes stützt sich in der Praxis auf Art. 95 EGV. Daneben kommt aber auch Art. 175 EGV in Betracht, der von Art. 95 EGV abweichende Verfahrensvorschriften und Anforderungen enthält. Die Abgrenzung zwischen diesen Normen hat besondere praktische Bedeutung, weil Art. 95 Abs. 1 EGV unmittelbare Beschlüsse des Rates mit qualifizierter Mehrheit erlaubt, während Art. 175 Abs. 2 S. 1 EGV bei den genannten Regelungsbereichen eine Einstimmigkeit fordert. Außerdem be-

---

225 Hierzu ausführlich *Becker*, Der Gestaltungsspielraum, S. 99 ff.

226 Siehe hierzu auch *Herrmann*, Güterkraftverkehr im Binnenmarkt und Umweltschutz, 2000.

227 *Hoffert*, Europarecht und nationale Umweltpolitik, S. 86.

228 *Zuleeg*, NVwZ 1987, S. 281.

stehen nach Art. 95 Abs. 4 EGV wesentlich geringere Möglichkeiten für abweichende strengere Maßnahmen eines Mitgliedstaates als nach Art. 176, 175 EGV.[229] Ferner verlangte Art. 175 EGV in seiner ursprünglichen Fassung als Art. 130s EGV lediglich das Zusammenarbeitsverfahren des Art. 252 EGV, während Art. 95 EGV die intensivere Mitwirkung des Europäischen Parlaments im Mitentscheidungsverfahren gemäß Art. 251 EGV voraussetzte.

In der Literatur wird Art. 95 EGV teilweise als *lex specialis* zu Art. 175 EGV angesehen. Weder das Hauptziel oder die Sachnähe der Maßnahme zum Umweltrecht bzw. zum Binnenmarkt noch die Höhe des Schutzniveaus sollen für die Abgrenzung entscheidend sein.[230] Art. 95 EGV erleichtert vielmehr den Erlass von Harmonisierungsmaßnahmen zur Verwirklichung eines einheitlichen Binnenmarktes.[231] Dies gilt insbesondere für den Bereich des Umweltschutzes, der in Art. 95 Abs. 3 und 4 EGV ausdrücklich erwähnt wird. Art. 95 EGV vereint damit speziell die Ziele des „Binnenmarktes“ und des „Umweltschutzes“ bei der Rechtsangleichung. Demgegenüber soll die allgemeine Rechtsetzungskompetenz in Art. 175 EGV nur eine subsidiäre Auffangnorm für Normen ohne Binnenmarktbezug, wie beispielsweise für die Errichtung von Naturschutzgebieten oder einer europäischen Umweltagentur, darstellen.[232] Im Ergebnis stellt Art. 95 also gegenüber Art. 175 EGV eine speziellere Regelung dar, wenn die Vorschrift der Verwirklichung des Binnenmarktes dient.[233]

Die Gegenauffassung stellt bei der Auswahl der einschlägigen Rechtsgrundlage auf den Schwerpunkt der jeweiligen Maßnahme ab.[234] Für die Abgrenzung kommt es auf den Hauptgegenstand, also die objektive Sachnähe (objektive Theorie) zu den Komplexen „Umwelt“ oder „Vollendung des Binnenmarktes“ oder aber auf die wesentliche politische Zielsetzung der Regelung (subjektive Theorie) an. Diejenigen Rechtsakte, die für alle Mitgliedstaaten gemeinsame Produktregelungen, Höchstgrenzen oder Auflagen zur Vermeidung von Wettbewerbsverzerrungen vorschreiben, betreffen primär den Binnenmarkt und sind daher auf Art 95 zu stützen. Dagegen finden die Maßnahmen, die vorwiegend aus Gründen des Umweltschutzes erlassen werden, wie z.B. in Bezug auf den Vogel-, Arten-, Luft- und Gewässerschutz, in Art. 175 EGV ihre Grundlage.

In der Entscheidung „Titandioxid“[235] hatte sich der EuGH erstmals mit der Frage der einschlägigen Rechtsgrundlage beschäftigt und Art. 95 Abs. 1 EGV

229 *Pernice*, NVwZ 1990, S. 205 f.
230 *Pernice*, NVwZ 1990, S. 206.
231 *Becker*, Der Gestaltungsspielraum der EG-Mitgliedstaaten, S. 42.
232 *Schröer*, Die Kompetenzverteilung, S. 107 ff.; *Hoffert*, Europarecht und nationale Umweltpolitik, S. 90 f.
233 *Epiney/Möllers*, Freier Warenverkehr, S. 8.
234 *Hailbronner*, EuGRZ 1989, S. 104 ff.; *Zuleeg*, NVwZ 1987, S. 281.
235 EuGH Slg. 1991, S. I-2867 ff. – Rs. 300/89.

den Vorzug für die Angleichung gegeben.[236] Für ihn ist die Harmonisierung aller Rechtsvorschriften, die sich in irgendeiner Art und Weise nach objektiven Kriterien auf den Wettbewerb zwischen den Wirtschaftsakteuren der einzelnen Mitgliedstaaten auswirken, aus Gründen der Rechtssicherheit ausschließlich auf Art. 95 EGV zu stützen. Weil die Auswirkungen von Umweltbestimmungen regelmäßig die am Wettbewerb teilnehmenden Wirtschaftssubjekte treffen, würde die Vorschrift des Art. 175 EGV bei dieser Argumentation aber Gefahr laufen, ohne praktische Relevanz zu bleiben.[237] Dieses Ergebnis kann jedoch wegen der Einfügung des Titels über die Umweltpolitik nicht vom EG-Vertrag beabsichtigt sein.[238] Deswegen hat der EuGH in späteren Entscheidungen[239] zum Ausdruck gebracht, dass nicht jeder Binnenmarktbezug für die Anwendbarkeit des Art. 95 EGV ausreicht. So wies er die Klage des Europäischen Parlaments gegen die auf Art. 175 EGV gestützte Verordnung (EWG) Nr. 259/93[240] zurück.[241] Diese Verordnung hat die Überwachung und Kontrolle der grenzüberschreitenden Abfallverbringung zum Gegenstand, wobei es den Mitgliedstaaten möglich bleibt, sich dem Abfallimport in ihr Territorium zu widersetzen. Es genügte für den EuGH nicht, dass das Funktionieren des Binnenmarktes betroffen ist, denn die Verordnung hat gerade nicht die Verwirklichung des freien Abfallverkehrs zum Ziel. Allgemeingültige Maßstäbe entwickelte der EuGH aber auch in diesem Urteil nicht. Inwieweit damit eine Annäherung an die Schwerpunkttheorie der Literatur stattgefunden hat, bleibt streitig.[242] Es spricht jedoch vieles dafür, dass sich der Gerichtshof dieser Auffassung des Schrifttums zugeneigt hat.[243] So argumentierte er bereits in einer früheren Entscheidung ausdrücklich mit dem Hauptzweck der streitigen Abfallrichtlinie.[244] Liegt dagegen eine Gleichgewichtigkeit der Sachkomplexe vor, kommt eine Mehrfachabstützung für den Fall in Betracht, dass keine Unterschiede bei den Verfahrensvorschriften bestehen. Ansonsten ist diejenige Rechtsgrundlage zu wählen, welche die stärkste Beteiligung des Parlaments vorsieht.[245]

---

236 Zur integrationspolitischen Wirkung dieser Rechtsprechung *Sander*, Der Europäische Gerichtshof als Förderer und Hüter der Integration, S. 88 f.

237 Ebenso *Epiney/Möllers*, Freier Warenverkehr, S. 12; *Pechstein*, Jura 1996, S. 178.

238 *Palme*, Nationale Umweltpolitik in der EG, S. 39.

239 EuGH Slg. 1991, S. I-4529 ff. – Rs. C-70/88; Slg. 1993, S. I-939 ff. – Rs. C-155/91 und Slg. 1994, S. I-2857 ff. – Rs. C-187/93.

240 ABl. EG 1993 Nr. L 30, S. 1.

241 EuGH Slg. 1994, S. I-2857 ff. – Rs. C-187/93.

242 So die Ansicht von *Berg*, Gesundheitsschutz als Aufgabe der EU, S. 422 f.; a.A. *Breier*, EuR 1995, S. 52 f.

243 Ebenso *von Danwitz*, Produktwerbung in der EU, S. 30 f.

244 EuGH Slg. 1993, S. I-939 (968, Rdnr. 20) – Rs. C-155/91; siehe auch bereits EuGH Slg. 1991, S. I-4529 ff. – Rs. C-70/88.

245 EuGH Slg. 1991, S. I-2867 ff. – Rs. C-300/89.

Im Ergebnis ist es sachgerecht, Art. 95 Abs. 1 EGV auf diejenigen Maßnahmen anzuwenden, die vorwiegend der Verwirklichung und Förderung der in Art. 14 Abs. 2 EGV genannten Grundfreiheiten dienen.[246] Produktbezogene Umweltschutznormen wie der zulässige Schadstoffausstoß bei Kraftfahrzeugen stellen besondere Anforderungen an Waren und betreffen damit in der Regel das Funktionieren des Binnenmarktes. Sie sind deswegen auf Art. 95 EGV zu stützen.[247] Dagegen finden spezifische Umweltschutzmaßnahmen der EG, wie z.B. die Festlegung der Trinkwasserqualität, in Art. 175 EGV ihre Ermächtigungsgrundlage. Eine bloße Betroffenheit des Binnenmarktes reicht für eine Zuordnung zu Art. 95 EGV dagegen nicht aus.

c) Neuere Rechtsprechung zur Abgrenzung zwischen Art. 95 und Art. 152 EGV

In jüngeren Entscheidungen hat der EuGH Stellung zur Abgrenzung zwischen Art. 95 und Art. 152 EGV bezogen. Während Art. 95 EGV eine final bzw. funktional definierte Kompetenznorm ist, handelt es sich bei Art. 152 EGV, vergleichbar mit Art. 175 EGV, um eine sachlich-gegenständliche Vorschrift. Neben dem Ausmaß der Binnenmarktzuständigkeit der EG hat die Abgrenzung wegen des Harmonisierungsverbots in Art. 152 EGV aber auch Auswirkung auf die vertikale Kompetenzverteilung. Im Tabakwerbeurteil[248] wies der EuGH darauf hin, dass andere Ermächtigungsgrundlagen nicht herangezogen werden dürfen, um das Harmonisierungsverbot in Art. 152 Abs. 4 UAbs. 1 *lit.* c 2. HS EGV zu umgehen. Daraus folgt aber nicht, dass Harmonisierungsmaßnahmen, die auf der Grundlage anderer Vorschriften erlassen werden, keinen Bezug zum Gesundheitsschutz haben dürfen. Weiterhin führte der EuGH aus, dass Art. 95 EGV keine allgemeine Kompetenz zur Regelung des Binnenmarktes enthält. Ziel des Rechtsakts muss vielmehr die Errichtung oder das bessere Funktionieren des Binnenmarktes oder aber die Erleichterung des Marktzugangs sein. Das Entstehen von Hindernissen für den Binnenmarkt durch die heterogene Entwicklung nationaler Vorschriften muss „wahrscheinlich“ und eventuell auftretende Verzerrungen müssen „spürbar“ und dürfen nicht nur „geringfügig“ sein. Für den EuGH erfüllt das betreffende Tabakwerbeverbot diese Voraussetzungen allerdings nicht.

---

246 *Epiney/Möllers*, Freier Warenverkehr, S. 13.

247 *Becker*, Der Gestaltungsspielraum der EG-Mitgliedstaaten, S. 43.

248 EuGH Slg. 2000, S. I-8419 ff. – Rs. C-376/98.

In dem nachfolgenden Urteil „British American Tobacco"[249] bestätigte der Gerichtshof diese Ausführungen. Falls ein Bereich im Wege einer vollständigen Harmonisierung der Kompetenz der Mitgliedstaaten entzogen wurde, können Anpassungen des Schutzniveaus ebenfalls auf Art. 95 EGV gestützt werden, selbst wenn eine Verbesserung des Funktionierens des Binnenmarktes mangels bestehender Hindernisse nicht mehr möglich ist. Im Ergebnis akzeptierte er Art. 95 EGV als Rechtsgrundlage, auch wenn „dem Gesundheitsschutz bei den Entscheidungen im Zusammenhang mit den von der Richtlinie festgelegten Harmonisierungsmaßnahmen entscheidende Bedeutung zugekommen ist"[250].

Mit diesen Urteilen hat der EuGH die Anwendung von Art. 95 EGV präzisiert, jedoch das Verhältnis zu Art. 152 EGV, insbesondere zum Harmonisierungsverbot, teilweise offen gelassen.[251] Zwar betont er das Verbot der Umgehung von Art. 152 Abs. 4 UAbs. 1 *lit.* c 2. HS EGV, allerdings sollen Angleichungsmaßnahmen auf andere Rechtsgrundlage abgestützt werden können, selbst wenn der Gesundheitsschutz bei ihnen eine maßgebende Rolle spielt. Unklar bleibt aber insoweit, ob das Funktionieren des Binnenmarktes kein Hauptziel des Angleichungsaktes sein muss oder ob es nur nicht der einzige (Haupt-) Zweck zu sein braucht. Dem Harmonisierungsverbot wird damit von der Rechtsprechung lediglich ein enger Anwendungsbereich zugebilligt, der sich allein auf die Fördermaßnahmen unter *lit.* c bezieht. Im Ergebnis beurteilt sich die Einschlägigkeit von Art. 95 EGV ausschließlich nach binnenmarktspezifischen Gesichtspunkten.[252] Bei den Rechtsangleichungsakten nach Art. 95 EGV, die dem reibungslosen Funktionieren des freien Warenverkehrs dienen, aber gleichzeitig auch Bezüge zum Gesundheitsschutz aufweisen, ist nach Art. 95 Abs. 3 und Art. 152 Abs. 1 EGV stets von einem hohen Schutzniveau auszugehen. Art. 152 EGV kommt als Grundlage für Gesundheitsschutzakte in Betracht, die nicht geeignet sind, die Wettbewerbsverhältnisse in der EG zu ordnen.

Unter Berufung auf die Schwerpunkttheorie hätte der EuGH beim Tabakwerbeverbot Art. 95 EGV aber auch deswegen ablehnen können, weil bei der Richtlinie der Gesundheitsschutz im Vordergrund steht[253] und Art. 152 EGV keine Grundlage für eine Harmonisierung bietet. Damit wäre zwar grundsätzlich der Weg für EG-Rechtsakte mit Schwerpunkt im Gesundheitsschutz versperrt worden, selbst wenn bei ihnen auch binnenmarktbezogene Zwecke vorliegen. Allerdings käme dem Harmonisierungsverbot bei dieser Vorgehensweise eine überzeugende Bedeutung zu. Die Argumentation des EuGH bestätigt hingegen,

---

249 EuGH Slg. 2002, S. I-11453 ff. – Rs. C-491/01.

250 EuGH Slg. 2002, S. I-11453 (11578, Rdnr. 75); vgl. hierzu *Wägenbaur*, EuZW 2003, S. 107 ff.

251 So auch *Kamann*, ZEuS 2001, S. 38.

252 *Görlitz*, EuZW 2003, S. 487.

253 So auch *Alber*, ZEuS 2003, S. 14; grundsätzlich für die Anwendung der Schwerpunkttheorie gleichfalls *von Danwitz*, EuZW 1999, S. 622 ff.

dass sich das Gericht schon bisher nicht eindeutig zur Schwerpunktabgrenzung bekannt hat und jetzt bevorzugt auf die Tatbestandsvoraussetzungen der Binnenmarktkompetenz abstellt.[254] Möglicherweise gilt diese Auslegung aber nur für den Fall der vertikalen Kompetenzverteilung.[255] Jedenfalls kann künftig eine restriktivere Handhabung des Art. 95 EGV als Rechtsgrundlage die Folge sein.

III. Leitlinien der europäischen Umweltpolitik

Die Umweltpolitik der Gemeinschaft lässt sich von verschiedenen Zielen und Grundsätzen leiten, die im EG-Vertrag in Art. 174 Abs. 1 und Abs. 2 aufgeführt sind. Dabei besitzen die Ziele der gemeinschaftlichen Umweltpolitik in Art. 174 Abs. 1 EGV trotz ihrer Unbestimmtheit verbindliche Wirkung.[256]

1. Ziele des Art. 174 Abs. 1 EGV

Art. 174 Abs. 1 EGV nennt vier allgemeine Aufgaben der Gemeinschaft im Umweltschutzbereich. Hierzu zählt zunächst das Ziel, die Umwelt zu erhalten, zu schützen und ihre Qualität zu verbessern. Somit werden der Gemeinschaft bestimmte „Handlungsdimensionen" für die Umweltpolitik vorgegeben.[257]

Der Begriff der „Umwelt" wird dabei bewusst entwicklungsoffen gehalten und nicht näher definiert.[258] Er umfasst aber zumindest die natürlichen Lebensgrundlagen des Menschen und deren Beziehungen untereinander und zum Menschen sowie auch die künstliche, vom Menschen gestaltete Umwelt.[259] Zunächst wurde die Bedeutung des Umweltschutzes für den Menschen in Titel I des 1. Umweltschutz-Aktionsprogramms von 1973 hervorgehoben, „indem für ihn eine Umwelt mit den bestmöglichen Umweltbedingungen geschaffen (...) wird"[260]. Im 3. Aktionsprogramm von 1983 wurde nun auch der Schutz von

254 *Schweitzer/Schroeder/Bock*, EG-Binnenmarkt und Gesundheitsschutz. Am Beispiel der neuen Tabakrichtlinie der Europäischen Gemeinschaft, S. 29.
255 So *Callies*, Jura 2001, S. 315.
256 *Oppermann*, Europarecht, Rdnr. 2007.
257 *Vorwerk*, Die umweltpolitischen Kompetenzen der EG und ihrer Mitgliedstaaten nach Inkrafttreten der EEA, S. 10 f.
258 *Scheuing*, EuR 1989, S. 161; *Zils*, Die Wertigkeit des Umweltschutzes, S. 17.
259 *Krämer*, CMLRev. 1987, S. 659 ff.
260 ABl. EG 1973 Nr. C 112, S. 5.

Tieren und Pflanzen mit einbezogen, indem ihnen „Freiräume“[261], also weitgehend eigene unberührte Lebensräume, erhalten bleiben sollen[262].

Eine weitere Aufgabe stellt der Schutz der menschlichen Gesundheit dar. Durch die Hervorhebung gesundheitspolitischer Bezüge in der Umweltpolitik soll der Stellenwert der menschlichen Gesundheit für die Gemeinschaftspolitik verdeutlicht werden. Dabei wird aber nicht die Gesundheitspolitik zur Gemeinschaftsaufgabe erklärt, sondern nur ausgedrückt, dass auch die Umweltpolitik einen Beitrag zum Schutze der Gesundheit des Menschen leisten soll. Erst mit dem Maastrichter Vertrag wurde in Art. 129 (jetzt Art. 152) die öffentliche Gesundheit mit stark begrenzten Gemeinschaftszuständigkeiten in den EG-Vertrag aufgenommen.[263]

Weiterhin kommt das Ziel der Gewährleistung einer umsichtigen und rationellen Verwendung der natürlichen Ressourcen hinzu. Diese weitere Handlungsdimension ist noch nicht im ersten Ziel enthalten und vervollständigt dieses.[264] Abschließend wird noch die Aufgabe der Förderung von Umweltschutzmaßnahmen auf internationaler Ebene zur Bewältigung regionaler und globaler Probleme aufgeführt. Dieses Ziel gehört nicht zu den durch die EEA eingeführten Aufgaben, sondern wurde erst mit dem Maastrichter Vertrag eingeführt.

Diese Zielvorgaben sind grundsätzlich im Hinblick auf andere Zielregelungen im EG-Vertrag, vor allem im Wirtschafts- und Agrarbereich, als gleichrangig zu betrachten.[265] Zwischen diesen Zielen muss deshalb bei ihrer Anwendung im Einzelfall eine Abwägung stattfinden. Mit der sog. „Querschnittsklausel“, die sich nunmehr in Art. 6 EGV findet, wird bei dieser Abwägung die Position des Umweltschutzes aber erheblich gestärkt.[266]

2. *Grundsätze des Art. 174 Abs. 2 EGV*

Weiterhin werden in Art. 174 Abs. 2 UAbs. 1 S. 2 EGV drei Grundsätze festgelegt, denen die Tätigkeit der Gemeinschaft im Umweltbereich unterliegt. So sollen die Ziele des Art. 174 Abs. 1 EGV insbesondere durch die Befolgung dieser

---

261 ABl. EG 1983 Nr. C 46, S. 5.

262 *Vorwerk*, Die umweltpolitischen Kompetenzen der EG und ihrer Mitgliedstaaten nach Inkrafttreten der EEA, S. 15.

263 Hierzu ausführlich *Sander*, Internationaler und europäischer Gesundheitsschutz, S. 23 ff.; *ders.*, ZEuS 2005, S. 253 ff.

264 *Steiger*, Begriff und Gestaltungsebenen des Umweltrechts, in: Salzwedel (Hrsg.), Grundzüge des Umweltrechts, S. 7 f.

265 *Oppermann*, Europarecht, Rdnr. 2007.

266 *Krämer*, EuGRZ 1988, S. 285 ff.

Prinzipien des Abs. 2 erreicht werden.[267] Den Grundsätzen des Art. 174 Abs. 2 EGV wird dabei das Gebot eines hohen Umweltschutzniveaus vorangestellt.

Das Vorbeugungs- und Vorsorgeprinzip soll in der Umweltpolitik dazu dienen, Beeinträchtigungen bereits bei ihrer Entstehung zu verhindern.[268] Auf dieser Grundlage basiert auch die Verpflichtung der Mitgliedstaaten zu einer Umweltverträglichkeitsprüfung nach der Richtlinie 85/337/EWG[269] bei bestimmten öffentlichen und privaten Projekten. Der Umweltschutz erhält dadurch eine gestaltende, planerische und vorausschauende Dimension.[270]

Das Ursprungsprinzip verlangt, dass an einem möglichst ursprungsnahen Glied der Ursachenkette eingegriffen wird.[271] Dadurch sollen Gefahren entweder von vornherein ausgeschlossen oder doch zumindest so gering wie möglich gehalten werden.[272]

Das Verursacherprinzip („Pollueur-Payeur") macht deutlich, dass der Verschmutzer für die Kosten der Beseitigung aufkommen muss.[273] Dieses Kostentragungsprinzip greift allerdings nur dann ein, wenn die Verschmutzung auf einer illegalen Handlung beruht[274] oder, nach anderer Ansicht, eine Verantwortlichkeit für die Verschmutzung besteht[275]. In die Praxis der Umweltpolitik der Gemeinschaft hat dieser Grundsatz im Abfallrecht teilweise Eingang gefunden. Ansonsten fallen die Kosten einer Verschmutzung immer noch ganz überwiegend der Allgemeinheit zur Last, obwohl dieses sog. Gemeinlastprinzip keine Erwähnung in Art. 174 Abs. 2 EGV findet.

Zusätzlich bestimmt das Integrationsprinzip, dass der Umweltschutz stets auch Bestandteil aller anderen Gemeinschaftspolitiken sein muss. Durch diese sog. Querschnittsklausel wird der Stellenwert der Umweltpolitik erheblich gestärkt.[276] Dieser Grundsatz wurde an prominenter Stelle in Art. 6 EGV verankert. Im Ergebnis muss also eine umweltfreundliche Wirtschafts-, Agrar-, Verkehrs- oder Energiepolitik von der Gemeinschaft betrieben werden.

---

267 *Vorwerk*, Die umweltpolitischen Kompetenzen der EG und ihrer Mitgliedstaaten nach Inkrafttreten der EEA, S. 9.

268 Zur Debatte über etwaige inhaltliche Unterschiede zwischen den beiden Begriffen vgl. *Frenz*, Europäisches Umweltrecht, Rdnr. 141; *Kahl*, Umweltprinzip und Gemeinschaftsrecht, S. 21 f.; *Epiney*, Umweltrecht in der Europäischen Union, S. 101 ff.

269 ABl. EG 1985 Nr. L 175, S. 40 ff.

270 Hierzu ausführlich *Rengeling*, Umweltvorsorge und ihre Grenzen im EWG-Recht, 1989.

271 *Vorwerk*, Die umweltpolitischen Kompetenzen der EG und ihrer Mitgliedstaaten nach Inkrafttreten der EEA, S. 27.

272 *Oppermann*, Europarecht, Rdnr. 2010.

273 *Oppermann*, Europarecht, Rdnr. 2011.

274 *Zils*, Die Wertigkeit des Umweltschutzes, S. 24.

275 *Vorwerk*, Die umweltpolitischen Kompetenzen der EG und ihrer Mitgliedstaaten nach Inkrafttreten der EEA, S. 29 f.

276 *Zils*, Die Wertigkeit des Umweltschutzes, S. 29.

Diese aufgezählten Aufgaben und Grundsätze – konkretisiert in den Umweltaktionsprogrammen – prägen sämtliche Maßnahmen im Bereich des EG-Sekundärrechts. So wird die Gemeinschaft durch das sog. Berücksichtigungsgebot des Art. 174 Abs. 3 EGV darauf festgelegt, bei Umweltmaßnahmen die verfügbaren wissenschaftlichen und technischen Daten einzuholen und regionale und allgemeine wirtschaftlich-soziale Entwicklungsaspekte der Gemeinschaft zu beachten sowie die Vorteile und die Belastungen aufgrund der Maßnahmen bzw. ihrer Unterlassung zu berücksichtigen.[277]

3. *Umweltpolitische Aktionsprogramme*

Als Folge der Pariser Gipfelkonferenz vom 20. Oktober 1972[278], die den Umweltschutz als Ziel der Gemeinschaft hervorhob, wurden bis heute sechs umweltpolitische Aktionsprogramme ausgearbeitet. Diese verschiedenen, rechtlich jedoch unverbindlichen Umweltschutz-Aktionsprogramme liefen jeweils für die Zeiträume 1973-1976, 1977-1981, 1982-1986, 1987-1992, 1993-2000 sowie das derzeitige von 2001-2010.[279] In Art. 175 Abs. 3 EGV wird nun ausdrücklich der Erlass dieser umweltpolitischen Aktionsprogramme geregelt.

Bei diesen Programmen handelt es sich um politische Absichtserklärungen der Gemeinschaft, die alle für einen bestimmten Zeitraum geplanten Maßnahmen im Umweltschutz zusammenfassen, in einen Gesamtzusammenhang stellen, Prioritäten festlegen und neue Orientierungen aufzeigen.[280] Sie stellen aber keine Rechtsgrundlage für das europäische Sekundärrecht dar, sondern begründen eine freiwillige Selbstbindung des Rates und der Mitgliedstaaten. Eine faktische Bedeutung ergibt sich jedoch daraus, dass die Haushaltsplanung bezüglich finanzieller und personeller Mittelzuweisungen an die Organe von den einzelnen Programmen ausgeht. Außerdem beinhalten die Programme eine Ermessensverdichtung und Konkretisierung der Art. 95 EGV und Art. 174 ff. EGV im Umweltbereich.

Das 6. umweltpolitische Aktionsprogramm von 2001 beinhaltet eine ehrgeizige neue Umweltstrategie, in der die Prioritäten bis 2010 beschrieben werden. Das Aktionsprogramm legt dabei vier Schwerpunkte fest: a) Klimaände-

---

277 *Oppermann*, Europarecht, Rdnr. 2013.

278 Bulletin der EG 1972, S. 10/15 ff.

279 ABl. EG 1973 Nr. C 112, S. 1; ABl. EG 1977 Nr. C 139, S. 1; ABl. EG 1983 Nr. C 46, S. 1; ABl. EG 1987 Nr. C 328, S. 1 u. ABl. EG 1993 Nr. C 138, S. 1; ABl. EG 2002 Nr. L 242, S. 1: Das 6. Programm besteht hier nur aus der Entscheidung, während der Programmtext selbst nur noch die Bedeutung einer Mitteilung der Kommission hat.

280 *Krämer*, in: von der Groeben/Schwarze, EU-/EG-Vertrag Kommentar, Bd. 3, Art. 175 Rdnr. 44.

rungen, b) Natur und biologische Vielfalt, c) Umwelt, Gesundheit und Lebensqualität sowie d) natürliche Ressourcen und Abfälle. Die hier angesprochenen allgemeinen Prinzipien der Aktionsprogramme und des Art. 174 EGV bilden die inhaltliche Grundlage vieler spezieller Maßnahmen des EG-Sekundärrechts im Umweltbereich. Ausgehend von dem in Art. 5 EGV festgelegten Subsidiaritätsprinzip wird die Gemeinschaft aber nur dann tätig, wenn bestimmte Gemeinschaftsziele auf der Ebene der Mitgliedstaaten nicht wirksam erreicht werden können. Da sich Umweltbelastungen oft nicht regional begrenzen lassen, entspricht es diesem Prinzip, wenn durch EG-Sekundärrecht für das gesamte Gemeinschaftsgebiet Umweltstandards als Mindestregelungen festgesetzt werden.[281]

Um das Gemeinschaftsziel „Umweltschutz“ optimal zu verwirklichen, wurde darüber hinaus in dem 5. Aktionsprogramm das „Konzept der gemeinsamen Verantwortung“ entwickelt. Dieses Konzept beinhaltet nicht die ausschließliche Steuerung der Umweltpolitik auf der Gemeinschaftsebene, sondern strebt die Kombination der verschiedenen Akteure und Instrumente auf unterschiedlichen Ebenen zur gleichen Zeit an. Das Prinzip der gemeinsamen Verantwortung möchte dabei neben der Gemeinschaft und den Regierungen der Mitgliedstaaten auch regionale Instanzen, Industrie und letztlich auch den einzelnen Bürger in die Pflicht nehmen.[282] Dadurch besteht mehr Raum für besondere Maßnahmen der Mitgliedstaaten, die den spezifischen Umweltproblemen in den einzelnen Regionen eher Rechnung tragen als übergreifende Gesamtregelungen.

IV. Beschränkende Wirkung von europäischen Harmonisierungsmaßnahmen

Die Möglichkeit der Mitgliedstaaten, sich bezüglich der Beibehaltung oder Einführung nationaler Vorschriften auf Schutzklauseln wie Art. 30 EGV oder zwingende Erfordernisse wie den Umweltschutz zu berufen, ist ausgeschlossen, wenn eine abschließende gemeinschaftsrechtliche Harmonisierungsmaßnahme erlassen wurde.[283] Entscheidend ist, ob der Regelungsgegenstand der einzelstaatlichen Vorschrift denselben Schutzbereich umfasst, wie die EG-Bestimmung.[284] Für den Fall, dass keine abschließende Harmonisierungsmaßnahme

281 *Weinstock*, ZfU 1983, S. 7.
282 *Wägenbaur*, EuZW 1993, S. 241 f.
283 Z.B. EuGH Slg. 1979, S. 3369 (3388f.) – Rs. 251/78 „Denkavit“.
284 Vgl. *Middeke*, Nationaler Umweltschutz, S. 115.

vorliegt, bleibt es Sache der Mitgliedstaaten, für ihr Hoheitsgebiet einschlägige Regelungen zu erlassen.[285]

Eine gemeinschaftliche Harmonisierung kann totale oder optionelle Wirkung besitzen. Bei einer totalen oder vollständigen Angleichung besitzen die Bestimmungen des EG-Sekundärrechts abschließende Geltung. Abweichungen der Mitgliedstaaten sind dann nicht mehr zulässig. Handelt es sich um Vorschriften der Gemeinschaft über das In-Verkehr-Bringen bestimmter Produkte, muss jeder Mitgliedstaat diejenigen Waren zulassen, welche den Standards entsprechen. Strengere einzelstaatliche Regelungen für Inlandsanbieter sind dann nicht mehr möglich.[286] Bei einer optionellen Harmonisierung besteht die Wahlmöglichkeit eines Mitgliedstaates zwischen eigenen, strengeren Umweltschutzregelungen oder den gemeinschaftsrechtlichen Standards als Mindestnormen. Hier kommt der Grundsatz zum Tragen, dass umweltpolitische Errungenschaften der Mitgliedstaaten nicht im Namen der Markteinheit „hinweg harmonisiert" werden dürfen. In jedem Fall müssen jedoch Produkte eines anderen Mitgliedstaates zugelassen werden, die den EG-Standards entsprechen, auch wenn die gemeinschaftsrechtliche Vorschrift weniger strenge Anforderungen enthält, als die betreffende Bestimmung des Mitgliedstaates für die Inlandsproduzenten.[287]

V. Nationale Alleingänge im Umweltbereich

1. Nationale Alleingänge nach Art. 95 Abs. 4 bis 6 und 10 EGV

Zentrale Vorschrift für die Zulässigkeit nationaler Abweichungen ist Art. 95 Abs. 4 bis 6 und 10 EGV.[288] Auf seiner Grundlage kann ein Mitgliedstaat trotz eines nach Art. 95 Abs. 1 EGV erlassenen Gemeinschaftsaktes strengere nationale Umweltschutzregelungen anwenden. Die Voraussetzungen sind in der Literatur im Einzelnen umstritten gewesen und durch den Amsterdamer Vertrag näher konkretisiert worden.

285 EuGH Slg. 1988, S. 793 (811, Rdnr. 6) – Rs. 216/84 „Milchpulver".

286 *Becker*, Der Gestaltungsspielraum der EG-Mitgliedstaaten, S. 105.

287 Kritisch hierzu *Scheuing*, EuR 1989, S. 167 f.

288 Hierzu ausführlich *Furrer*, Die Sperrwirkung des sekundären Gemeinschaftsrechts auf die nationalen Rechtsordnungen, 1994.

d) Nationaler Alleingang nach Art. 95 Abs. 4 bis 6 EGV

aa) Gemeinschaftsmaßnahme auf Grundlage des Art. 95 Abs. 1 EGV

Die in Art. 95 Abs. 4 bis 6 EGV vorgesehene Möglichkeit des Alleingangs von Mitgliedstaaten ist grundsätzlich nur dann eröffnet, wenn sich die Harmonisierungsmaßnahme der Gemeinschaft auf Art. 95 Abs. 1 EGV stützt, sie also der Verwirklichung des EG-Binnenmarktes dient.[289] Urheber des Angleichungsaktes kann nach der Amsterdamer Neufassung sowohl der Rat als auch die Kommission sein. Damit wurden frühere Unklarheiten beseitigt. Art. 95 Abs. 1 EGV entwickelt also keine absolute Sperrwirkung für nationales Recht, wie dies bei Art. 94 EGV der Fall ist. Auch bei Rechtsakten, die vor In-Kraft-Treten der EEA auf ex-Art. 100 und/oder ex-Art. 235 gestützt wurden, ist ein nationaler Alleingang möglich, wenn sie ihre Rechtsgrundlage jetzt in Abs. 95 Abs. 1 EGV finden würden.[290]

bb) Anwendungsberechtigte Mitgliedstaaten

Aus dem Wortlaut des ex-Art. 100a Abs. 4 EGV wurde gefolgert, dass die Gemeinschaftsmaßnahme nur mit qualifizierter Mehrheit beschlossen worden sein darf, weil der Alleingang eines Mitgliedstaates ansonsten im Widerspruch zu seinem Abstimmungsverhalten im Rat stehen würde.[291] Weil Absatz 1 auf das Verfahren der qualifizierten Mehrheit verweist, kann ein Mitgliedstaat mit strengeren nationalen Vorschriften überstimmt werden. Nur in diesen Fällen soll das Ausscherrecht dem majorisierten Mitgliedstaat die Möglichkeit einräumen, sein höheres Schutzniveau beizubehalten.[292] Dieses Mehrheitserfordernis ist nach der Neuregelung im Amsterdamer Vertrag entfallen, so dass auch eine einstimmige Beschlussfassung einen nationalen Alleingang nicht mehr verhindert.

Dieser Ansicht war allerdings schon vorher zu folgen, denn nur sie entspricht dem Sinn und Zweck des Ausscherrechts. Ein Mitgliedstaat, der ein höheres Umweltschutzniveau beibehalten möchte, wäre sonst verpflichtet, sich bei der Abstimmung zu enthalten oder gegen die gemeinschaftsrechtliche Maßnahme zu stimmen.[293] Dabei wird jedoch nicht ausreichend berücksichtigt, dass er

289 Vgl. *Pipkorn/Bardenhewer-Rating/Taschner*, in: von der Groeben/Schwarze, EU-/EG-Vertrag Kommentar, Bd. 2, Art. 95 Rdnr. 85.

290 *Middeke*, Nationaler Umweltschutz, S. 254 f.

291 *Langeheine*, EuR 1988, S. 246; *Palme*, Nationale Umweltpolitik in der EG, S. 110 f.

292 *Ehlermann*, CMLRev. 1987, S. 392.

293 Zum alten Streit siehe *Tietje*, in: Grabitz/Hilf, Das Recht der EU, Art. 95 Rdnr. 101.

der Ansicht sein kann, dass wenn nicht schon sein höheres Niveau einen Konsens findet, doch wenigstens der niedrigere EG-Umweltschutzstandard beschlossen werden sollte. In dieser Situation könnte sein „aufgezwungenes" Abstimmungsverhalten dazu führen, dass dieser gemeinschaftsrechtliche Mindeststandard verhindert wird, obwohl der Mitgliedstaat die einzuführende Schutzmaßnahme zwar nicht für ausreichend, aber doch für besser als das Bestehende hält. Aus diesem Grund ist auch der zustimmende Mitgliedstaat noch berechtigt, strengere nationale Schutzvorschriften anzuwenden.[294]

cc) Schutzniveauerhöhung

Art. 95 Abs. 4 bis 6 EGV rechtfertigt nationale Maßnahmen, die ein höheres Maß an Schutz anstreben als die Gemeinschaftsakte. Eine nationale Absenkung des gemeinschaftlichen Schutzniveaus ist hingegen nicht möglich.[295] Nur eine Erhöhung des Schutzniveaus entspricht der Entstehungsgeschichte der Norm sowie dem Sinn und Zweck der Vorschrift. Die einzelstaatliche Regelung kann zwar EG-rechtliche Grenzwerte verschärfen, aber keine andersartigen Schutzinstrumente einsetzen oder andersartige Sachbezüge herstellen.[296] So würde beispielsweise ein vollständiges Importverbot von umweltschädlichen Produkten eine unzulässige neue Qualität der Maßnahme darstellen und über den Rahmen der erlaubten graduellen Verschärfung des Schutzniveaus hinausgehen. Schließlich hatte der Mitgliedstaat bei dem Beschluss über den Gemeinschaftsakt die Möglichkeit, die betreffenden Gesichtspunkte vorzubringen. Deshalb sind nur strengere Normen zur Anhebung des Umweltschutzniveaus zulässig.

dd) Beibehaltung und Einführung nationaler Maßnahmen

Darüber hinaus war nach der alten Rechtslage umstritten, ob die Anwendung einzelstaatlicher Bestimmungen nach ex-Art. 100a EGV nur die Beibehaltung bestehender nationaler Regelungen[297] oder auch die künftige Einführung neuer Vorschriften erlaubt[298]. Eine Beschränkung dahingehend, dass die nationale

---

294 So zur alten Rechtslage bereits *Scheuing*, EuR 1989, S. 171 f.; vgl. auch *Hailbronner*, EuGRZ 1989, S. 117, der allerdings verlangte, dass sich der zustimmende Mitgliedstaat im Rat die Anwendung seiner schutzverstärkenden Maßnahmen vorbehalten hat.

295 Vgl. zur h.M. *Middeke*, Nationaler Umweltschutz, S. 77 f.

296 *Pechstein*, Jura 1996, S. 179.

297 So *Ehlermann*, CMLRev. 1987, S. 394; *Krämer*, CMLRev. 1987, S. 680.

298 So *Pernice*, NVwZ 1990, S. 207; *Zuleeg*, NVwZ 1987, S. 284.

Maßnahme aus Gründen der Rechtssicherheit für die Wirtschaft innerhalb der Umsetzungsfrist erlassen werden muss,[299] war schon unter der alten Rechtslage nicht überzeugend. Das Ausscherrecht möchte den Mitgliedstaaten auch bei neu auftretenden Gefahren für die Umwelt die Möglichkeit bieten, flexibel zu reagieren.[300] Diese Ansicht wird jetzt durch die Neufassung des Art. 95 EGV bestätigt. Danach ermöglicht Abs. 4 die Beibehaltung bestehender nationaler Regelungen, während Abs. 5 ausdrücklich die Einführung künftiger Vorschriften unter bestimmten Voraussetzungen gestattet.

Als Rechtfertigungsgründe für die Beibehaltung nationaler Regelungen kommen nach dem Wortlaut der Vorschrift nur die Rechtsgüter des Art. 30 S. 1 EGV sowie der Umweltschutz und der Schutz der Arbeitsumwelt in Betracht. Die weiteren zwingenden Erfordernisse im Sinne der Cassis-Doktrin (z.B. der Verbraucherschutz) fallen nicht hierunter.

Die Einführung nachträglicher nationaler Regelungen ist auf Rechtfertigungsgründe des Umwelt- und Arbeitsumweltschutzes beschränkt. Hierin ist eine Privilegierung ökologischer Belange zu sehen.[301] Aus Gründen der Rechtseinheit stellt Art. 95 Abs. 5 EGV weitere Voraussetzungen auf, um die Inanspruchnahme des nachträglichen Ausscherrechts zu begrenzen. Anlass für die Schutzverstärkung müssen spezifische Probleme des Mitgliedstaates sein, die zeitlich erst nach Erlass der Harmonisierungsmaßnahme auftreten. Die nationale Bestimmung muss außerdem auf wissenschaftliche Erkenntnisse gestützt sein.

ee) Verhältnismäßigkeit

Die nationale Umweltschutzregelung muss schließlich dem Grundsatz der Verhältnismäßigkeit entsprechen.[302]. Insbesondere hinsichtlich der Geeignetheit und Erforderlichkeit steht den Mitgliedstaaten ein weiter Beurteilungsspielraum zu. Hinsichtlich der Angemessenheit der Maßnahme ist der wirtschaftliche Eingriff mit dem Schutzvorteil abzuwägen.[303] Die Beweislast für die Verhältnismäßigkeit der Maßnahme trifft den Mitgliedstaat, der sich auf das Ausscherrecht beruft.[304] Die Anwendung des Art. 95 Abs. 4 und 5 EGV unterliegt sowohl der umfassenden Prüfung der Kommission als auch der gerichtlichen Kontrolle des EuGH. In beiden Verfahren hat der ausscherende Mitgliedstaat eine abstrakte Wahrscheinlichkeit für eine zu erwartende Umweltgefährdung darzulegen.

---

299 Zur alten Rechtslage vgl. *Kahl*, Umweltprinzip und Gemeinschaftsrecht, S. 225 ff.

300 *Pechstein*, Jura 1996, S. 180.

301 *Schröder*, Natur und Recht 1998, S. 3.

302 *Zuleeg*, NVwZ 1987, S. 284.

303 *Kahl*, Umweltprinzip und Gemeinschaftsrecht, S. 204 ff.

304 *Himmelmann*, EG-Umweltrecht, S. 177.

ff) Kontrolle durch die Kommission

Möchte ein Mitgliedstaat eine strengere nationale Schutzvorschrift anwenden, hat er dies frühzeitig der Kommission mitzuteilen.[305] Die Kommission hat dabei eine über den Wortlaut des Art. 95 Abs. 6 EGV hinausgehende umfassende Prüfungskompetenz. Vor allem die Stellung der Kommission als „Hüterin des Vertrages"[306] verlangt von ihr, dass sie über die Prüfung einer willkürlichen Diskriminierung und einer verschleierten Handelsbeschränkung sowie einer Behinderung des Funktionierens des Binnenmarktes hinaus, die Vereinbarkeit der nationalen Vorschrift mit dem EG-Vertrag überprüft.[307] Trifft die Kommission innerhalb eines sechs monatigen Zeitraums keine Entscheidung, gilt die Maßnahme als gebilligt. Nur wenn keine Gefahr für die menschliche Gesundheit besteht, kann dieser Zeitraum bis zu sechs Monaten verlängert werden.

Streitig war bereits unter dem alten Regime des ex-Art. 100a Abs. 4 EGV, ob die Bestätigung durch die Kommission konstitutiven Charakter besitzt und damit einen echten Genehmigungsvorbehalt darstellt[308] oder ob es sich nur um eine deklaratorische Stellungnahme handelt, die Mitgliedstaaten also bereits vorher die nationale Regelung anwenden dürfen[309]. In einem Urteil aus dem Jahre 1994 entschied der EuGH, dass ein Mitgliedstaat zur Anwendung der nationalen Maßnahme einer vorherigen positiven Bestätigung durch die Kommission bedarf.[310] Diese Auffassung überzeugt aber eigentlich nur für die Einführung neuer Regelungen. Nach Abs. 5 sind die „in Aussicht genommenen" Bestimmungen der Kommission mitzuteilen. Aufgrund der Wortlautauslegung wird deutlich, dass diese Maßnahmen noch nicht in Kraft sind und für ihre Wirksamkeit einer vorherigen Genehmigung bedürfen. Anders stellt sich die Sachlage bei einzelstaatlichen Vorschriften dar, die beibehalten werden sollen. Hier müsste eigentlich von einem deklaratorischen Charakter der Entscheidung auszugehen sein. Eine möglicherweise nur vorübergehende Aussetzung der bereits geltenden nationalen Maßnahme und ihres Vollzugs wäre in administrativer, rechtspolitischer und ökonomischer Hinsicht häufig sehr unpraktikabel. Sie würde außerdem der Priorität des Umweltschutzes zuwiderlaufen. Deshalb sollte die Aufhebung der nationalen Umweltschutzvorschrift erst nach einer ablehnenden Entscheidung der Kommission verlangt werden. Der EuGH geht dagegen weiterhin

---

305 Zur Kontrollbefugnis der Kommission *Pipkorn/Bardenhewer-Rating/Taschner*, in: von der Groeben/Schwarze, EU-/EG-Vertrag Kommentar, Bd. 2, Art. 95 Rdnr. 128 ff.

306 *Oppermann*, Europarecht, Rdnr. 372.

307 *Palme*, Nationale Umweltpolitik in der EG, S. 166 f.

308 Vgl. hierzu *Ehlermann*, CMLRev. 1987, S. 397 f.; *Frenz*, Europäisches Umweltrecht, Rdnr. 654; *Langeheine*, EuR 1988, S. 253.

309 Vgl. *Becker*, Der Gestaltungsspielraum der EG-Mitgliedstaaten, S. 118; *Hailbronner*, EuGRZ 1989, S. 120 f.; *Schröer*, Die Kompetenzverteilung, S. 244.

310 EuGH Slg. 1994, S. I-1829 (1848 f., Rdnr. 27 ff.) – Rs. C-41/93 „PCP-Verbot".

von einer konstitutiven Wirkung aus[311] und muss sich künftig auf eine unspezifische Verwendung des Ausdrucks „billigen“ in der Vorschrift berufen, denn der Wortinhalt spricht eigentlich gerade für eine bloße spätere Bestätigung.

gg) Kontrolle durch den EuGH

Bei der Entscheidung der Kommission handelt es sich um eine rechtsverbindliche Entscheidung nach Art. 249 Abs. 4 EGV. Deshalb kann der ausscherwillige Mitgliedstaat bei einer Ablehnung oder die übrigen Staaten bei einer Billigung der nationalen Maßnahme im Wege einer Nichtigkeitsklage vor dem EuGH gem. Art. 230 EGV vorgehen. Art. 95 Abs. 9 EGV sieht eine unmittelbare Anrufung des EuGH im Wege eines abgekürzten Vertragsverletzungsverfahrens vor. Ein solcher Anwendungsfall liegt vor, wenn ein Mitgliedstaat ohne Vorliegen der Billigung eine nationale Maßnahme anwendet.[312] Im Fall dänischer Vorschriften für Konservierungsstoffe entschied der EuGH, dass der Mitgliedstaat strengere Regelungen über die Verwendung von Krebs erregenden Nitriten und Nitraten in Lebensmitteln beibehalten darf.[313] Damit hob er teilweise die ablehnende Entscheidung der Kommission auf. Auch bei nicht auf einen Mitgliedstaat beschränkten spezifischen Problemen oder beim Fehlen neuer wissenschaftlicher Erkenntnisse kann ein Mitgliedstaat von einer Harmonisierungsmaßnahme der Gemeinschaft abweichende eigene Regelungen beibehalten, wenn er die Gefahr für die öffentliche Gesundheit anders bewertet als der Gemeinschaftsgesetzgeber. Dies ergibt sich aus der Unsicherheit, die untrennbar mit der Bewertung von Gefahren für die öffentliche Gesundheit verbunden ist.

hh) Revisionsklausel des Art. 95 Abs. 7 und 8 EGV

Wird ein nationaler Alleingang von der Kommission gebilligt, hat diese gem. Abs. 7 unverzüglich zu prüfen, ob sie dem Rat entsprechende Maßnahmen vorschlägt. Insbesondere gilt dies nach Abs. 8, wenn es sich um spezielle Gesundheitsprobleme handelt. Die Vorschriften sind eine konkrete Ausformung von Abs. 3 und dienen der verfahrensmäßigen Sicherung der Interessen der Mit-

---

311 EuGH Slg. 1999, S. I-3143 ff. – Rs. C-319/97 „Kortas“; *Epiney*, Umweltrecht in der EU, S. 141, die ebenfalls von einer konstitutiven Wirkung ausgeht, allerdings die damit verbundene Problematik in Fn. 250 aufzeigt.

312 *Pipkorn/Bardenhewer-Rating/Taschner*, in: von der Groeben/Schwarze, EU-/EG-Vertrag Kommentar, Bd. 2, Art. 95 Rdnr. 146.

313 EuGH Slg. 2003, S. I-2643 ff. – Rs. C-3/00.

gliedstaaten an einem hohen Schutzniveau.[314] Die Kommission wird zur regelmäßigen Überprüfung ihrer Maßnahmen in Bezug auf neue wissenschaftliche Erkenntnisse in den genannten Schutzbereichen verpflichtet. Insoweit unterstützt Art. 95 Abs. 7 und 8 EGV die Kommission bei ihrer umfangreichen Revisionstätigkeit in Bezug auf die Vorschriften im Gesundheits-, Umwelt- und Verbraucherbereich sowie der Sicherheit. Mit Hilfe dieser Klausel gehen nationales und europäisches Recht eine Art Symbiose ein, die deutlich macht, dass nationale Alleingänge nicht *per se* aus Gründen der europäischen Rechtseinheit unerwünscht sind. Vielmehr können sich beide Rechtsordnungen gegenseitig befruchten und das Schutzniveau optimieren.

b) Schutzklausel nach Art. 95 Abs. 10 EGV

In Art. 95 Abs. 10 EGV werden die Mitgliedstaaten bei entsprechender Aufnahme von Schutzklauseln in sekundärrechtliche Gemeinschaftsakte zu vorläufigen Maßnahmen ermächtigt. Auf der Grundlage dieser Schutzklauseln können die Mitgliedstaaten strengere Maßnahmen zum Schutz nichtwirtschaftlicher nationaler Interessen ergreifen. Zu diesen legitimen Interessen gehört der Gesundheitsschutz als in Art. 30 EGV genanntes Rechtsgut. Streitig ist, ob auch der Umweltschutz zu den zulässigen Gründen zählt.[315] Aufgrund der Vergleichbarkeit der Schutzziele mit dem Gesundheitsschutz ist eine Anwendung auf den Umweltschutz und den Schutz der Arbeitsumwelt zu befürworten. Die nationalen Notregelungen werden ebenfalls einem gemeinschaftlichen Kontrollverfahren unterworfen. Den Mitgliedstaaten steht dabei grundsätzlich die Wahl eines Alleinganges nach Art. 95 Abs. 4 bzw. 5 EGV oder nach Abs. 10 offen, da beide Wege unabhängig voneinander bestehen.[316]

c) Bewertung

Die Inanspruchnahme von nationalen Alleingängen führt zu einer Einbuße der Einheitlichkeit des Gemeinschaftsrechts.[317] Für die Industrie des Staates, der die strengeren nationalen Vorschriften anwendet, kann dies zu Wettbewerbsver-

---

314 *Ehlermann*, CMLRev. 1987, S. 387.

315 Ablehnend *Frenz*, Europäisches Umweltrecht, Rdnr. 660; *Pernice*, NVwZ 1990, S. 208; *Vandermeersch*, European Law Review 1987, S. 427.

316 In diesem Sinne auch *Kahl*, Umweltprinzip und Gemeinschaftsrecht, S. 242 ff.

317 *Pechstein*, Jura 1996, S. 181.

zerrungen führen. Deshalb wurde früher kaum auf dieses Ausscherrecht zurückgegriffen, allerdings nehmen die Anwendungsfälle seit dem Beitritt der skandinavischen Länder zu. Im Zuge der Osterweiterung wird sich dieser Trend wahrscheinlich fortsetzen, da oftmals Kompromisse bei der Höhe des Schutzniveaus eingegangen werden müssen. Da die Kommission nach Art. 95 Abs. 3 EGV bei ihren Vorschlägen von einem hohen Schutzniveau auszugehen hat, besitzen drohende nationale Alleingänge positive Wirkung auf die Verfolgung der entsprechenden Gemeinschaftsziele. Steht nämlich die Möglichkeit eines nationalen Alleinganges mit handelsbeeinträchtigenden Folgen im Raum, steigt die Bereitschaft der Kommission zu einem möglichst hohen Umweltschutzniveau im Bereich des zu erlassenden EG-Sekundärrechts.[318] Das Ausscherrecht gibt den Mitgliedstaaten zudem die Sicherheit, dass bei Harmonisierungsmaßnahmen im weiten Anwendungsbereich des Art. 95 Abs. 1 EGV ihre Wertvorstellungen nicht vernachlässigt werden.[319] Allerdings ist die Möglichkeit der Neueinführung höherer nationaler Schutzstandards in Abs. 5 restriktiv geregelt worden, so dass der Spielraum der Mitgliedstaaten mit der Neuregelung erheblich eingeengt wurde.

2. *Nationale Alleingänge im Umweltschutz*

a) *Nationaler Alleingang nach Art. 176 EGV*

Art. 176 EGV ermächtigt die Mitgliedstaaten, strengere nationale Standards vorzuschreiben, auch wenn im genuinen Umweltschutzbereich sekundäres EG-Recht erlassen wurde. In Betracht kommt hier jegliche Gemeinschaftsmaßnahme, die auf Art. 175 EGV gestützt wurde. Eine Ausdehnung auf sämtliche umweltpolitischen Maßnahmen,[320] ist wegen der Erwähnung des Umweltschutzes in Art. 95 Abs. 4 und 5 EGV abzulehnen, da dieser Hinweis sonst entbehrlich wäre. Bei den nationalen Bestimmungen muss es sich um verstärkende Schutzmaßnahmen handeln, weil die nach Art. 175 EGV erlassenen Umweltstandards als Mindestregelungen nicht unterschritten werden dürfen.

Eine andere Art der Zielerreichung, einschließlich der Wahl eines anderen Mittels, kommt als nationale Maßnahmen nach weit verbreiteter Ansicht allerdings nicht in Betracht.[321] Denkbar ist dagegen die einzelstaatliche Verschärfung von Grenzwerten oder ein nationales Verwendungsverbot, wenn die ent-

---

318 *Scheuing*, EuR 1989, S. 169; *Pernice*, NVwZ 1990, S. 206.
319 *Schnutenhaus*, NJW 1994, S. 875.
320 Siehe *Zuleeg*, NVwZ 1987, S. 280.
321 *Middeke*, Nationaler Umweltschutz, S. 344 f.

sprechende EG-Vorschrift Verwendungsbeschränkungen qualitativer oder quantitativer Art vorschreibt. Die nationalen Regelungen müssen ferner geeignet sein, die Ziele des Art. 174 EGV besser als der Gemeinschaftsakt zu verwirklichen.

Weiterhin müssen die einzelstaatlichen Maßnahmen mit dem EG-Vertrag vereinbar sein. Streitig ist, ob auch eine Vereinbarkeit mit dem übrigen Sekundärrecht der Gemeinschaft erforderlich ist.[322] Die Beschränkung auf das Primärrecht würde in ihrer Konsequenz die einheitliche Geltung des sekundären Gemeinschaftsrechts in den verschiedenen Bereichen bedrohen. So könnten letztlich auch EG-Maßnahmen, die auf der Grundlage von Art. 95 Abs. 1, 94 oder Art. 37 Abs. 2 EGV erlassen wurden, aus Umweltschutzgründen ausgehebelt werden. Deshalb wird eine grundsätzliche Übereinstimmung zumindest mit denjenigen Regelungen gefordert, deren Befolgung dem Sinn des Ausscherrechts nicht zuwiderläuft.[323] Zweifelhaft ist aber bereits, ob in der Praxis überhaupt eine Überprüfung der nationalen Maßnahme an sämtlichen abgeleiteten Gemeinschaftsakten aus Kapazitätsgründen möglich ist. Art. 176 EGV droht sonst auch leerzulaufen, angesichts der zahlreichen zu beachtenden anderweitigen Regelungen.[324] Deswegen ist es aufgrund des größtmöglichen Anwendungsbereichs des Umweltschutzes sinnvoll, die Prüfung auf das Primärrecht zu beschränken.[325] Gemäß Art. 176 S. 3 EGV ist die nationale Maßnahme gegenüber der Kommission zu notifizieren. Dabei handelt es sich nur um eine Mitteilungspflicht mit bloßer deklaratorischer Wirkung. Die nationale Vorschrift kann damit auch nach Erlass der Gemeinschaftsvorschrift eingeführt oder beibehalten werden, ohne dass eine Genehmigung erforderlich ist.[326]

b) *Sekundärrechtliche Schutzklausel nach Art. 174 Abs. 2 UAbs. 2 EGV*

Art. 174 Abs. 2 UAbs. 2 EGV ermächtigt zur Aufnahme von Schutzklauseln in sekundärrechtliche Harmonisierungsakte. Die Mitgliedstaaten können auf deren Grundlage vorläufige Umweltschutzmaßnahmen treffen, die einem gemeinschaftlichen Kontrollverfahren unterworfen werden. Durch die Herausnahme der Integrationsklausel in UAbs. 1 S. 3, auf die sich die Vorschrift ursprünglich bezog, ist ihre jetzige Bedeutung unklar. Sinnvollerweise kann sie nur für Rechts-

322 Siehe *Schröer*, Die Kompetenzverteilung, S. 224.
323 *Pechstein*, Jura 1996, S. 180.
324 *Zuleeg*, NVwZ 1987, S. 284.
325 *Middeke*, Nationaler Umweltschutz, S. 346.
326 *Frenz*, Europäisches Umweltrecht, Rdnr. 642.

akte gelten, die nach Art. 175 EGV erlassen wurden.[327] Streitig ist, ob die Mitgliedstaaten wie bei Art. 95 Abs. 10 EGV nur strengere Maßnahmen erlassen dürfen. Teilweise wird angenommen, dass sie auch unter den Umweltstandards der EG bleiben können, wenn keine anderen Rechtsgüter von bedeutendem Wert gefährdet werden.[328] Nach Sinn und Zweck der Schutzklausel-Bestimmung und einem Vergleich mit Art. 95 Abs. 10 EGV ist diese Auffassung jedoch abzulehnen.

c) Übergangsregelung nach Art. 175 Abs. 5 EGV

Mit Hilfe der Derogationsklausel des Art. 175 Abs. 5 EGV ist es den Mitgliedstaaten möglich, im Wege einer vorübergehenden Ausnahmeregelung, unterhalb des gemeinschaftsrechtlichen Umweltschutzstandards zu bleiben. Für die Anwendung ist erforderlich, dass die Klausel im sekundären Gemeinschaftsakt enthalten und dieser auf der Grundlage von Art. 175 Abs. 1 EGV ergangen ist. Außerdem müssen den Behörden der Mitgliedstaaten durch die gemeinschaftsrechtliche Maßnahme unverhältnismäßig hohe Kosten entstehen. Ferner dürfen diese nicht im Wege des Verursacherprinzips auf andere Teilnehmer abwälzbar sein.[329] Alternativ können die Folgen des hohen Umweltschutzniveaus durch finanzielle Hilfen aus dem Kohäsionsfonds abgeschwächt werden. Die Entscheidung über die Anwendbarkeit dieser Regelung trifft der Rat.

VI. Sekundäres Umweltschutzrecht

1. Überblick

Erst mit den Ende der 60er Jahre in das öffentliche Bewusstsein dringenden Umweltschäden wurde in der Politik anerkannt, dass auf diesem Gebiet regulierende Maßnahmen der öffentlichen Hand erforderlich sind. Angeregt durch die erste UN-Umweltkonferenz in Stockholm 1972[330] forderten noch im selben

---

327 Siehe hierzu *Breier/Vygen*, in: Lenz/Borchardt, EU-/EG-Vertrag, Art. 174 Rdnr. 17; vgl. auch *Middeke*, Nationale Alleingänge, in: Rengeling (Hrsg.), Handbuch zum europäischen und deutschen Umweltrecht, Bd. I, Rdnr. 88.

328 *Middeke*, Nationaler Umweltschutz, S. 362; a.A. *Epiney/Furrer*, EuR 1992, S. 391.

329 *Krämer*, in: von der Groeben/Schwarze, EU-/EG-Vertrag Kommentar, Bd. 3, Art. 175 Rdnr. 19.

330 Declaration of the UN Conference on Human Environment, in: ILM XI (1972), S. 1416 ff.

Jahr die Staats- und Regierungschefs der Gemeinschaft in ihrer Schlusserklärung zur Pariser Gipfelkonferenz[331] die Ausarbeitung eines umweltpolitischen Aktionsprogrammes einschließlich eines Zeitplans für dessen Maßnahmen. Als Orientierungsrahmen für die Gestaltung der EG-Umweltpolitik dienen dabei Umweltschutz-Aktionsprogramme, von denen seit 1973 sechs Programme mit unterschiedlichen Schwerpunkten verabschiedet wurden. Angesichts der länderübergreifenden Auswirkungen von Umweltverschmutzungen herrschte in den 80er Jahren des letzten Jahrhunderts Einigkeit darüber, dass gerade eine supranationale Organisation wie die Europäische Gemeinschaft aufgefordert ist, am Schutz von Mensch und Umwelt und an der Bewahrung der Schöpfung für künftige Generationen mitzuwirken. Deshalb verständigten sich die Mitgliedstaaten darauf, den Umweltschutz in der EEA von 1986 in einem besonderen Titel in die Politiken der Gemeinschaft aufzunehmen.[332]

2. *Umweltpolitische Aktionsprogramme*

Bisher sind sechs umweltpolitische Aktionsprogramme beschlossen worden. Bei ihnen handelt es sich um politische Absichtserklärungen der Gemeinschaft, die für einen bestimmten Zeitraum alle geplanten Maßnahmen im Umweltschutz zusammenfassen, in einen Gesamtzusammenhang stellen, Prioritäten festlegen und neue Orientierungen aufzeigen.[333] Sie sind rechtlich unverbindlich und schaffen keine Rechtsgrundlage für das europäische Sekundärrecht. Sie begründen nur eine freiwillige Selbstbindung des Rates und der Mitgliedstaaten. Die einzelnen Umweltschutz-Aktionsprogramme stammen aus den Jahren 1973, 1977, 1983, 1987, 1993.[334] Das derzeit geltende 6. Aktionsprogramm Umwelt von 2001 bestimmt die Prioritäten bis zum Jahr 2010.[335] Es widmet sich vier wesentlichen Aktionsfeldern, unter anderem dem Bereich „Umwelt und Gesundheit". Das Ziel besteht in einem hohen Schutzniveau für die Umwelt und die menschliche Gesundheit sowie einer generellen Verbesserung der Umwelt- und Lebensqualität. Es soll eine Umweltqualität erreicht werden, welche die Gesundheit der Menschen nicht gefährdet oder negativ beeinflusst. Dabei soll mehr

---

331 Bulletin der EG 1972, Nr. 10, S. 15 ff.

332 Ausführlich *Lietzmann*, EEA und Umweltschutz, in: Rengeling (Hrsg.), Europäisches Umweltrecht und europäische Umweltpolitik, S. 163 ff.

333 *Krämer*, in: von der Groeben/Schwarze, EU-/EG-Vertrag Kommentar, Bd. 3, Art. 175 Rdnr. 44.

334 ABl. EG 1973 Nr. C 112, S. 1; ABl. EG 1977 Nr. C 139, S. 1; ABl. EG 1983 Nr. C 46, S. 1; ABl. EG 1987 Nr. C 328, S. 1; ABl. EG 1993 Nr. C 138, S. 1.

335 Beschluss Nr. 1600/2002/EG (ABl. EG 2002 Nr. L 242, S. 1).

Gewicht auf die Vorbeugung und die Anwendung des Vorsorgeprinzips gelegt werden.

Aufgrund des in Art. 5 EGV festgelegten Subsidiaritätsprinzips wird die Gemeinschaft aber nur dann tätig, wenn bestimmte Gemeinschaftsziele auf der Ebene der Mitgliedstaaten nicht wirksam erreicht werden können. Da sich Umweltbelastungen oft nicht regional begrenzen lassen, entspricht es diesem Prinzip, wenn für das gesamte Gemeinschaftsgebiet durch EG-Sekundärrecht Umweltstandards als Mindestregelungen festgesetzt werden.[336]

3. *Sekundäres Umweltschutzrecht*

Im Folgenden werden einzelne Regelungen zur Beseitigung oder Verminderung von Umweltbelastungen sowie Vorschriften zum Schutz natürlicher Ressourcen mit Bezug zum Gesundheitsschutz sektoral zusammengefasst dargestellt.[337] Überwiegend werden diese Bestimmungen in Form von Richtlinien erlassen,[338] weil der Stellenwert und das Ausmaß des Umweltschutzes in den verschiedenen Mitgliedstaaten erhebliche Unterschiede aufwiesen und das Subsidiaritätsprinzip zu beachten ist. Nur in wenigen Ländern, wie Dänemark, Deutschland, Niederlanden, Österreich und Schweden, kann man von einer planvoll gestaltenden staatlichen Umweltpolitik im letzten Jahrhundert sprechen, die dort zu einem umfangreichen Bestand an Umweltrecht geführt hat.[339] In anderen Mitgliedstaaten, wie z.B. Griechenland, Portugal und Spanien, basiert das Umweltrecht fast ausschließlich lediglich auf den EG-Vorgaben.[340] Die Umsetzung von Richtlinien zum Schutz der Umwelt verläuft in diesen Ländern oft auch nur schleppend. Es ist bezeichnend, dass gerade im Umweltbereich besonders viele Vertragsverletzungsverfahren der Kommission gegen einzelne Mitgliedstaaten beim EuGH anhängig sind.[341] Aber auch die als Vorbilder geltenden Länder weisen große Umsetzungsdefizite auf. Oft sind es die vorgeschriebenen Grenzwerte, deren Einhaltung für die heimische Industrie mit hohem Kostenaufwand verbunden ist und deren Implementierung deshalb zeitlich verzögert wird.

---

336 *Weinstock*, ZfU 1983, S. 7.

337 Abdruck der einzelnen EG-Umweltakte in: *Krämer*, Umweltrecht der EU, 4. Aufl. 2001.

338 *Zuleeg*, NJW 1993, S. 35.

339 *Beise*, Umweltpolitik, in: Oppermann/Moersch (Hrsg.), Profi-Handbuch Wirtschaftsraum Europa, S. 295.

340 *Krämer*, in: von der Groeben/Schwarze, EU-/EG-Vertrag Kommentar, Bd. 3, Vorb. zu Art. 174-176 Rdnr. 12.

341 Hierzu ausführlich *Everling*, Umweltschutz durch Gemeinschaftsrecht in der Rechtsprechung des EuGH, in: Behrens/Koch (Hrsg.), Umweltschutz in der EG, S. 32 ff.

a) *Allgemeine Maßnahmen*

Im Jahre 1990 wurde die Gründung einer Europäischen Umweltagentur mit eigener Rechtspersönlichkeit beschlossen,[342] die 1994 in Kopenhagen ihre Tätigkeit aufnahm. Zu ihren Aufgaben gehört die Sammlung von Umweltdaten, deren Auswertung und Verbreitung. Als Finanzierungsinstrument steht der für die Jahre 2000-2006 mit ca. 960 Mio. ECU eher bescheiden ausgestattete Umweltfonds (LIFE)[343] zur Verfügung. Er trägt zur Finanzierung von Projekten mit Anstoßcharakter bei.

Ein wesentlicher Gesichtspunkt der Umweltpolitik ist die Verbesserung der Informationen. Hierfür räumt die Richtlinie 90/313/EWG[344] jedem Bürger ein Recht auf Zugang zu behördlichen Umweltinformationen ein, solange nicht das legitime Geheimhaltungsinteresse des Staates tangiert wird.[345]

Mit der Verordnung (EG) Nr. 1980/2000[346] wurde ein gemeinschaftsweites Umweltzeichen („Europäische Blume“) eingeführt, das auf Produkte hinweist, die in Entwicklung, Herstellung, Vertrieb und Verwendung im Vergleich zu konkurrierenden Produkten umweltfreundlich sind.

Von besonderer Bedeutung ist ebenfalls die in der Richtlinie 85/337/EWG[347] eingeführte Umweltverträglichkeitsprüfung bei bestimmten öffentlichen und privaten Projekten. Dieses Prüfverfahren ist vor der Erteilung der Genehmigung zwingend durchzuführen. Die Richtlinie 2001/42/EG ergänzt diesen Rechtakt und verlangt ein System der vorherigen Umweltprüfung bereits im Planungsstadium.[348]

Daneben enthält die Verordnung (EG) Nr. 761/2001[349] Vorschriften über die freiwillige Beteiligung von Organisationen an einem Gemeinschaftssystem für das Umweltmanagement und die Umweltbetriebsprüfung (EMAS). Hierbei handelt es sich um ein Managementsystem, das Unternehmen hilft, ihren betrieblichen Umweltschutz eigenverantwortlich und kontinuierlich zu verbessern. Es setzt auf die freiwillige Teilnahme von Unternehmen und geht über die gesetzlichen Regelungen hinaus.

Seit 1993 können gewerbliche Unternehmen und andere Organisationen an dem einheitlichen System für das Umweltmanagement und die Umweltbetriebs-

---

342 Verordnung (EWG) Nr. 1210/90 (ABl. EG 1990 Nr. L 120, S. 1).
343 Verordnung (EWG) Nr. 1655/2000 (ABl. EG 2000 Nr. L 192, S. 1).
344 ABl. EG 1990 Nr. L 158, S. 56.
345 Hierzu *Engel*, NVwZ 1992, S. 111 ff.
346 ABl. EG 2000 Nr. L 237, S. 1.
347 ABl. EG 1985 Nr. L 175, S. 40.
348 ABl. EG 2001 Nr. L 197, S. 30.
349 ABl. EG 2001 Nr. L 114, S. 1.

prüfung teilnehmen. Den registrierten Teilnehmern wird erlaubt, das EMAS-Logo zu verwenden.[350]

b) *Gewässerschutz*

Der Gewässerschutz zählt zu den traditionellen Gebieten des EG-Umweltrechts.[351] Mit zahlreichen Richtlinien versucht die Gemeinschaft ein System von Qualitätsanforderungen an Gewässer nach der Art ihrer Nutzung zu schaffen. Zunächst enthält die Rahmenrichtlinie 2000/60/EG[352] einen Ordnungsrahmen für Maßnahmen der EG im Bereich der Wasserpolitik. Ihr Ziel ist die Schaffung eines Gemeinschaftsrahmens für den Schutz der Binnen- und Oberflächengewässer, der Übergangs- und Küstengewässer sowie des Grundwassers, um ihre Verschmutzung zu verhindern oder zu begrenzen, ihre nachhaltige Nutzung zu fördern sowie die Auswirkungen von Überschwemmungen und Dürren zu vermindern. Spätestens vier Jahre nach dem In-Kraft-Treten haben die Mitgliedstaaten eine Analyse der Merkmale jeder Flussgebietseinheit, eine Überprüfung der Umweltauswirkungen menschlicher Tätigkeiten auf den Zustand der Gewässer und eine wirtschaftliche Analyse der Wassernutzung vorzunehmen. Auf dieser Grundlage erstellen sie ein Verzeichnis der Gebiete, für die ein besonderer Schutzbedarf besteht. Neun Jahre nach In-Kraft-Treten müssen für jedes Einzugsgebiet ein Bewirtschaftungsplan und ein Maßnahmenprogramm erstellt worden sein.

Erwähnenswert ist hier insbesondere die mehrfach geänderte Richtlinie 75/440/EWG[353] für Oberflächengewässer zur Trinkwassergewinnung, deren Anforderungen die Mitgliedstaaten nur sehr zögerlich nachkommen. Im Jahre 1992 entsprachen nur drei Viertel der Gewässer den bezifferten Mindestvoraussetzungen an die Wasserqualität. Die Richtlinie 98/83/EG[354] schreibt grundlegende Qualitätsstandards für Wasser für den menschlichen Gebrauch vor. Ziel ist es, die menschliche Gesundheit zu schützen, indem Reinheitsparameter für Trinkwasser in der Gemeinschaft festgelegt werden. Für Badegewässer legt die Richtlinie 76/160/EWG[355] eine Mindestqualität fest, die in der Badesaison regelmäßig kontrolliert werden muss. Im Fall von Verschmutzungen sind die nationalen Gesetzgeber bzw. Exekutiven angehalten, ihre Einleiterlaubnis dergestalt

---

350 Hierzu *Ensthaler*, Umweltauditgesetz, EMAS-Verordnung, 2. Aufl. 2002.

351 Vgl. die Textsammlung und Darstellung in: *Veh/Knopp*, Gewässerschutz nach EG-Recht, 1995.

352 ABl. EG 2000 Nr. L 327, S. 1.

353 ABl. EG 1975 Nr. L 194, S. 34.

354 ABl. EG 1998 Nr. L 330, S. 32.

355 ABl. EG 1975 Nr. L 31, S. 1.

zu ändern, dass die vorgegebenen Qualitätsziele erreicht werden. Als *Ultima Ratio* ist das Baden zu untersagen. Die Richtlinie 91/271/EWG[356] befasst sich mit der Behandlung kommunaler Abwässer. Sie verpflichtet alle Gemeinden mit mehr als 2.000 Einwohnern zum Bau von Kläranlagen bis zum Jahr 2005.

Die Richtlinie 76/464/EWG[357] zum Schutz vor Verschmutzung der Gewässer durch bestimmte Stoffe verlangt von den Mitgliedstaaten darauf zu achten, dass bei der Ableitung von den in Anhang I bezeichneten gesundheitsgefährdenden Stoffen, wie z.B. Quecksilber und Kadmium, die Emissionshöchstwerte nicht überschritten werden. In Anlage II werden weniger giftigen Stoffe (Phosphor etc.) aufgeführt, die durch nationale Programme in den Gewässern reduziert werden sollen. Die Richtlinie 80/68/EWG[358] zum Schutz des Grundwassers verbietet das Einleiten bestimmter Gefahrenstoffe und schreibt bei bedenklichen Substanzen die Durchführung eines Genehmigungsverfahrens vor. Da die problematischen Nitrate und Pestizide aus der Landwirtschaft nicht erfasst werden und keine Berichtspflicht geregelt wurde, ist die praktische Bedeutung des Rechtsaktes eher gering.[359] Gewässerverunreinigungen durch Nitrat aus landwirtschaftlichen Quellen werden aber von der Richtlinie 91/676/EWG[360] geregelt. Vor allem die hohe Belastung der Böden und des Grundwassers durch Nitrate stellt ein bisher ungelöstes Problem dar. Mit der zunehmenden Intensivierung der landwirtschaftlichen Produktion wird der Handlungsauftrag an die Gemeinschaft noch schwerer zu erfüllen sein.

Zur Verringerung der Meeresverschmutzung hat die EG die Richtlinie 93/75/EWG[361] erlassen. Sie enthält Mindestanforderungen an Schiffe, die Seehäfen der Gemeinschaft anlaufen oder aus ihnen auslaufen und gefährliche oder umweltschädliche Güter befördern. Außerdem wirkt die EG im Rahmen internationaler Übereinkommen mit, wie dem Barcelona-Abkommen zum Schutz des Mittelmeeres[362] oder dem Übereinkommen von Helsinki zum Schutz der Ostsee[363].

---

356 ABl. EG 1991 Nr. L 135, S. 40.
357 ABl. EG 1976 Nr. L 129, S. 23.
358 ABl. EG 1980 Nr. L 20, S. 43.
359 Zum sachlichen Anwendungsbereich *Seidel*, Gewässerschutz durch europäisches Gemeinschaftsrecht, S. 44 ff.
360 ABl. EG 1991 Nr. L 375, S. 1.
361 ABl. EG 1993 Nr. L 247, S. 19.
362 Beschluss 77/585/EWG (ABl. EG 1977 Nr. L 240, S. 1).
363 Beschlüsse 94/156/EG und 94/157/EG (ABl. EG 1994 Nr. L 73, S. 1 und S. 19).

c) Klimaschutz

In den 80er Jahren schloss sich die Gemeinschaft den schwerfälligen internationalen Bemühungen an, den globalen Umweltherausforderungen, vor allem angesichts der katastrophalen Zerstörung der Ozonschicht, zu begegnen. Die Gemeinschaft ist dem Wiener Übereinkommen von 1986 und dem Montrealer Protokoll von 1987[364] zum Schutz der Ozonschicht beigetreten und hat die Vorgaben mit dem Reduktionsprogramm für Luftinhaltsstoffe[365] umgesetzt. Später erließ der Rat die Verordnung (EG) Nr. 2037/2000[366] zur Begrenzung und Überwachung der Produktion, des In-Verkehr-Bringens und der Verwendung von Stoffen, die zum Abbau der Ozonschicht führen. Eine weitere zentrale Aufgabe für die Gemeinschaft stellt die Umsetzung der New Yorker Klimakonvention von 1992 dar, der die EG im Jahre 1994 beitrat.[367] Von dem Ziel, die CO_2-Emissionen auf das Maß von 1990 zu reduzieren, sind die Industrieländer jedoch noch weit entfernt. Vielmehr läuft Europa Gefahr, die Reduktionsziele von Kyoto bei Treibhausgasen – Senkung um 8 % bis 2010 – zu verfehlen. Es wird sogar erwartet, dass sie im Jahr 2010 um 55 % über dem Stand von 1990 liegen.[368] Der Europäische Rat hatte deshalb 2001 seine Entschlossenheit bekräftigt, den Verpflichtungen aus dem Kyoto-Protokoll nachzukommen und dieses zu ratifizieren. Das Europäische Programm zur Klimaänderung[369] enthält Maßnahmen, die insbesondere die Lücke zwischen den für 2010 prognostizierten Emissionen der Union und dem in Kyoto festgelegten Ziel zur Hälfte zu schließen. Ferner führte die EG mit der Richtlinie 2003/87/EG[370] am 1. Januar 2005 ein System für den Handel mit Treibhausgas-Emissionsrechten ein. Hierdurch soll auf kostenwirksame Art eine Verringerung von Treibhausgasemissionen in der Gemeinschaft erreicht werden. Dieses System dient der EG sowie deren Mitgliedstaaten zur Erfüllung ihrer Verpflichtungen aus dem Kyoto-Protokoll, die Emission von Treibhausgasen zu verringern.[371] Alle Anlagen der Sektoren Energie, Eisenmetallerzeugung und -verarbeitung, mineralverarbeitende Industrie sowie Papier- und Pappeindustrie fallen unter die Bestimmungen des sog. Emissionshandels.

---

364 Entscheidung 88/540/EWG (ABl. EG 1988 Nr. L 297, S. 8).

365 Verordnung (EWG) Nr. 3322/88 (ABl. EG 1988 Nr. L 297, S. 1).

366 ABl. EG 2000 Nr. L 244, S. 1.

367 Entscheidung 94/69/EWG (ABl. EG 1994 Nr. L 33, S. 11).

368 Zur Lage in der EG *European Environment Agency*, Environment in the European Union at the turn of the century, 1999.

369 KOM (2001) 580 endg.

370 ABl. EU 2003 Nr. L 275, S. 32.

371 Vgl. ausführlich hierzu *Bader*, Europäische Treibhauspolitik mit handelbaren Emissionsrechten, 2000.

d) Luftreinhaltung

Die Richtlinie 70/220/EWG[372] enthält Vorschriften zur Festlegung von Emissionsgrenzwerten für Otto- und Dieselmotoren von Personenkraftwagen und leichten Nutzfahrzeugen. Seit Ende der 80er Jahre versucht die Kommission, eine umfassende, langfristige Strategie zur Verringerung der Luftverschmutzung zu entwickeln, wobei sich die Diskussion immer wieder auf öffentlichkeitswirksame Einzelaspekte, wie z.B. die Einführung schadstoffarmer Kraftfahrzeuge, verengte.[373] Mit der Aufnahme des Mehrheitsentscheids durch die EEA kam es zu strengeren Normen für Pkws über 2.000 ccm Hubraum[374]. Die Kleinwagen unter 1,4 Liter Hubraum[375] wurden erst im Vorfeld der auch umweltpolitisch geprägten Wahlen zum Europäischen Parlament 1989 einbezogen. Emissionsgrenzwerte für Dieselmotoren enthält die Richtlinie 88/77/EWG[376]. Die Richtlinie 1999/94/EG[377] betrifft die Verfügbarkeit von Verbraucherinformationen über den Kraftstoffverbrauch und die CO_2-Emissionen beim Marketing für neue Personenkraftfahrzeuge. Umweltspezifische Spezifikationen für Otto- und Dieselkraftstoffe werden mit der Richtlinie 98/70/EG[378] eingeführt. Sie enthält unter anderem ein Verbot des In-Verkehr-Bringens von verbleitem Ottokraftstoff ab dem Jahr 2000. Weitere Maßnahmen setzen verbindliche Grenzwerte für den Schwefelgehalt von Gasölen und Dieselkraftstoffen[379] sowie Blei[380] und Stickstoffdioxid in der Atmosphäre[381] fest.

Ähnlich wie beim Gewässerschutz ging die Kommission auch für die Luftqualität dazu über, gezielte Maßnahmen zur Verminderung der Emissionen an ihrem Entstehungsort zu erlassen. Nach der Rahmenrichtlinie 84/360/EWG[382] zur Bekämpfung der Luftverunreinigung von ortsfesten Industrieanlagen müssen die Antragsteller sicherstellen, dass sie hierfür geeignete Vorsorgemaßnahmen treffen. Für Großfeuerungsanlagen trägt die Richtlinie 88/609/EWG[383] zur Verringerung der Emissionen von Schwefeldioxid und Stickstoffoxiden bei.

---

372 ABl. EG 1970 Nr. L 76, S. 1.

373 Hierzu ausführlich *Jahns-Böhm*, Umweltschutz durch europäisches Gemeinschaftsrecht am Beispiel der Luftreinhaltung, 1994.

374 Richtlinie 88/76/EWG (ABl. EG 1988 Nr. L 36, S. 1).

375 Richtlinie 89/458/EWG (ABl. EG 1989 Nr. L 226, S. 1).

376 ABl. EG 1988 Nr. L 36, S. 33.

377 ABl. EG 2000 Nr. L 12, S. 16.

378 ABl. EG 1998 Nr. L 350, S. 58.

379 Richtlinie 93/12/EWG (ABl. EG 1993 Nr. L 74, S. 18).

380 Richtlinie 82/884/EWG (ABl. EG 1982 Nr. L 378, S. 15).

381 Richtlinie 85/203/EWG (ABl. EG 1985 Nr. L 87, S. 1).

382 ABl. EG 1984 Nr. L 188, S. 20.

383 ABl. EG 1988 Nr. L 336, S. 1.

Eine langfristige Politik der Luftreinhaltung betreibt die EG seit 1996 mit der Luftqualitäts-Rahmenrichtlinie 96/62/EG[384]. In Form von Einzelrichtlinien sollen nach einem konkreten Zeitplan Höchstwerte und Alarmschwellen für bestimmte Schadstoffe in der Luft festgesetzt werden. Die erste Tochterrichtlinie 1999/30/EG (sog. Feinstaub-Richtlinie)[385] bezieht sich auf Grenzwerte bezüglich Schwefeldioxid (SO_2), Stickstoffdioxid (NO_2), Stickstoffoxide (NO_X), Partikel mit einem Durchmesser von weniger als 10 µm (Feinstaub, auch als PM10 bezeichnet) sowie Blei. Umsetzungstermin für diese Richtlinie war der 19. Juli 2001. Die Grenzwerte z.B. für Feinstaub finden ab 1. Januar 2005 Anwendung und basieren auf Arbeiten der WHO. In mehreren europäischen Ballungsräumen wurde der Grenzwert bereits nach wenigen Monaten überschritten. Einige Bürger in deutschen Großstädten haben daraufhin Klage auf Einhaltung der Richtwerte bei Verwaltungsgerichten erhoben. In Deutschland wird momentan über die Wirksamkeit verschiedener Maßnahmen wie etwa Fahrverbote diskutiert. Die zweite Tochterrichtlinie 2000/69/EG[386] regelt die Luftschadstoffe Benzol und Kohlenmonoxid, die dritte Tochterrichtlinie 2002/3/EG[387] den Ozongehalt in der Luft.

Die Festlegung nationaler Emissionshöchstgrenzen für versauernde und eutrophierende Schadstoffe sowie für Ozonvorläufer wird von der Richtlinie 2001/81/EG[388] gefordert, um den Schutz der Umwelt und der menschlichen Gesundheit vor den mit diesen Schadstoffen einhergehenden Gefahren zu verbessern.

e) Lärmschutz

Eine planvolle lärmreduzierende Politik der EG besteht zurzeit noch nicht. Infolgedessen ist das Niveau des gemeinschaftlichen Lärmschutzes eher gering. Die existierenden produktbezogenen Lärmvorschriften für Kraftfahrzeuge[389], Krafträder[390], Turmdrehkräne[391], für im Freien betriebene Geräte und Maschinen[392] sowie zur Lärmüberwachung auf den Flughäfen[393] schreiben im We-

---

384 ABl. EG 1996 Nr. L 296, S. 55.
385 ABl. EG 1999 Nr. L 163, S. 41.
386 ABl. EG 2000 Nr. L 313, S. 12.
387 ABl. EG 2002 Nr. L 67, S. 14.
388 ABl. EG 2001 Nr. L 309, S. 22.
389 Richtlinie 70/157/EWG (ABl. EG 1970 Nr. L 42, S. 16).
390 Richtlinie 78/1015/EWG (ABl. EG 1978 Nr. L 349, S. 21).
391 Richtlinie 87/405/EWG (ABl. EG 1987 Nr. L 220, S. 60).
392 Richtlinie 2000/14/EG (ABl. EG 2000 Nr. L Nr. 162, S. 1).
393 Richtlinie 2002/30/EG (ABl. EG 2002 Nr. L 85, S. 40).

sentlichen nur den jeweiligen Stand der Technik fest. Ferner sieht die Rahmenrichtlinie 86/594/EWG[394] über den Lärm von Haushaltsgeräten die Möglichkeit verbindlicher Werte vor, ohne dass jedoch Ausführungsregelungen ergangen sind.

f) Chemikalien

Das Recht für chemische Stoffe stellt einen Bereich starker europarechtlicher Ausformung dar. Die Grundrichtlinie 67/548/EWG[395] stammt bereits aus dem Jahr 1967. Sie enthält Regelungen über die Einstufung, Verpackung und Kennzeichnung. Seit ihrer Änderung im Jahre 1981 sind neue chemische Stoffe auf ihre Gefährlichkeit zu untersuchen und anzumelden. Mehr als 100.000 Stoffe sind registriert, wobei die Zahl chemischer Zubereitungen mit ca. 500.000 angegeben wird. Als gefährlich sind bisher etwa 2.000 Stoffe eingestuft worden. An der Schnittstelle von Gefahrstoffrecht und Anlagensicherheit befasste sich die sog. Seveso-Richtlinie 82/501/EWG[396] mit Gefahren infolge schwerer Unfälle durch Industrietätigkeiten. Sie wurde infolge mehrerer schwerer Chemieunfälle verabschiedet und verpflichtete die Betreiber bestimmter Anlagen, notwendige Maßnahmen zu ergreifen, um solche Unfälle künftig zu vermeiden. Nach dem Sandoz-Brand in Basel/Schweiz wurde ihr Regelungsbereich mit der Aufnahme weiterer Stoffe[397] ausgeweitet. Ersetzt wurde sie durch die sog. Seveso-II-Richtlinie 96/82/EG[398], die erstmals Stoffe aufführt, die als gefährlich für die Umwelt gelten. Es wurden neue Anforderungen mit Blick auf Sicherheitsmanagementsysteme, Notfallpläne und Raumplanung aufgenommen sowie die Regelungen für Inspektionen und für die Unterrichtung der Öffentlichkeit verschärft.

Die Richtlinie 1999/45/EG[399] enthält Vorschriften über die Einstufung, Verpackung und Kennzeichnung gefährlicher Zubereitungen, wie z.B. Lösemittel, Lacke und Farben, die große Risiken für Mensch und Umwelt darstellen. Die Mitgliedstaaten dürfen das In-Verkehr-Bringen der gefährlichen Zubereitungen aus anderen Mitgliedsländern nicht verbieten, wenn sie die Bestimmungen dieser Richtlinie einhalten. Allerdings kann ein Staat das In-Verkehr-Bringen einer Zubereitung trotzdem vorläufig verbieten oder besonderen Bedingungen unterwerfen, wenn sie eine Gefahr darstellt.

---

394 ABl. EG 1986 Nr. L 344, S. 24.
395 ABl. EG 1967 Nr. L 196, S. 1.
396 ABl. EG 1982 Nr. L 230, S. 1.
397 Richtlinie 88/610/EWG (ABl. EG 1988 Nr. L 336, S. 14).
398 ABl. EG 1997 Nr. L 10, S. 13.
399 ABl. EG 1988 Nr. L 187, S. 14.

Heftig umstritten ist das Vorhaben der Kommission, die Chemikalienpolitik grundlegend zu reformieren.[400] Kernstück des Vorhabens ist die Registrierung, Bewertung, Zulassung und Beschränkung von Chemikalien (Registration, Evaluation and Authorization of Chemicals – REACH). Konkret plant sie strengere Genehmigungsregeln für Alt- und Neustoffe sowie umfassende Informationspflichten, was aber auf erheblichen Widerstand der Chemieindustrie stößt. Inwieweit sich letztlich die Gesichtspunkte des Umwelt- und Verbraucherschutzes oder aber der Industriepolitik durchsetzen werden, ist noch nicht abzusehen.

g) *Abfälle*

Angesichts der über 2 Milliarden Tonnen Abfall, die jedes Jahr in der EG anfallen (davon 100 Mio. Tonnen Hausmüll sowie 21 Mio. Tonnen Giftmüll) und der damit verbundenen Entsorgungsproblematik, ist der Abfallsektor ein wesentlicher Bereich jeder Umweltpolitik.[401] Die sehr weit formulierte und erheblich auslegungsfähige Rahmenrichtlinie 75/442/EWG[402] hat zum Ziel, die Mitgliedstaaten zu einer abgestimmten Abfallpolitik zu bewegen, um das Abfallaufkommen in Grenzen zu halten. In der Folgezeit konnte sich der Rat auf einige zentrale Richtlinien einigen, z.B. auf Sonderregelungen für die Altölbeseitigung[403], landwirtschaftliche Klärschlämme[404], die Verwertung von Altbatterien und Altakkumulatoren[405], die kontrollierte Entsorgung gefährlicher Abfälle[406], die Beseitigung von PCB/PCT[407] und die Wiederverwertung von Altfahrzeugen[408]. Die Verpackungsrichtlinie 94/62/EG[409] verpflichtet die Mitgliedstaaten, spezielle Stoffe zu einem bestimmten Prozentsatz wiederzuverwerten. Mit der Müllverbrennungsproblematik beschäftigen sich die Richtlinien 89/369/EWG[410] bzw. 89/429/EWG[411] zur Verringerung der Emissionen bestimmter Schadstoffe durch neue bzw. bestehende Verbrennungsanlagen für Siedlungsmüll sowie die Richtlinie 94/67/EG[412] zur Verringerung der Auswirkungen der

---

400 Weißbuch zur Strategie für eine zukünftige Chemikalienpolitik (KOM (2001) 88 endg.).
401 Ausführlich *Engels*, Grenzüberschreitende Abfallverbringung nach EG-Recht, 1999.
402 ABl. EG 1975 Nr. L 194, S. 23.
403 Richtlinie 75/439/EWG (ABl. EG 1975 Nr. L 194, S. 31).
404 Richtlinie 86/278/EWG (ABl. EG 1986 Nr. L 181, S. 6).
405 Richtlinie 91/157/EWG (ABl. EG 1991 Nr. L 78, S. 38).
406 Richtlinie 91/689/EWG (ABl. EG 1991 Nr. L 377, S. 20).
407 Richtlinie 96/59/EG (ABl. EG 1996 Nr. L 243, S. 31).
408 Richtlinie 2000/53/EG (ABl. EG 2000 Nr. L 269, S. 34).
409 ABl. EG 1994 Nr. L 365, S. 10.
410 ABl. EG 1989 Nr. L 163, S. 32.
411 ABl. EG 1989 Nr. L 203, S. 50.
412 ABl. EG 1994 Nr. L 365, S. 34.

Verbrennung gefährlicher Abfälle auf die Umwelt und die menschliche Gesundheit. Etwaige Anwendungslücken werden mit Hilfe der Richtlinie 2000/76/EG[413] über die Verbrennung von Abfällen geschlossen. Erwähnenswert ist in diesem Zusammenhang auch die Richtlinie 1999/31/EG[414], die strenge technische Anforderungen in Bezug auf Abfalldeponien und Abfälle festlegt. Hierdurch sollen negative Auswirkungen der Ablagerung von Abfällen auf die Umwelt so weit wie möglich vermieden werden.

Mit der modernen Problematik des sog. Elektro-Schrotts befassen sich die Richtlinie 2002/95/EG[415] zur Beschränkung der Verwendung bestimmter gefährlicher Stoffe in Elektro- und Elektronik-Geräten sowie die Richtlinie 2002/96/EG[416] über Elektro- und Elektronik-Altgeräte. Trotz der zahlreichen Rechtsakte fehlt es aber immer noch an einem überzeugenden integrierten Gesamtkonzept für die Abfallwirtschaft in Europa.

h) Gentechnik

Gegenstand der Gentechnik ist die Rekombination von Erbmaterial. Eines der Haupteinsatzgebiete des Verfahrens ist die Nahrungsmittelherstellung. Die gentechnische Veränderung von Lebensmitteln oder Lebensmittelzusätzen hat in den letzten Jahren stark zugenommen. Im Jahr 2003 bauten ungefähr 7 Mio. Landwirte in 18 Ländern gentechnisch veränderte Pflanzen an. Dabei sind die USA, Argentinien, Kanada, China, Brasilien und Südafrika weltweit führend im Anbau von gentechnisch veränderten Pflanzen. Beispielsweise machten gentechnisch modifizierte Sojabohnen im Jahr 2003 auf einer Fläche von 41,4 Mio. Hektar schon 55% des gesamten weltweiten Anbaus aus. Die höchsten Zuwachsraten weist gentechnisch veränderter Mais auf, der einen weltweiten Anteil von 11% erreicht. Wichtige gentechnisch veränderte Pflanzen sind außerdem Baumwolle (21% des weltweiten Anbaus) und Raps (16%). Auch künftig ist mit einer Ausweitung der Anbauflächen und einer weiteren Steigerung der Produktion zu rechnen. Zu den erhofften Vorteilen zählen insbesondere wachsende Ernteerträge, ein geringerer Einsatz von Pestiziden, weniger Wasserverbrauch sowie ein steigender Nährwert der Produkte.[417]

Umstritten ist, ob und gegebenenfalls welche Risiken beim Verzehr gentechnisch manipulierter Lebensmittel für die menschliche Gesundheit bestehen.

---

413 ABl. EG 2000 Nr. L 332, S. 91.

414 ABl. EG 1999 Nr. L 182, S. 1.

415 ABl. EU 2003 Nr. L 37, S. 19.

416 ABl. EU 2003 Nr. L 37, S. 24.

417 Ausführlich zur Herstellung und Anwendung transgener Pflanzen *Kempken/Kempken*, Gentechnik bei Pflanzen. Chancen und Risiken, 2. Aufl. 2004.

Diskutiert wird insbesondere das Risiko, dass Fremdproteine mit allergenem Potenzial in transgenen Pflanzen Allergien auslösen können. Das Risiko ist für den Verbraucher ohne eine entsprechende Kennzeichnung des Produktes nicht erkennbar. Ein weiteres Risiko wird im Zusammenhang mit der Resistenz gegen das Antibiotikum Kanamycin gesehen. Dieses Antibiotikum wird in wenigen Anwendungsfällen auch in der Humanmedizin eingesetzt. Das Gen, das die Pflanze resistent gegen Kanamycin macht, wird möglicherweise im Wege eines horizontalen Gentransfers auf Bakterien übertragen.[418] Damit wäre die Anwendung des Antibiotikums in der Humanmedizin in Frage gestellt. Außerdem ist umstritten, ob die konventionelle und ökologische Landwirtschaft mit dem gentechnisch veränderten Anbau koexistieren können.

Bemerkenswert frühzeitig ist die EG im damals noch jungen Bereich des Gentechnikrechts aktiv geworden, sogar noch vor der Verabschiedung entsprechender nationaler Bestimmungen.[419] Dieses Engagement besaß große grundsätzliche Bedeutung, weil die beiden einschlägigen Richtlinien im Vergleich zur herkömmlichen Richtlinien-Praxis der Gemeinschaft außergewöhnlich detailliert ausgefallen sind. Weil hierdurch die Regelungsbefugnisse der Mitgliedstaaten empfindlich eingeschränkt wurden, wurde aus nationaler Sichtweise häufig eine „Regelungswut" der Gemeinschaft zulasten einzelstaatlicher Kompetenzen beklagt.[420] Im Jahr 1990 erließ die EG die Richtlinie 90/219/EWG[421] (Systemrichtlinie) über die Anwendung genetisch veränderter Mikroorganismen in geschlossenen Systemen, die auf Art. 130s EWGV (jetzt Art. 175 EGV) gestützt wurde, und die Richtlinie 90/220/EWG[422] (Freisetzungs-Richtlinie) über die absichtliche Freisetzung genetisch veränderter Organismen, die ihre Grundlage in Art. 100a EWGV (jetzt Art. 95 EGV) fand. Mittlerweile ist die neue Freisetzungs-Richtlinie 2001/18/EG[423] in Kraft getreten. Ihre Neuerungen liegen im Wesentlichen in befristeten Genehmigungen, einer umfassenden Risikoabschätzung, der Verankerung des Vorsorgeprinzips, einem verpflichtenden Monitorings bei Produktzulassungen, verpflichtender Öffentlichkeitsbeteiligung und Kennzeichnung, der Einbeziehung von wissenschaftlichen Ausschüssen sowie im „phase-out" von Antibiotikaresistenzgenen.

Die Verabschiedung eines Gemeinschaftsaktes über neuartige Lebensmittel und Lebensmittelzutaten stellte sich als langwieriger und von Kritik begleiteter Prozess heraus. Die Kommission arbeitete elf Entwürfe aus, bevor sie im Jahre

---

418 Wegen der zufälligen Transferierung des Ampicilin Resistenzgens wurde der Mais der Firma Novartis in der EG nicht zugelassen. In zahlreichen anderen Staaten ist er jedoch verkäuflich.

419 Z.B. in Deutschland das Gentechnik-Gesetz von 1990, BGBl. 1990 I S. 1080.

420 *Schenek*, Das Gentechnikrecht der Europäischen Gemeinschaft, S. 110 ff.

421 ABl. EG 1990 Nr. L 117, S. 1.

422 ABl. EG 1990 Nr. L 117, S. 15.

423 ABl. EG 2001 Nr. L 106, S. 1.

1992 einen Verordnungsvorschlag vorlegte. Im Jahre 1997 kam es schließlich zur Verabschiedung der sog. Novel-Food-Verordnung (EG) Nr. 258/97[424]. Zentrales Anliegen der Verordnung ist der öffentliche Gesundheits- und Verbraucherschutz. Es soll sichergestellt werden, dass die neuartigen Lebensmittel keine Gefahr für den Konsumenten darstellen und zu keiner Irreführung der Verbraucher führen. Der Anwendungsbereich des Rechtsaktes erfasst das In-Verkehr-Bringen neuartiger Lebensmittel und Lebensmittelzutaten, die noch nicht in nennenswertem Umfang für den menschlichen Verzehr verwendet wurden. Er beschränkt sich damit nicht auf Gen-Produkte, sondern erfasst auch Nahrungsmittel, die aus Mikroorganismen, Algen oder Pilzen hergestellt werden, oder bei deren Herstellung ein nicht übliches Verfahren angewandt wurde, das eine bedeutende Veränderung der Zusammensetzung oder Struktur bewirkt.[425] Die Herausnahme von Zusatzstoffen, Aromen und Extraktionslösungsmitteln aus dem Anwendungsbereich der Verordnung gilt gem. Art. 2 Abs. 2 und 3 nur soweit, wie das Sicherheitsniveau durch die betreffenden Einzelrichtlinien nicht unterschritten wird. Dies ist regelmäßig dann der Fall, wenn sich diese Stoffe nicht technisch auf das Endprodukt auswirken.[426]

Mangelnde Kennzeichnungspflichten, fehlende Bestimmungen zur Rückverfolgbarkeit und ungenügende Haftungsregelungen hatten seit Ende der 90er Jahre eine Reihe von Mitgliedstaaten bewogen, mit ihrer Sperrminorität alle Neuzulassungen von gentechnisch veränderten Lebensmitteln zu verhindern. Die Kritik führte auf politischer Ebene seit 1999 zu einem *De-facto*-Moratorium des Umweltministerrates mit dem Inhalt, dass vor der Erteilung neuer Zulassungen erst das laufende Novellierungsverfahren abzuschließen ist.

Mittlerweile ist die neue Freisetzungs-Richtlinie 2001/18/EG in Kraft getreten. Die Europäische Kommission hat die Genehmigungsverfahren für GVO entsprechend dieser Richtlinie wieder aufgenommen. Ferner sind im November 2003 die beiden neuen Verordnungen zu gentechnisch veränderten Lebens- und Futtermitteln (EG) Nr. 1829/2003[427] und zur Rückverfolgbarkeit (EG) Nr. 1830/2003[428] rechtskräftig geworden. Somit sind nach Auffassung der Kommission die Bedingungen für die Aufhebung des Moratoriums erfüllt. Weiterhin hatte die Kommission am 19. Mai 2004 den gentechnisch veränderten Mais Bt-11 als Lebensmittel innerhalb der EU zugelassen und das Moratorium damit faktisch beendet.

---

424 ABl. EG 1997 Nr. L 43, S. 1.

425 Ein bekanntes Beispiel für Art. 1 Abs. 2 *lit.* f der Verordnung ist der Fettersatz *Olestra*, der so zusammengesetzt ist, dass er ohne Abgabe von Kalorien wieder ausgeschieden wird.

426 *Schlacke*, Risikoentscheidungen im europäischen Lebensmittelrecht, S. 111.

427 ABl. EU 2003 Nr. L 268, S. 1 ff.

428 ABl. EU 2003 Nr. L 268, S. 24 ff.

Durch die VO 1829/2003 werden die Zulassung und das In-Verkehr-Bringen von GVO geregelt. Darin wird ein einheitliches Zulassungsverfahren für alle Lebens- und Futtermittel, die GVO enthalten, durch die Europäische Behörde für Lebensmittelsicherheit eingeführt. Bei der Verabschiedung der Verordnung war insbesondere der Schwellenwert für die Kennzeichnungspflicht umstritten. Im Gegensatz zur Forderung des Parlaments nach einem Wert von 0,5 % müssen Nahrungsmittel künftig erst gekennzeichnet werden, wenn sie mehr als 0,9 % Anteil an gentechnisch veränderten Organismen enthalten. Diese Regelung trifft auch Lebensmittel, bei denen dieser Anteil nicht mehr direkt nachweisbar ist. Die Kennzeichnungspflicht erstreckt sich jedoch nicht auf Tiere, die Futtermittel mit GVO erhalten haben. Mit der VO 1830/2003 wird der Begriff des genetisch veränderten Lebensmittels auf alle Lebensmittel erweitert, die GVO enthalten oder daraus hergestellt sind, einschließlich der aus GVO abgeleiteten Proteine. Auch die für den menschlichen Verzehr bestimmten Zusatzstoffe und Aromen sowie gentechnische veränderte Futtermittel werden einbezogen.

In den Etikettierungspflichten sehen die USA ungerechtfertigte Handelsbeschränkungen. Sowohl gegen das *De-facto*-Moratorium als auch gegen nationale Vermarktungs- und Einfuhrverbote, die von einigen EU-Mitgliedstaaten erlassen wurden, strengten die USA im Jahr 2003 ein WTO-Streitschlichtungsverfahren an. Dem WTO-Verfahren haben sich Argentinien und Kanada angeschlossen. Es ist überdies allerdings zu befürchten, dass anschließend auch die EG-Kennzeichnungsregelungen einer solchen Kontrolle unterzogen werden sollen.[429]

i) *Natur und Schutz der biologischen Artenvielfalt*

Mit der sog. Habitatrichtlinie[430] strebt die EG die Erhaltung der biologischen Vielfalt durch den Schutz der natürlichen Lebensräume sowie der wildlebenden Tiere und Pflanzen auf dem Gebiet ihrer Mitgliedstaaten an. Unter der Bezeichnung „Natura 2000" wurde zu diesem Zweck ein ökologisches Netz spezieller Schutzgebiete errichtet. Der Zusammenhalt dieses Netzes soll durch weitere Aktivitäten wie die Kontrolle und Überwachung, Wiederansiedlung einheimischer Arten, Ansiedlung nicht heimischer Arten sowie Forschung und Bildung verstärkt werden. Daneben existieren verschiedene EG-Rechtsakte z.B. zum Schutz von Exemplaren wild lebender Tier- und Pflanzenarten durch Überwachung des

429 Siehe zu den Rechtsfragen *Stökl*, Der welthandelsrechtliche Gentechnikkonflikt. Die europarechtlichen Handelsbeschränkungen für gentechnisch veränderte Lebensmittel und ihre Vereinbarkeit mit Welthandelsrecht, 2003; *ders.*, WTO und Gentechnik, in: Nettesheim/Sander (Hrsg.), WTO-Recht und Globalisierung, S. 73 ff.

430 Richtlinie 92/43/EWG (ABl. EG 1992 Nr. L 206, S. 7).

Handels[431], zur Erhaltung wild lebender Vogelarten[432] oder zum Schutz von Versuchstieren.[433]

4. *Ergebnis*

Mit dem Erlass zahlreicher Regelungen zum Schutz der Umweltmedien, trägt die EG wesentlich zur Verbesserung der Lebensbedingungen und der menschlichen Gesundheit bei. Neben teilweise erheblichen Defiziten bei der Umsetzung des EG-Rechts in den Mitgliedstaaten sind aber auch von der EG selbst noch manche Bereiche wie der Lärm- und Bodenschutz weiterzuentwickeln. Trotz vielfältiger Hemmnisse, insbesondere aufgrund der Verweigerungshaltung einzelner Mitgliedstaaten, ist der eingeschlagene Weg der Standardsetzung konsequent fortzuführen. Auch die am 1. Mai 2004 beigetretenen Mitgliedstaaten, für die noch umfängliche Ausnahmevorschriften nach den Beitrittsakten gelten, müssen schrittweise an das Umweltschutzniveau der EU-15 herangeführt werden.

Die EG ist verpflichtet, den Umweltschutz in allen Politikbereichen zu berücksichtigen und den bestmöglichen Schutzumfang zu gewährleisten. Angesichts der Zunahme umweltbedingter Erkrankungen, ist die besondere Bedeutung der Verbesserung der Luft- und Wasserqualität sowie der Verringerung von Lärmbelästigungen für die menschliche Gesundheit nicht zu unterschätzen.

Trotz des Erlasses von EG-Rechtsakten, die verbindliche Umweltschutzstandards festlegen, sind einzelstaatliche Bestimmungen, die ein höheres Umweltschutzniveau anstreben, noch möglich. Diese nationalen Alleingänge sind in den Vorschriften der Art. 95 Abs. 4, Abs. 5 sowie Art. 176 EGV vorgesehen und ermöglichen damit eine flexible Handhabung des Umweltschutzes bei einer höheren Leistungsfähigkeit eines Mitgliedstaates.

E. Umweltpolitik im Rahmen der EG-Außenkompetenzen

Von großer Bedeutung ist die Frage, wie die Außenbeziehungen der Gemeinschaft und ihrer Mitgliedstaaten zu den internationalen Organisationen und Drittländern in der Umweltpolitik geregelt sind. Da die Umweltverschmutzung

431 Verordnung (EG) Nr. 338/97 (ABl. EG 1997 Nr. L 61, S. 1).
432 Richtlinie 79/409/EWG (ABl. EG 1979 Nr. L 103, S. 1).
433 Richtlinie 86/609/EWG (ABl. EG 1986 Nr. L 358, S. 1).

nicht an nationalen Grenzen halt macht,[434] darf dies auch nicht für die Umweltschutzbemühungen der Staaten gelten. Die Gemeinschaft besitzt gem. Art. 281 EGV Völkerrechtssubjektivität, das heißt, ihr ist die Fähigkeit verliehen, selbstständiger Träger völkerrechtlicher Rechte und Pflichten zu sein.[435]

Grundlegend ist dieses Verhältnis in Art. 174 Abs. 4 EGV[436] normiert worden. Art. 174 Abs. 4 UAbs. 1 EGV regelt dabei die Zusammenarbeit zwischen der Gemeinschaft und den Mitgliedstaaten im Verhältnis zu Drittstaaten und internationalen Organisationen, während Art. 174 Abs. 4 UAbs. 2 EGV feststellt, dass die Zuständigkeit der Mitgliedstaaten, in internationalen Gremien zu verhandeln und internationale Abkommen zu schließen, hierdurch nicht berührt wird.

I. Außenkompetenzen im Umweltbereich

1. Einschlägige Kompetenzgrundlage

Zunächst stellt sich das Problem, auf welcher Grundlage die Gemeinschaft die Befugnis zum Abschluss völkerrechtlicher Verträge im Umweltschutzbereich besitzt. Hinsichtlich dieser Frage ist die einschlägige Ermächtigungsnorm in der Literatur umstritten. Eine Ansicht beruft sich in dem Zusammenhang auf Art. 174 Abs. 4 UAbs. 1 S. 2 EGV als ausdrückliche Vertragsabschlusskompetenz.[437] Jene Norm erkennt nach dieser Auffassung aufgrund ihres Wortlauts ausdrücklich eine gemeinschaftliche Kompetenz im Umweltaußenbereich an.

Nach einer anderen Meinung besitzt diese Vorschrift lediglich eine deklaratorische Wirkung.[438] Dies kommt in Satz 1: „(...) im Rahmen ihrer jeweiligen Befugnisse (...)" zum Ausdruck, der auf einen rein bestätigenden Inhalt der Norm deutet. Die Kompetenz soll, wegen des Verweises auf die bestehenden Gemeinschaftsbefugnisse, direkt aus Art. 175 EGV folgen. Diese Auffassung vermag zu überzeugen, denn aufgrund der durch die AETR-Rechtsprechung[439] des EuGH postitulierten Parallelitäten von Innen- und Außenkompetenz war es den Mitgliedstaaten bei der Abfassung der EEA bewusst, dass Art. 130s (jetzt Art. 175 EGV) auch Außenbefugnisse verleiht.[440] Der eigentliche Sinn der

434 Zum grenzüberschreitenden Charakter *Simonis/von Weizsäcker*, EA 1990, S. 3.

435 EuGH Slg. 1976, S. 1279 (1310) – verb. Rs. 3,4 u. 6/76 „Kramer".

436 Vor der Neuformulierung der Vorschriften durch den Maastrichter Unionsvertrag befand sich diese Regelung im Abs. 5 desselben Artikels.

437 *Palme*, Nationale Umweltpolitik, S. 57.

438 *Zuleeg*, NVwZ 1987, S. 283.

439 EuGH Slg. 1971, S. 263 ff. – Rs. 22/70.

440 *Schröer*, Die Kompetenzverteilung, S. 276.

Wiederholung in Satz 2 liegt lediglich im Verweis auf das Verfahren des Art. 300 EGV.

2. Kompetenzverteilung zwischen Gemeinschaft und Mitgliedstaaten

Grundsätzlich gilt im Gemeinschaftsrecht das Prinzip der begrenzten Einzelermächtigung. Die Gemeinschaft besitzt danach nur auf den Gebieten die Zuständigkeit, die ausdrücklich oder stillschweigend im Vertrag auf sie übertragen wurden. Legt man den Wortlaut des Art. 174 Abs. 4 UAbs. 2 EGV zugrunde, scheint es, dass der Gemeinschaft und ihren Mitgliedstaaten auf dem Gebiet des Umweltrechts parallele Befugnisse zum Abschluss internationaler Vereinbarungen in dem Bereich des Umweltschutzes zustehen. Diese weite Interpretation würde im Ergebnis dazu führen, dass die Mitgliedstaaten sowohl im Rahmen der Gemeinschaft als auch in eigener Zuständigkeit völkerrechtliche Umweltschutzabkommen abschließen können und sie berechtigt sind, trotz einschlägiger Abkommen auf Gemeinschaftsebene noch weitergehendere Abschlüsse mit Drittländern zu vereinbaren.[441]

Diese Auslegung würde allerdings der heutigen Gemeinschaftspraxis, wie sie vom EuGH in seiner AETR-Entscheidung für den Sektor der Außenkompetenzen entwickelt wurde, widersprechen. Angesichts der im Urteil festgestellten innergemeinschaftlichen Parallelität von Innen- und Außenkompetenzen würde für den Bereich der Umweltpolitik ein Nebeneinander von gemeinschaftlichen und mitgliedstaatlichen Zuständigkeiten zu Lasten der Gemeinschaft gehen.[442]

Die Regierungskonferenz fügte außerdem der Schlussakte zur EEA eine Erklärung bei, in der sie zum Ausdruck brachte, dass Art. 130r Abs. 4 UAbs. 2 EGV die sich aus dem AETR-Urteil des Gerichtshofes ergebenden Grundsätze unberührt lässt. Den gleichen Wortlaut hat nun die 10. Erklärung in der Schlussakte zum EU-Vertrag. Streitig ist lediglich, ob diese ein Bestandteil des Vertrages ist oder nur eine Hilfe für die Auslegung darstellt.[443] Im Folgenden sollen deshalb die Grundsätze der AETR-Entscheidung des EuGH hinsichtlich der Kompetenzverteilung dargestellt werden.

441 Vgl. *Middeke*, Nationaler Umweltschutz, S. 369 f.

442 *Glaesner*, EuR 1986, S. 141.

443 Vgl. *Langeheine*, EuR 1988, S. 238 f.

a) Die AETR-Rechtsprechung

Im AETR-Urteil[444] ging es um die Frage, wer die Kompetenz für den Abschluss völkerrechtlicher Verträge, hier des Europäischen Übereinkommens über die Arbeit der im internationalen Straßenverkehr beschäftigten Fahrzeugbesatzungen (AETR), besitzt. Der EWG-Vertrag enthielt, abgesehen von besonderen Einzelermächtigungen, wie beispielsweise Art. 113, 228 ff., 238 (jetzt Art. 133, 300 ff., 310 EGV), keine speziellen Kompetenzzuweisungen der Gemeinschaft zum Abschluss völkerrechtlicher Verpflichtungen. Deshalb hatte der EuGH unter Hinweis auf das allgemeine Gemeinschaftssystem im Bereich der auswärtigen Beziehungen generell entschieden, dass innergemeinschaftliche Zuständigkeiten kongruente Befugnisse für den Außenbereich implizieren. Voraussetzung hierfür ist, dass die EG in dem Bereich, der Gegenstand der völkerrechtlichen Vereinbarung ist, gemeinsame, für alle Mitgliedstaaten geltende Vorschriften erlassen hat. Unter Heranziehung der Implied-Powers-Lehre erwächst damit der Gemeinschaft mit der Ausübung ihrer Kompetenz im Innenbereich eine Zuständigkeit für die entsprechenden auswärtigen Angelegenheiten. Für den Fall, dass die EG ihre interne Gemeinschaftszuständigkeit wahrgenommen hat, entsteht für die Mitgliedstaaten im Außenbereich ein Hindernis für entsprechende eigene Abschlüsse.[445]

Diese Grundsätze hat der EuGH in späteren Entscheidungen fortgeführt. In dem Urteil „Kramer“[446] bestätigte er die Zuständigkeit der Gemeinschaft für Außenbeziehungen, nicht nur aufgrund ausdrücklicher Zuweisung im EWG-Vertrag, sondern auch konkludent aus anderen Vorschriften des Vertrages, der Beitrittsakte oder aus Rechtsakten der Gemeinschaft. Die auswärtigen Beziehungen der Gemeinschaft reichen als Ergänzung der internen Regelungsbefugnisse soweit, wie dies zur effektiven Verwirklichung der inneren Angelegenheiten notwendig ist.[447]

Weiter ausgebaut wurde diese Judikatur in einem Gutachten über die Vereinbarkeit des Europäischen Stilllegungsfonds für die Binnenschifffahrt[448]. Der EuGH führte darin aus, dass die Gemeinschaft noch nicht von ihrer Innenkompetenz Gebrauch gemacht haben muss, um die entsprechenden Befugnisse im Außenbereich wahrnehmen zu können. Für den Abschluss völkerrechtlicher Vereinbarungen durch die Gemeinschaft sei es allein ausreichend, dass eines der Gemeinschaftsziele erreicht werden solle.[449] Im Ergebnis genügt die Befugnis

---

444 EuGH Slg. 1971, S. 263 ff. – Rs. 22/70.
445 *Palme*, Nationale Umweltpolitik in der EG, S. 58.
446 EuGH Slg. 1976, S. 1279ff. – verb. Rs. 3, 4 u. 6/76.
447 *Middeke*, Nationaler Umweltschutz, S. 372.
448 EuGH Slg. 1977, S. 741 ff. – Gutachten 1/76.
449 EuGH Slg. 1977, S. 741 (756).

zur internen Rechtsetzung, damit die EG auch die Abschlusskompetenz im Außenbereich besitzt.

In jüngeren Entscheidungen hat der EuGH eine behutsame Wandlung seiner früheren Rechtsprechung vorgenommen. In den Gutachten 1/94 (WTO)[450] und 2/92 (OECD)[451] verlangt der Gerichtshof für das Bestehen der stillschweigend mitgeschriebenen Außenkompetenz, dass die EG bereits durch einen Rechtsakt von ihrer Innenkompetenz Gebrauch gemacht hat. Eine Ausnahme gelte nur für den Fall, dass der Vertragsabschluss durch die EG unabdingbar für die Wahrnehmung der Binnenkompetenz sei.

b) *Ausschließliche oder konkurrierende Außenkompetenz?*

Aufgrund des Prinzips der begrenzten Einzelermächtigung bleiben grundsätzlich die Mitgliedstaaten für die Außenbeziehungen zuständig. Aufgrund der AETR-Doktrin und ihrer Folgerechtsprechung ergibt sich im Einzelnen jedoch ein kompliziertes Konzept der Außenkompetenzverteilung. Weil die Gemeinschaft für jene Bereiche zuständig ist, in denen ihr auch Binnenkompetenzen zustehen und sie bereits Rechtsakte erlassen hat, besitzt sie weit reichende Kompetenzen in der Außenhandelspolitik. Nach der Implied-Powers-Doktrin und der AETR-Rechtsprechung steht der EG in diesen Bereichen auch die Befugnis zum Abschluss völkerrechtlicher Verträge zu.[452]

Liegt eine Kompetenz der EG für den Abschluss internationaler Verträge vor, stellt sich weiterhin die Frage, ob hieraus eine ausschließliche Außenbefugnis der Gemeinschaft folgt. Dies wird selbst für den Bereich ausschließlicher Binnenkompetenzen nicht immer anzunehmen sein.[453] Im Rahmen der vergemeinschafteten Handelspolitik ist zweifellos nur noch die Gemeinschaft berechtigt, Völkerrechtsverträge mit Drittstaaten abzuschließen. Im Übrigen kommt aber eine konkurrierende Zuständigkeit zwischen Mitgliedstaaten und Gemeinschaft in Betracht. Solange die EG von ihrer Vertragsschließungskompetenz keinen Gebrauch gemacht hat, sind die Mitgliedstaaten weiterhin berechtigt, derartige Verträge abzuschließen. Dieses Ergebnis kann insbesondere auf den Umweltschutz übertragen werden, weil sonst die Vorschrift des Art. 174 Abs. 4 UAbs. 2 EGV bedeutungslos wäre.[454] Jedenfalls ist von parallelen Außenbefugnissen auszugehen, wenn der EG im Vertrag keine ausschließliche Binnen-

450 EuGH Slg. 1994, S. I-5267 ff.
451 EuGH Slg. 1995, S. I-521 ff.
452 *Oppermann*, Europarecht, Rdnr. 527.
453 *Oppermann*, Europarecht, Rdnr. 1705 ff.
454 *Kahl*, Umweltprinzip und Gemeinschaftsrecht, S. 45.

kompetenz verliehen wird. Hier sind die Mitgliedstaaten dauerhaft neben der EG zum Abschluss internationaler Abkommen berechtigt.

Häufig ist die Frage der Zuständigkeit im Außenbereich zwischen der Gemeinschaft und den Mitgliedstaaten strittig. In der Praxis wird diesen Streitigkeiten durch den Abschluss sog. „gemischter Abkommen" begegnet. Diese Verträge werden gemeinsam sowohl von der EG als auch von den Mitgliedstaaten unterzeichnet. Sie sind eigentlich für den Fall reserviert, dass die Regelungsmaterie gleichzeitig Kompetenzbereiche der EG und der Mitgliedstaaten enthält. So handelt es sich bei der Schlussakte von Marrakesch zur Gründung der WTO aus EG-Perspektive um ein gemischtes Abkommen.[455] In einem Gutachten ist der EuGH der Frage der Kompetenzverteilung für den Abschluss des Vertragswerkes nachgegangen.[456] Beurteilt wurde unter anderem auch das SPS-Abkommen. Gemäß dem Gutachten ist für dieses Übereinkommen allein die Gemeinschaft abschlussberechtigt. Die Kompetenz folgt allerdings nicht wie vom Rat dargelegt aus Art. 37 EGV, sondern allein aus Art. 133 EGV.[457] Gestützt wird dieses Ergebnis auf den inhaltlichen Zweck der Regelungen. Ziel ist die Verringerung negativer Auswirkungen auf den Handel im Wege der Entwicklung, Annahme und Durchsetzung gesundheitspolizeilicher und pflanzenschutzrechtlicher Maßnahmen. Auch hinsichtlich des TBT-Abkommens besteht kein gemeinsames Beteiligungserfordernis. Die EG ist gem. Art. 133 EGV allein zuständig, weil es um den Abbau technischer Hemmnisse zugunsten der Förderung des internationalen Handels geht.[458] Deshalb waren diese Übereinkommen nicht Gegenstand des deutschen Ratifizierungsgesetzes vom 30. August 1994. Hinsichtlich des TRIPS-Abkommens ist die Abschlusskompetenz dagegen zwischen EG und ihren Mitgliedstaaten geteilt (siehe jetzt aber Art. 133 Abs. 5 ff. EGV).

3. *Wirkung auf Altverträge der Mitgliedstaaten*

Problematisch wird es, wenn die Gemeinschaft internationale Verträge abschließt, gleichzeitig aber Altverträge der Mitgliedstaaten mit diesen Drittländern auf demselben Gebiet bestehen. Auf der einen Seite sind die Mitgliedstaaten gem. Art. 26 WVK an ihre völkerrechtlichen Verträge gebunden, aber auf der anderen Seite beanspruchen nach Art. 300 Abs. 7 EGV auch die von der Gemeinschaft abgeschlossenen Vereinbarungen hinsichtlich der Mitgliedstaaten Geltung.

---

455 ABl. EG Nr. L 336, S. 3 ff.
456 EuGH Slg. 1994, S. I-5267 ff. – Gutachten 1/94 „WTO".
457 EuGH, a.a.O., S. 5398, Rdnr. 31.
458 EuGH, a.a.O., S. 5398 f., Rdnr. 33 f.

Für den Fall, dass es sich um ein internationales Abkommen zwischen einzelnen Mitgliedstaaten handelt, gilt die Regel, dass der Vertrag seine Gültigkeit verliert, soweit er gegen gültiges Gemeinschaftsrecht, gleich welchen Ranges, verstößt.[459]

Anders stellt sich die Ausgangslage dar, wenn ein Mitgliedstaat mit einem Drittstaat eine Umweltvereinbarung getroffen hat, noch bevor die Gemeinschaft mit demselben Drittland einen Vertrag über den gleichen Regelungsbereich abgeschlossen hat. Einschlägige Kollisionsnorm ist für diesen Fall Art. 30 Abs. 3 WVK. Danach besitzt der Altvertrag nur insoweit Gültigkeit, als seine Regelungen mit dem jüngeren Vertrag vereinbar sind. Ansonsten geht der jüngere Vertrag nach der allgemeinen zeitlichen Kollisionsregel dem älteren vor. Dafür ist es allerdings grundsätzlich erforderlich, dass der völkerrechtliche Vertrag noch in Kraft ist und die Parteien des alten Abkommens auch die neuen Vertragsparteien sind.

Besteht hingegen eine Kollision zwischen dem Altvertrag und dem EG-Vertrag sind in Verhandlungen mit den Vertragspartnern die Unvereinbarkeiten zu beseitigen. Diese Verhandlungen werden von dem Mitgliedstaat oder bei ausschließlicher Kompetenz von der EG geführt.[460]

II. Einzelstaatliche Umweltabkommen aufgrund Art. 176 EGV

Fraglich ist, ob die Schutzverstärkerklausel des Art. 176 EGV auch dann Anwendung findet, wenn die Gemeinschaft internationale Umweltschutzabkommen vereinbart hat, die Mitgliedstaaten aber trotzdem strengere Maßnahmen treffen möchten.

1. Anwendbarkeit des Art. 176 EGV

Dem könnte entgegenstehen, dass die Mitgliedstaaten gem. Art. 300 Abs. 7 EGV ebenfalls an die von der Gemeinschaft geschlossenen Übereinkommen gebunden sind. Art. 300 Abs. 7 EGV könnte jedoch durch Art. 176 EGV modifiziert werden, wenn diese Norm auch im Bereich der Umweltaußenpolitik Anwendung findet. Dies ist der Fall für Maßnahmen, die auf Art. 175 EGV beruhen. Wie oben gezeigt wurde, ist Art. 175 EGV aber nicht nur Kompetenzgrundlage für die innergemeinschaftlichen Rechtsakte, sondern ebenfalls für die aus-

459 EuGH Slg. 1981, S. 2997 (3017) – verb. Rs. 180 u. 266/80 in st. Rspr.
460 *Vedder*, in: Grabitz/Hilf (Hrsg.), EUV/EGV Kommentar, Art. 234 Rdnr. 7.

wärtigen Befugnisse. Auch der Erstreckung von Art. 176 EGV auf völkerrechtliche Umweltschutzverträge steht nach dem Wortlaut dieser Vorschrift nichts entgegen.[461]

Durch die Aufnahme des Zieles der Förderung von umweltpolitischen Maßnahmen auf internationaler Ebene in Art. 174 Abs. 1 EGV zeigt sich nunmehr ausdrücklich dieser internationale Kontext, in dem die Normen der Art. 174 ff. EGV stehen.[462] Damit kommt die Möglichkeit des nationalen Alleingangs gem. Art. 176 EGV grundsätzlich auch bei völkerrechtlichen Vereinbarungen in Betracht. Zu untersuchen bleibt, unter welchen Voraussetzungen die Mitgliedstaaten von der Schutzverstärkerklausel Gebrauch machen können.

2. *Voraussetzungen für strengere nationale Umweltmaßnahmen*

Streitig ist, in welcher Weise die strengeren nationalen Vorschriften zustande kommen können. Zum Teil wird vertreten, dass die Mitgliedstaaten einseitig schärfere Maßnahmen als in den internationalen Vereinbarungen vorgesehen, erlassen können.[463] Richtigerweise ist jedoch davon auszugehen, dass die Mitgliedstaaten nach bi- oder multilateralen Verhandlungen in ihren Abkommen mit den Vertragsparteien, die auch schon mit der EG Verträge geschlossen haben, noch strengere Anforderungen aushandeln können.[464] Um dies zu vermeiden, kann die Kommission auf gemischte Abkommen zurückgreifen.[465]

Hinsichtlich der Voraussetzungen für schärfere Umweltmaßnahmen gelten die obigen Ausführungen zu Art. 176 EGV. Auch das Übereinkommen der Mitgliedstaaten mit dem Drittland oder der internationalen Organisation unterliegt der Anforderung, dass eine Vereinbarkeit mit dem EG-Vertrag vorliegt, keine Diskriminierung eintritt und die Maßnahme keine verschleierte Handelsbeschränkung darstellt.[466]

461 *Schröer*, Die Kompetenzverteilung, S. 284.
462 *Middeke*, Nationaler Umweltschutz, S. 378.
463 *Palme*, Nationale Umweltpolitik, S. 60.
464 *Middeke*, Nationaler Umweltschutz, S. 379.
465 Vgl. hierzu *Schröer*, Die Kompetenzverteilung, S. 285 f.
466 EuGH, EuZW 1993, S. 515 ff. – Rs. C-207/91 „Eurim Pharm".

F. Zusammenfassung des europarechtlichen Teils

Die Europäische Gemeinschaft hat zwar spät, aber in zunehmendem Maße die Bedeutung des Umweltschutzes für die Lebensqualität und Existenz von Menschen, Tieren und Pflanzen erkannt. Sie hat dieser herausragenden Stellung in verschiedenen primär- und sekundärrechtlichen Bestimmungen Rechnung getragen. Auch der EuGH hat in seiner Rechtsprechung die Anforderungen des Umweltschutz berücksichtigt und den Umweltschutz in den Rang eines Gemeinschaftsziels erhoben,[467] noch bevor der Titel „Umwelt" durch die EEA in den EWG-Vertrag aufgenommen wurde.

Den Mitgliedstaaten ist aus den Gründen des Art. 30 S. 1 EGV („öffentliche Gesundheit") oder des Umweltschutzes als „zwingendes Erfordernis" der Cassis-Rechtsprechung erlaubt, den Grundsatz der Warenverkehrsfreiheit im EG-Binnenmarkt aus Art. 28 EGV einzuschränken. Hierbei kann es sich um nationale produktbezogene Regelungen handeln, die als Maßnahmen gleicher Wirkung wie mengenmäßige Beschränkungen eigentlich dem Verbot des Art. 28 EGV zuwiderlaufen würden. Die produktionsbezogenen Regelungen wirken sich dagegen auf die heimische Industrie aus und fallen somit in den Anwendungsbereich des Art. 34 EGV.

Der Begriff des „Umweltschutzes" wird in der eng auszulegenden Ausnahmevorschrift des Art. 30 S. 1 EGV nicht erwähnt. Mit der Anerkennung des Umweltschutzes als wichtigem Allgemeinwohlbelang durch den EuGH ist es den Mitgliedstaaten nun aber möglich, ihre nationalen Umweltschutzbestimmungen aufrechtzuerhalten.[468] Entscheidend ist jedoch bei der Prüfung, dass die einzelstaatliche Vorschrift verhältnismäßig ist.

Die Gemeinschaft kann auf der Grundlage der Art. 95 Abs. 1 und Art. 175 EGV Sekundärrecht erlassen und hat dies bereits in vielen Bereichen zum Schutz der einzelnen Umweltmedien ausgiebig genutzt. Angesichts des unterschiedlich ausgeprägten Umweltbewußtseins in der Bevölkerung und der Politik der einzelnen Mitgliedstaaten findet häufig nur eine Einigung im Rat auf den „kleinsten Nenner" statt. Wenn die Gemeinschaft zum Instrument der Richtlinie greift, kommt es zudem in vielen Mitgliedstaaten oft zu Verzögerungen und Verschleppungen bei deren Umsetzung in nationales Recht.

Für die Mitgliedstaaten, die eine Vorreiterrolle im Umweltschutz spielen, sieht der EG-Vertrag – innergemeinschaftlich sowie auch für internationale Abkommen – in Art. 95 Abs. 4, Abs. 5 sowie Art. 176 EGV die Möglichkeit vor, aufgrund nationaler Alleingänge strengere Umweltschutzmaßnahmen zu erlassen bzw. aufrechtzuerhalten. Damit gibt das Gemeinschaftsrecht den Mitglied-

467 EuGH Slg. 1985, S. 531 ff. – Rs. 240/83 „ADBHU".
468 EuGH Slg. 1988, S. 4607 ff. – Rs. 302/86 „Dänische Pfandflaschen".

staaten die Gelegenheit, entsprechend ihrer technischen Fähigkeiten flexibel einen höheren Umweltschutz zu gewährleisten. Damit wird zugleich auch dem Subsidiaritätsprinzip ausreichend Rechnung getragen.

Die Regelungen des Gemeinschaftsrechts bieten somit die Möglichkeit, ausreichend den Umweltherausforderungen sowohl vonseiten der Gemeinschaft als auch vonseiten der Mitgliedstaaten zu begegnen. Die Schwierigkeiten bezüglich der Effektivität der Bestimmungen für den Umweltschutz resultieren in erster Linie aus der unterschiedlichen Bewertung der ökologischen Anforderungen durch die Mitgliedstaaten. Es kann infolge nationaler Alleingänge mit strengeren Umweltschutzanforderungen einerseits sowie der Ausnahmemöglichkeit von hohen EG-Standards in Art. 175 Abs. 5 EGV andererseits sogar zu einem „Europa der drei Geschwindigkeiten" in demselben Bereich kommen.[469]

Entscheidend für den Erfolg der Umweltschutzbemühungen wird letztlich die Integration des Umweltschutzes in die anderen Politiken der Gemeinschaft sein sowie die Stellung, die man dem Umweltschutz bei den Zielen der EG künftig einräumt. In Zeiten geringen Wirtschaftswachstums und hoher Arbeitslosigkeit haben es die Anforderungen des Umweltschutzes jedoch schwer, in der Politik ausreichend Gehör zu finden. So zog erst Anfang Juli 2005 der EG-Umweltkommissar *Stavros Dimas* auf Druck von Kommissionspräsident *José Manuel Barroso* Vorschläge zur Verbesserung der Luftqualität und zum Schutz der Meere zurück. Dabei soll das Kosten-Nutzen-Verhältnis der Vorschläge künftig so justiert werden, dass keine Belastungen für die Wirtschaft und das Wachstum bestehen.[470]

469 *Epiney/Furrer*, EuR 1992, S. 407.

470 So *Günter Verheugen*, Vizepräsident und Kommissar für Industrie- und Unternehmenspolitik, zit. nach Stuttgarter Zeitung vom 22. Juli 2005, S. 14.

Zweiter Teil
Der Umweltschutz im Rahmen der Welthandelsorganisation

A. Einleitung

Neben der Frage, welche internationalen Organisationen aufgrund ihres Aufgabenspektrums zur Konzipierung einer internationalen Ordnung des Umweltschutzes verpflichtet sind, ist gleichfalls von Bedeutung, welche Organisationen durch ihre Verfahren in der Lage sind, Wege internationaler Kooperation im Umweltschutzbereich zu eröffnen und umzusetzen.[471] So hat sich die Welthandelsorganisation im Rahmen des Warenverkehrs immer wieder mit dem Argument des Umweltschutzes auseinanderzusetzen. WTO-Staaten können aus umweltschutzpolitischen Motiven nationale Handelsmaßnahmen ergreifen, die zugleich den freien Warenverkehr einschränken. Umweltpolitische Erwägungen eignen sich besonders zur Verschleierung protektionistischer Ziele und rücken deshalb zunehmend ins Blickfeld internationaler Liberalisierungsbemühungen. Ob hier tatsächlich legitime Schutzargumente im Vordergrund stehen oder protektionistische Absichten verschleiert werden sollen, ist von der WTO im Rahmen ihres Streitschlichtungsverfahrens zu klären. Damit besitzt die WTO im Bereich des Umweltschutzes das Instrumentarium, um ihre Ansicht zu Reichweite und Umfang des Schutzziels im Verhältnis zur Handelsliberalisierung gegenüber ihren Mitgliedstaaten durchzusetzen.[472] Statt des „Rechts des Stärkeren", beginnt sich zunehmend die „Stärke des Rechts" durchzusetzen. Zwar besitzt die WTO keine Kompetenz zum Erlass umweltpolitischer Maßnahmen; Umweltschutz kann im Rahmen der WTO möglicherweise aber als Argument zur Aufrechterhaltung oder Einführung nationaler, handelsbeschränkender Maßnahmen verwendet werden.

Die Umwelt im Sinne der Biosphäre als Gesamtheit der einzelnen Ökosysteme (Menschen, Tiere, Pflanzen, Boden, Wasser, Luft, Klima, Landschaft

---

471 *Dicke*, Effizienz und Effektivität internationaler Organisationen, S. 329.

472 Der Text des „Final Act Embodying the Results of the Uruguay Round of Multilateral Trade Negotiations" ist u.a abgedruckt in *WTO*, The Legal Texts; der unverbindliche deutsche Wortlaut befindet sich in ABl. EG 1994 Nr. L 336, S. 1 ff.; zum WTO-Recht und zur Welthandelsordnung siehe ausführlich *Senti*, WTO. System und Funktionsweise der Welthandelsordnung, 2000; *Stoll/Schorkopf*, WTO – Welthandelsordnung und Welthandelsrecht, 2002; *Weiß/Herrmann*, Welthandelsrecht, 2003; *Hilf/Oeter*, WTO-Recht. Rechtsordnung des Welthandels, 2005.

etc.)[473] wird im GATT nicht ausdrücklich erwähnt. Lediglich bestimmte Umweltgüter wie Menschen, Tiere, Pflanzen und erschöpfliche Naturschätze können durch nationale Maßnahmen gem. Art. XX (b) und (g) GATT geschützt werden. Eine Verschmutzung der Umwelt kann dadurch aber nicht sanktioniert oder verhindert werden.

In der Geburtsstunde des GATT im Jahre 1947 spielte der Umweltschutz auf der Weltbüne nur eine untergeordnete Rolle. Die Auswirkungen einer Verschmutzung auf die Umwelt und Gesundheit der Menschen wurden noch nicht in dem Maße wie heute erkannt. Dies spiegelt sich zwangsläufig in den rudimentären Bestimmungen zu diesem Problemkreis wider.

Weder die Verhandlungsrunden zwischen 1947 und 1986 noch die Uruguay-Runde brachten wesentliche Veränderungen für die Umweltbelange im GATT. So sah man sich kurz vor Abschluss der Uruguay-Runde lediglich dazu veranlasst, in die Präambel zum WTO-Gründungsübereinkommen die Erkenntnis hinzuzufügen, dass die auf Wohlfahrtssteigerung gerichteten Handel- und Wirtschaftsbeziehungen gleichzeitig die optimale Nutzung der Ressourcen der Welt im Einklang mit dem Ziel einer nachhaltige Entwicklung ermöglichen sollen. Weiterhin wurde das Bestreben hinzugefügt, den Schutz und die Erhaltung der Umwelt und gleichzeitig die Steigerung der hierfür erforderlichen Mittel zu erreichen. Über diese Prinzipien hinaus, zeigen sich die WTO-Übereinkommen nahezu „blind“ für umweltschutzrechtliche Belange. Nicht einmal die Ausnahmebestimmung des Art. XX GATT, welche unter den Buchstaben a) bis j) einen Katalog von Bereichen vorsieht, zu deren Schutz handelsbeschränkende Maßnahmen ergriffen werden können, sieht ausdrücklich den Schutz der Umwelt vor. Lediglich in einigen Nebenabkommen ist an versteckter Stelle ausdrücklich der Umweltschutz erwähnt. So sind staatliche Beihilfen gem. Art. 8.2 (c) des Übereinkommens über Subventionen und Ausgleichsmaßnahmen nicht angreifbar, wenn sie der Erhöhung von Umweltstandards durch Gesetz oder Verordnung dienen, weil Kosten für Unternehmer ausgeglichen werden, die aufgrund von Umrüstungen bestehender Anlagen entstehen. Nach Art. 6.1 i.V.m. Anhang 2: Ziff. 12 des Übereinkommens über die Landwirtschaft sind Stützungsmaßnahmen der Vertragsparteien ausnahmsweise erlaubt, wenn sie im Rahmen von Umweltschutzprogrammen geleistet werden[474].

Auch wenn sich das WTO-Recht nicht ausdrücklich zum Umweltschutz bekennt, so spielt der Umweltschutz bei der Auslegung des WTO-Rechts eine zunehmend größere Rolle.[475] Gegenstand dieses Kapitels ist es, die Schnittstel-

473 Zum Umweltbegriff *Skala*, Internationale technische Regeln und Standards zum Umweltschutz, S. 43.

474 *Diem*, Freihandel und Umweltschutz in GATT und WTO, S. 53 f.

475 Vgl. aus der Literatur etwa *Helm*, Sind Freihandel und Umweltschutz vereinbar?, 1995; *Diem*, Freihandel und Umweltschutz in GATT und WTO, 1996; *Altemöller*, Handel und

len zwischen Umweltschutz und Freihandel herauszuarbeiten und mögliche Konflikte einer tragfähigen Lösung zuzuführen, die den Interessen beider Belange gerecht wird. Im ersten Abschnitt werden die grundlegenden Theorien vorgestellt, auf deren Grundlage die Annahme gestützt wird, ob und inwiefern der Freihandel in Widerspruch zu den Umweltschutzinteressen der Mitgliedstaaten steht. Der zweite Abschnitt befasst sich mit den Bestimmungen im Regelwerk der WTO, die eine Einschränkung des Freihandels zugunsten des Umweltschutzes zulassen. Der dritte Abschnitt widmet sich schließlich der Frage, ob und in welcher Art die Verknüpfung von Multilateral Environment Agreements (MEAs) mit dem WTO-Recht eine Lösung darstellt, um eine bessere Umsetzung und Durchsetzung von Umweltschutzinteressen innerhalb der WTO zu erzielen. Dabei werden die Vorschläge diskutiert, welche die Mitgliedstaaten dem Committee on Trade and Environment (CTE) unterbreitet haben, um mögliche Spannungen und Widersprüche zwischen multilateralen Umweltkonventionen und WTO-Recht interessengerecht aufzulösen.

B. Kohärenzbedürfnis zwischen Umweltschutz und Freihandel aus Sicht der WTO

Eventuelle Konflikte zwischen nationalem oder multilateralem Umweltschutz und Freihandel können nicht losgelöst von der Frage thematisiert werden, ob und inwiefern der jeweilige Entwicklungsstand eines Mitgliedstaates die nationale Umweltschutzpolitik eines Mitgliedstaates beeinflusst und welche Konsequenzen sich hieraus mit Blick auf die Bestrebungen zu einer Verbesserung des globalen Umweltschutzes ergeben. Die Wechselwirkung zwischen dem Entwicklungsstand und der Umweltschutzpolitik eines Staates spiegelt sich in der sog. Kuznet-Kurve wider. Nach der Kuznet-Kurve beeinflusst der jeweilige Entwicklungsstand eines Landes auch wesentlich die nationale Umweltpolitik. Danach sind Umweltbelastungen in industriell unterentwickelten Mitgliedstaaten zunächst relativ gering, weil es mangels Industrialisierung auch keine umweltschädigenden Industriesektoren gibt. Im gleichen Verhältnis wie die Industrialisierung dieses unterentwickelten Landes zunimmt, nimmt als weitere Folge auch die Umweltbelastung expotenzial zu. Der Grund für diese Fehlentwicklung liegt darin, dass der Industrie in der wirtschaftlichen Aufschwungphase zunächst die finanziellen Mittel für den Aufbau umweltschonender Technologien feh-

Umwelt im Recht der Welthandelsorganisation WTO, 1998; *Schimmelpfennig*, Eine umweltpolitische Reform des WTO-Systems?, 2005.

len.[476] Sobald ein Mitgliedstaat die industrielle Aufschwungphase überwunden hat und das Wirtschaftswachstum weiterhin zunimmt, schafft die erhöhte Wirtschaftsleistung auch die zusätzlichen finanziellen Mittel heran, damit Verbesserungen im Umweltsektor finanziert werden können.[477] In dieser Phase führt der freie Handel nicht nur zu einem Wirtschaftswachstum, sondern gleichzeitig auch zu einer Verbesserung des Umweltschutzes. Das heißt, die Liberalisierung des Welthandels führt zu einer weltweiten Wohlstandsmaximierung, welche ihrerseits das Kapital zur Verfügung stellt, um die Umweltschutzmaßnahmen zu verbessern.[478] Von dieser Tendenz, die als positiver Skaleneffekt bezeichnet wird,[479] ging offensichtlich auch das WTO-Sekretariat in seiner 1992 veröffentlichten Studie „Trade and Environment"[480] aus, als es folgende Feststellungen traf:

— Wirtschaftliches Wachstum schädigt nicht nur die Umwelt, sondern schafft die unentbehrlichen Voraussetzungen für effektiven Umweltschutz.

— Effektiver Umweltschutz ist kein bedeutender Kostenfaktor bzw. Wettbewerbsnachteil, sondern unterstützt vielfach die wirtschaftliche Entwicklung.

— Entscheidend für einen effektiven Umweltschutz sind eine gute Staatsführung und ein gehobenes Bildungsniveau, die wiederum auf wirtschaftliches Wachstum angewiesen sind.

Entsprechend der WTO-Studie von *Nordström* und *Vaughan*[481] verwandelt sich die U-förmige Kuznet-Kurve jedoch zunehmend in eine N-Kurve, wenn das Wirtschaftswachstum eines Mitgliedstaates soweit steigt, dass die Bedürfnisse

---

476 *Nordström/Vaughan*, Trade and Environment 1, World Trade Organization Special Studies 4, S. 49.

477 Weiterhin ist zu bedenken, dass eine effiziente Nutzung der natürlichen Ressourcen nur erreicht werden kann, wenn sich die Mitgliedstaaten innerhalb des freien Wettbewerbs auf die Herstellung jener Produkte spezialisieren, die sie auch am besten und kostengünstigsten herstellen können. So könnte beispielsweise ohne die Subventionierung der deutschen Braunkohleindustrie der Import von Brennstoffen gefördert werden, die im Ausland billiger und umweltgerechter hergestellt werden können. *Jackson*, Wash. & Lee L. Rev. 1992, S. 1231.

478 *Oppermann* und *Beise* formulieren aus diesem positiven Skaleneffekt die Maxime „in dubio pro libertate commercii", in: RIW 2002, S. 273.

479 *Jones*, Economic Globalisation and the Environment: An Overview of the Linkages, in: OECD (Hrsg.), Globalization and the Environment, 1998.

480 Im Internet abrufbar unter http://www.wto.org/wto/new/environment.pdf.

481 *Nordström/Vaughan*, Trade and Environment 1, World Trade Organization Special Studies 4, S. 53; vgl. ebenfalls *Bowen*, GA. J. INT'l & COMP. L. 2000, S. 198 f.

einer Überflussgesellschaft bedient werden. In diesem Fall führt der Wirtschaftswachstum zu einer derartigen Erhöhung der Material- und Energieflüsse, dass die durch den Wohlstandszuwachs entstehenden Umweltkosten, insbesondere die zunehmende Müllentsorgung und der steigende Energieverbrauch, die industriell bedingte Verbesserung des Umweltschutzes überkompensiert. Die Kuznet-Kurve veranschaulicht, dass ein Wirtschaftswachstum allenfalls in bestimmten Entwicklungsphasen eines Mitgliedstaates auch mit einem möglichst weitgehenden Umweltschutz einhergeht.

Aus vorstehenden Gründen geht ein Wirtschaftswachstum nicht zwangsläufig mit einem verbesserten Umweltschutz einher, vielmehr können beide Entwicklungen konträr verlaufen und je nach Mitgliedstaat, einen unterschiedlichen nationalen Stellenwert erlangen. Vor dem Hintergrund, dass globale Umweltprobleme gerade nicht vor den Ländergrenzen halt machen („natural" oder „physical spillover"), bergen die daraus resultierenden Unterschiede bei den Umweltschutzstandards erhebliche Konfliktpotentiale auf der Welthandelsebene. Weiterhin ist zu berücksichtigen, dass weltweit agierende Konzerne einen Wettbewerbsvorteil daraus ziehen können, wenn sie aus Gründen der Kostenersparnis in Ländern mit niedrigeren Umweltstandards produzieren[482] („political" oder „economic spillover").[483] Die Handelsliberalisierung schafft daher bei den Unternehmen den Anreiz, Öko-Dumping zu betreiben, indem sie die Umweltkosten weitestgehend in Länder mit niedrigen Umweltstandards externalisieren und dadurch einen wesentlichen Teil ihre Produktionskosten reduzieren. Aus einer OECD-Studie aus dem Jahr 1991 geht beispielsweise hervor, dass die Leder- und Textilindustrie während des Untersuchungszeitraumes umweltbelastende Tätigkeiten bevorzugt in Niedriglohnländer mit niedrigeren Umweltstandards verlagert hatte.[484] Zum gleichen Resultat gelangte eine Studie der OECD aus dem Jahr 1993, der zufolge die Kunstdüngerindustrie umweltbelastende Bereiche, insbesondere die Gewinnung phosphathaltiger Ressourcen, in Entwicklungsländer mit geringeren Umweltstandards verlagert hatte.[485]

Die Industriestaaten können auf einen Öko-Dumping aus dem industriell unterentwickelten Ausland auf zweierlei Weise reagieren. Die eine Möglichkeit besteht darin, die Umweltstandards weltweit abzusenken („race-to-the-bottom"[486]). Viele Mitgliedstaaten werden sich in Ansehung der Gefahr, dass die im Inland ansässigen Unternehmen wegen umweltbedingter Wettbewerbs-

---

482 Vgl. dazu *Schoenbaum*, AJIL 1997, S. 280 f.

483 Vgl. hierzu *Ward*, International and Comparative Law Quaterly 1996, S. 608 ff.

484 *OECD*, Environmental Costs and Competitiveness, DSTI/IND, Paris, 22 October 1991.

485 Vgl. *Heerings*, The Role of Environmental Policies in Influencing Patterns of Investment of Transnational Corporations: Case Studie of the Phosphate Fertilizer Industry, in: OECD Documents, Environmental Policies and Industrial Competitiveness, S. 113.

486 *Revesz*, New York University Law Review 1992, S. 1219; vgl. dazu *Esty/Geradien*, JWT 1998, S. 16 ff.

vorteile ins Ausland abwandern könnten,[487] davor hüten, die Standortvorteile zu verschlechtern, indem sie die Umweltstandards weiter anheben.

Die andere Möglichkeit besteht darin, die heimische Industrie mit Handelsbeschränkungen gegen ein Öko-Dumping aus dem Ausland zu schützen und dadurch den Wettbewerbsnachteil, der zwangsläufig durch zu hohe Umweltauflagen für die inländische Industrie entsteht, zumindest auf dem Binnenmarkt zu neutralisieren.[488] Hierunter fallen insbesondere Importverbote oder Grenzabgaben auf Produkte, die durch umweltschädliche Herstellungsverfahren gewonnen wurden oder Kennzeichnungspflichten, die den Verbraucher über das umweltschädliche Herstellungsverfahren im Ausland oder über die umweltfreundliche Herstellung im Inland informieren.[489]

Die Vereinbarkeit solcher umweltpolitisch motivierter Handelsmaßnahmen mit dem WTO-Recht ist teilweise noch völlig unklar. Ein sog. „chilling effect" lässt sich durch die bestehende Rechtsunsicherheit über die WTO-Konformität von nationalen oder multilateralen Umweltschutzmaßnahmen nicht ausschließen. Das heißt, viele Staaten werden durch die zunehmende Verunsicherung darüber, welche Umweltmaßnahmen mit dem Regelwerk der WTO noch zu vereinbaren sind, lieber in vorauseilendem Gehorsam auf nationale und internationale Umweltschutzmaßnahmen verzichten. Aus diesem Grund besteht die zwingende Notwendigkeit, die Unsicherheit über die Vereinbarkeit von umweltpolitisch motivierten Handelsmaßnahmen mit dem WTO-Recht zu beseitigen und den Mitgliedstaaten eine klare Orientierungshilfe an die Hand zu geben, um eine WTO-konformen Umweltpolitik zu ermöglichen. Der nachfolgende Abschnitt widmet sich daher der Frage, welche handelspolitischen Maßnahmen von Seiten der Mitgliedstaaten zur Verbesserung des Umweltschutzes ergriffen werden können.

---

487 *Esty/Geradien*, JWT 1998, S. 7.

488 In der Literatur wird jedoch zu Recht darauf hingewiesen, dass solche Grenzabgaben meistens schon daran scheitern würden, dass nicht ausreichend Informationen über die umweltschädliche Herstellungsmethoden der importierten Güter vorliegen. Die Informationsbeschaffung wäre bereits mit derart hohen Kosten verbunden, dass sich ein solches Grenzabgabensystem bereits kostenmäßig nicht decken würde; vgl. *Stevens*, Synthesis Report: Environmental Policies and Industrial Competitiveness in: OECD Paper on Competitiveness, S. 44.

489 *Esty/Geradien*, JWT 1998, S. 29.

C. Handelsbeschränkungen zur Verbesserung des Umweltschutzes

In der Literatur wird verstärkt die Ansicht vertreten, dass eine Verbesserung des Umweltschutzes nicht durch Beschränkungen des Freihandels, sondern eher über einen wirtschaftlichen Anreiz geschaffen werden soll.[490] So weisen die USA[491] und die EU Entwicklungsländern eine bevorzugte Behandlung zu, soweit sie bestimmte Umweltstandards einhalten.[492] Diese Vorgehensweise wird als eine moderne Form des Öko-Imperialismus kritisiert, weil dadurch die reichen Industriestaaten den Entwicklungsländern die Einhaltung ihrer Umweltpolitik aufzwingen.[493] Abgesehen davon, dass die bevorzugte Behandlung allenfalls einen zusätzlichen Impuls für die Verbesserung des Umweltschutzes schaffen kann, nicht jedoch für eine endgültige Lösung der globalen Umweltprobleme taugt, wirft diese Lösungsalternative im Hinblick auf das Meistbegünstigungsprinzip eigene rechtliche Probleme auf,[494] die in diesem Abschnitt nicht weiter erläutert werden.

I. Öko-Dumping als Subventionierung

Eine Möglichkeit, Öko-Dumping aus dem Ausland zu verhindern, könnte zunächst darin bestehen, die komparativen Kostenvorteile, die für die Industrie durch niedrige Umweltstandards geschaffen werden, als eine verbotene Subventionierung zu behandeln. Solche indirekten Kostenvorteile stellen jedoch keine finanziellen Beihilfen der Regierung dar und können deshalb auch nicht unter den Subventionsbegriff des Art. 1 des Übereinkommens über Subventionen und

---

490 Vgl. *Stewart*, Yale L.J. 1993, S. 2093 f.

491 In den USA sah das Global Environmental Protection and Trade Equity Act eine bevorzugte Behandlung von Staaten im Sinne des U.S. Generalized System of Preferences (GSP) vor, wenn sie ein „effektives" Umweltschutzprogramm anbieten konnten. Dieses Gesetz ist 1993 durch das GSP Renewal and Reform Act ergänzt worden, wonach nur noch Staaten bevorzugt behandelt werden können, wenn sie international anerkannte Umweltstandards einhalten. H.R. 3625, 103d Cong., 1st Sess. 1993. Daneben sieht das Pelly Amendment aus dem Jahr 1971 unilateral durchzuführende Handelsanktionen gegenüber Staaten vor, die sich nicht an international vereinbarte Konventionen zum Schutze bedrohter Tierarten (beispielsweise CITES) halten. Hierzu ausführlich *Berger*, Columbia Journal of Environmental Law 1999, S. 392 ff.

492 Vgl. *Esty/Geradien*, JWT 1998, S. 26.

493 *Ward*, International and Comparative Law Quaterly 1996, S. 630.

494 *Hudec*, Minnesota Journal of Global Trade 1995, S. 5.

Ausgleichsmaßnahmen subsumiert werden.[495] Weiterhin wird in der Literatur die Auffassung vertreten, dass mit unzureichenden Umweltstandards produzierte Waren als Dumping-Waren behandelt werden sollen, indem sie Waren gleichgestellt werden, die unter ihren „wahren" Kosten hergestellt wurden.[496] Dadurch könnten die externen Umweltkosten internalisiert und das Preissystem dahingehend korrigiert werden, dass die „ökologische Wahrheit" gesagt wird. Hiermit würde der Umweltschädiger selbst die Belastung seiner Umweltverschmutzungen im Sinne des Verursacherprinzips tragen, indem er für deren Beseitigung bezahlt.[497] Das Antidumping-Übereinkommen berücksichtigt aber nur die tatsächlichen Kosten eines Produktes, nicht aber auch fiktive Kosten, die unter Beachtung angemessener Umweltstandards entstehen würden. Niedrige Umweltstandards können deshalb weder eine verbotene Subventionierung noch ein Verstoß gegen das Antidumping-Abkommen begründen.

II. Handelsmaßnahmen nach Art. III oder XI GATT zur Verhinderung von Umweltbeeinträchtigungen

Der Umweltschutz könnte jedoch durch Handelsmaßnahmen verbessert werden, die sich gegen die Umweltbeeinträchtigungen aus dem Ausland selbst richten. Die Reaktionen der WTO-Mitgliedstaaten auf solche Umweltbeeinträchtigungen lassen sich in drei verschiedene Kategorien untergliedern, deren Konfliktpotential mit dem WTO-Recht unterschiedlich stark ausgeprägt ist.

1. Unter die erste Kategorie fallen Handelsbeschränkungen, deren Schutzrichtung auf im Inland belegene Schutzgüter gerichtet ist. Hierunter fällt beispielsweise das Importverbot für hormonbehandeltes Rindfleisch.

2. Die zweite Kategorie befasst sich mit PPMs, das heißt mit handelsbeschränkenden Schutzmaßnahmen, die sich gegen bestimmte umweltschädigende Herstellungstechniken richten, die sich im Produkt selbst nicht niederschlagen. Hierunter fällt beispielsweise ein Importverbot von Papier, für dessen Herstellung ozonabbauende Bleichungsmittel verwendet wurden.

---

495 Hierzu *Hudec*, Minn. J. Global Trade 1996, S. 14 ff.

496 *Jakobs*, The Green Economy: Environment, Sustainable Development and the Politics of the Future, xv-xvii (1991).

497 Vgl. dazu *Altemöller*, Handel und Umwelt im Recht der Welthandelsorganisation WTO, S. 83.

3. Unter die dritte Kategorie fällt der Schutz von sog. Global Commons. Hierunter fällt beispielsweise der Schutz von vom Aussterben bedrohter Tierarten.

Alle drei Schutzgüter verdienen im nachfolgenden Abschnitt eine gesonderte Behandlung, zumal der Schutz aller drei Umweltgüter mit jeweils eigenen Rechtsproblemen behaftet ist.

1. Anwendungsbereich des Art. III Abs. 4 – Abgrenzung zu Art. XI GATT

Handelsbeschränkende Maßnahmen, die sich gegen Umweltbeeinträchtigungen aus dem Ausland richten, werden sich regelmäßig daran zu messen haben, ob sie mit Art. III Abs. 4 oder mit dem Regelungsbereich des Art. XI GATT zu vereinbaren sind. Art. III Abs. 4 GATT bestimmt unter welchen Voraussetzungen importierte Produkte gegenüber heimischen Produkten im Hinblick auf Vorschriften über den Verkauf, das Angebot, den Einkauf, die Beförderung, Verteilung oder Verwendung gleich zu behandeln sind oder ungünstigeren Rechtsfolgen ausgesetzt werden dürfen. Hierbei handelt es sich um eine Regelung, die sowohl offene, also an die Herkunft des Produktes anknüpfende Diskriminierungen (*De-jure*-Diskriminierung), als auch die versteckten Diskriminierungen (*De-facto*-Diskriminierung) verbietet.

Eine produktbezogene und nicht herkunftsbezogene Unterscheidung kann danach unzulässig sein, wenn das importierte Produkt durch die Regelung im Vergleich zu „gleichartigen" heimischen Produkt disproportional belastet wird. Im Vergleich dazu enthält Art. XI GATT ein grundsätzliches Verbot mengenmäßiger Beschränkungen. Darunter werden staatliche Maßnahmen verstanden, die den Import oder Export einer Ware auf eine bestimmte Menge begrenzen. Beide Bestimmungen unterscheiden sich in ihren Rechtswirkungen. Art. XI GATT sieht anders als Art. III Abs. 4 GATT nicht die Möglichkeit vor, „ungleiche" Waren auch „ungleich" zu behandeln, sondern stellt allein darauf ab, ob eine mengenmäßige Beschränkung des Im- oder Exports vorliegt. Soweit dies der Fall ist, ist die Maßnahme allein unter den erschwerten Bedingungen der Ausnahmebestimmung des Art. XX GATT zulässig. Dass ein und dieselbe Maßnahme in Abhängigkeit davon, welche der beiden Bestimmungen zur Anwendung kommt, einer unterschiedlichen rechtlichen Beurteilung unterworfen werden können, zeigt der Tuna I-Fall.

Das Panel befasst sich in der Entscheidung „Tuna I"[498] auf Grund einer Beschwerde Mexikos mit einem US-amerikanischen Importverbot von Thun-

498 *US – Restrictions on Imports of Tuna*, Report of the Panel, in: BISD 39S/155.

fisch. Grundlage dieses Importverbotes war der US-amerikanische Marine Mammal Protection Act von 1972, welcher ein Schutzprogramm für Meeressäuger aufstellte und in diesem Zusammenhang ein Verbot des Schleppnetzfanges von Thunfischen vorsah, um zu verhindern, dass andere Meeressäuger, insbesondere die gemeinsam mit Thunfisch-Verbänden schwärmenden Delphine, zu Beifangopfern werden. Gestützt auf dieses Gesetz erlegte die USA Mexiko und weiteren Staaten ein Importverbot für die im Ostpazifik mit Schleppnetzen gefangenen Thunfische und den weiterverarbeiteten Thunfischprodukten auf. Die USA behaupteten in diesem Verfahren, dass es sich bei MMPA um Rechtsvorschriften i.S.d. Art. III Abs. 4 GATT handle, weil dieses Gesetz ein Verkaufsverbot von mit Schleppnetzen gefangenem Thunfisch enthalte, welches sofort bei Einfuhr dieser Produkte vollstreckt werde.

Dieser Auffassung wollte sich das GATT-Panel nicht anschließen. Seiner Auffassung nach fällt das Importverbot deshalb nicht in den Anwendungsbereich des Art. III GATT, weil Art. III GATT nur auf Produkte, nicht aber auch auf Verfahren Anwendung findet.[499] Vor dem Hintergrund, dass die durch das MMPA vorgeschriebene Fangmethode der Thunfische auf die Qualität der jeweils gefangenen und anschließend importierten Thunfische keinen Einfluss hatte, handelte es sich hierbei nach Ansicht des Panels nicht um eine Maßnahme i.S.d. Art. III Abs. 4 GATT, sondern vielmehr um eine mengenmäßige Beschränkung, die mit Art. XI Abs. 1 GATT nicht zu vereinbaren und auch nicht durch Art. XX GATT zu rechtfertigen war. Aus der Sicht des Streitbeilegungsgremiums stellte sich folglich in der Tuna I-Entscheidung[500] erst gar nicht das Problem, ob die Ungleichbehandlung von umweltschonend und umweltschädigend gefangenen Thunfischen mit Art. III Abs. 4 GATT zu vereinbaren ist, weil der Anwendungsbereich dieser Vorschrift erst gar nicht eröffnet war.

Auch in der sog. Shrimp-Entscheidung, die mit der Fallkonstellation der Tuna I-Entscheidung vergleichbar ist, beschränkte sich das Panel auf die Prüfung, ob das Importverbot von Garnelen mit Art. XI GATT zu vereinbaren und über die Ausnahmebestimmung des Art. XX GATT zu rechtfertigen ist. Gegenstand dieses Streits war ein US-amerikanisches Importverbot für Garnelen, die mit Hilfe von Techniken gefangen wurden, die Schildkröten zu Beifangopfern machten. Während die Anwendbarkeit der US-amerikanischen Gesetzesbestim-

---

499 *US – Restrictions on Imports of Tuna*, Report of the Panel, in: BISD 39S/155 (194 f., paras. 5.11-5.15).

500 *US – Restrictions on Imports of Tuna*, Report of the Panel, in: BISD 39S/155; siehe auch *US – Restrictions on Import of Tuna*, Report of the Panel vom 16.6.1994 (nicht angenommen), DS29/R; *US – Measures Affecting Alcoholic and Malt Beverages*, Report of the Panel, in: BISD 39S/206; *US – Standards for Reformulated and Conventional Gasoline*, Report of the Panel vom 29.1.1996, WT/DS2/R; ebenso das *WTO-Sekretariat*, Trading into the Future: The Introduction to the WTO, 1999, im Internet unter: www.wto.org/english/thewto_/whatis_e/tif_e/tif_e.htm.

mung von 1989 noch auf Staaten im karibisch/westatlantischen Raum beschränkt war, sorgte eine Richtlinie aus dem Jahr 1996 für eine weltweite Ausdehnung des Anwendungsbereich dieser Bestimmung, so dass jeder Staat, der Garnelen oder Garnelenprodukte in die USA importieren wollte, über eine ausdrückliche Bestätigung nach Section 609 verfügen musste. Allein mit dieser Bestätigung konnte der Nachweis erbracht werden, dass zum Schutze von Schildkröten Vorkehrungen getroffen wurden, die mit den US-amerikanischen Schutzbestimmungen vergleichbar sind. Im Januar 1997 sorgten Indien, Pakistan, Malaysia und Thailand für die Einsetzung eines GATT-Panels, welches die Vereinbarkeit des US-amerikanischen Importverbotes für Garnelen und Garnelenprodukte mit dem allgemeinen Verbot mengenmäßiger Beschränkungen nach Art. XI Abs. 1 GATT zu prüfen hatte.

Das Panel sah sich wie bereits im Thunfischfall nicht zu einer Prüfung des Art. III Abs. 4 GATT veranlasst, weil sich die USA im Rahmen ihres Verteidigungsvorbringens nicht auf Art. III Abs. 4 GATT berufen hatte. Wenngleich die Gründe hierfür nicht bekannt sind, so dürfte das in den Tuna I-Entscheidung praktizierte GATT-Recht, wonach Verfahrenstechniken dann nicht in den Anwendungsbereich des Art. III Abs. 4 einzubeziehen sind, wenn sie sich im Produkt nicht physisch niederschlagen, für das beschränkte Verteidigungsvorbringen der USA verantwortlich gewesen sein. Vor diesem Hintergrund hatte auch der Appellate Body im Shrimp-Fall nicht die Gelegenheit gehabt, sich mit der streitigen Frage auseinander zu setzen, ob die unterschiedliche Fangmethode der Garnelen Einfluss auf den Gleichheitsbegriff des Art. III Abs. 4 haben kann.[501] Der Appellate Body hatte sich wegen des beschränkten Prüfungsauftrages lediglich mit dem Regelungsbereich des Art. XI GATT zu befassen, bei dem aber der Gleichheitsbegriff und dessen Deutung gerade keine Rolle spielte.

Unter Heranziehung der GATT-Praxis in der Tuna I-Entscheidung wären nationale Umweltmaßnahmen, die sich ausschließlich gegen umweltschädigende Verfahrenstechniken wenden, nur noch unter den erschwerten Voraussetzungen des Art. XI und XX GATT mit dem WTO-Recht zu vereinbaren. Gegen die alleinige Anwendung des Art. XI GATT in der Tuna I-Entscheidung ließe sich bereits der allgemeine Wortsinn des Art. III Abs. 4 GATT anführen, der gerade keine Produktgleichheit fordert. Die englische Originalfassung enthält folgende Formulierung, die in der deutschen Übersetzung (die keine offizielle Vertragssprache ist) zu kurz kommt: „Gesetze, Verordnungen und sonstige Vorschriften, die den Verkauf von Waren beeinflussen." Es dürfte nicht zweifelhaft sein, dass

501 Daher können aus der Shrimp-Entscheidung auch keine Rückschlüsse über die Einbeziehung von Herstellungsverfahren innerhalb des Gleichheitsbegriff des Art. III Abs. 4 GATT gezogen werden; a.A. *Biermann*, AVR 2000, S. 473; so auch die Studie des *BMU*, Handel, Umwelt und Nachhaltige Entwicklung im Umfeld der WTO-Ministerkonferenz in Seattle – Vorschläge zur Integration von Umwelt- und Nachhaltigkeitselementen in das multilaterale Handelssystem, S. 7.

herstellungsbedingte Maßnahmen den „Verkauf" von Waren im Inland i.S.d. Art. III Abs. 4 GATT „beeinflussen" und zwar einerlei ob sie sich im Produkt physisch niederschlagen oder nicht.[502] Die Formulierung „beeinflussen den (...) Verkauf" ist so allgemein gehalten, dass hierunter nach dem Sinngehalt der Bestimmung grundsätzlich auch herstellungsbedingte Maßnahmen fallen können. Zu dieser Feststellung gelangte auch das Panel in der Entscheidung „US Section 337". Im Verfahren „US – Section 337" hatte das Panel die Vereinbarkeit des Section 337 des US Tariff Act of 1930 mit dem GATT-Recht zu prüfen[503]. Nach Section 337 war für Patentverletzungen importierter Produkte nicht das District Court des jeweiligen Bundesstaates zuständig, sondern die United States International Trade Commission (USITC) als „quasi-juristisches" Prüfungsgremium. Die Europäische Gemeinschaft fühlte sich durch die Sonderbehandlung bei der Rechtswegbeschreitung in mehrfacher Hinsicht benachteiligt, zumal den Importeuren in diesem Sonderverfahren die Möglichkeit beschnitten wurden, Gegenansprüche geltend machen zu können. Aus diesem Grund legte die Europäische Gemeinschaft gegen die USA eine Beschwerde mit der Begründung ein, dass Hersteller innerhalb der EG gegenüber US-amerikanischen Herstellern wegen der unterschiedlichen Rechtswegbeschreitung bei Patentverletzungen eine Benachteiligung erfahren, die mit dem in Art. III Abs. 4 GATT festgeschriebenen Diskriminierungsverbot nicht zu vereinbaren sei.

Der Umstand, dass Section 337 ohne Rücksicht auf die physische Substanz der jeweils importierten Produkte ein gesondertes Patentverletzungsverfahren vorsieht, hatte keinen Einfluss auf die Entscheidung des Panels, eine weniger günstige Behandlung von importierten Waren im Vergleich zu den US-amerikanischen Produkten i.S.d. Art. III Abs. 4 GATT anzunehmen. Dabei stellte das Panel richtigerweise auf den Wortlaut des Art. III Abs. 4 GATT ab, welcher den Anwendungsbereich für sämtliche Vorschriften und Regulierungen eröffnet, die den internationalen Verkauf, das Angebot, den Einkauf, die Beförderung, die Verteilung oder die Verwendung importierter Produkte beeinflussen („affecting"). Der Formulierung „beeinflussen" kann nach Ansicht des Panels nur die Bedeutung beigemessen werden, dass hiervon nicht nur Bestimmungen erfasst werden, die den Verkauf oder Einkauf von importierten Waren direkt betreffen, sondern sämtliche Bestimmungen, die geeignet sind, die Wettbewerbsbedingungen zwischen importierten und im Inland hergestellten Produkten im internationalen Warenverkehr zu verzerren.[504] Die Wettbewerbsbedingun-

502 *Howse/Regan*, EJIL 2000, S. 254.

503 *US – Section 337 of the Tariff Act of 1930*, Report of the Panel, in: BISD 36S/345.

504 *US – Section 337 of the Tariff Act of 1930*, Report of the Panel, in: BISD 36S/345 (385, para. 5.10): „the selection of the word ‚affecting' would imply (...) that the drafters of the Article intended to cover in paragraph 4 not only the laws or regulations which directly governed the conditions of sale or purchase but also any laws or regulations

gen zwischen importierten und im Inland hergestellten Produkten können richtigerweise auch durch Bestimmungen beeinflusst werden, die sich allein auf die umweltgerechte Herstellungsart der importierten Produkte beziehen. Unter Heranziehung des Wortlauts des Art. III Abs. 4 GATT und dessen Zweckbestimmung kann daher die vom Streitbeilegungsgremium im Tuna I-Fall vertretene Auffassung nicht aufrechterhalten werden.

Es bleibt daher als Zwischenergebnis festzuhalten, dass der Anwendungsbereich des Art. III Abs. 4 GATT nicht auf Regulierungsmaßnahmen beschränkt ist, die sich lediglich auf Produkteigenschaften beziehen, sondern sämtliche Maßnahmen einbezieht, die sich auf die Wettbewerbsbedingungen importierter Waren nachteilig auswirken können.[505]

2. Inländergleichbehandlung – Art. III Abs. 4 GATT

Wie oben bereits angedeutet wurde, verbietet Art. III Abs. 4 GATT eine Diskriminierung von ausländischen gegenüber „gleichartigen" inländischen Waren durch staatliche Maßnahmen, nachdem die Waren die Grenze überschritten haben und dadurch Teil des inländischen Warenkreislaufs geworden sind. Entscheidende Bedeutung für die Feststellung einer Diskriminierung kommt demnach dem Begriffspaar des „gleichartigen Produkts" im Sinne des Art. III zu. Da zwei Produkte selten identisch sind, insbesondere im Hinblick auf die Umweltqualität zweier Produkte erhebliche Abstufungen existieren, ist zu klären, nach welchen Kriterien die Gleichartigkeit zweier Produkte beurteilt werden soll oder anders gewendet, welche Abweichungen vorliegen müssen, damit zwei Produkte ungleich behandelt werden dürfen.[506] Im GATT selbst existiert keine Legaldefinition des Begriffspaares „gleichartiges Produkt". Eine einheitliche Auslegung dieses Begriffspaares wird auch nicht für sämtliche GATT-Bestimmungen möglich sein. Soweit die „Gleichartigkeit" auch in anderen Bestimmungen des GATT-Rechts auftaucht, wird die Auslegung jeweils von der systematischen Stellung der Vorschrift im Vertragstext abhängig sein und von Fall zu Fall neu

---

which might adversely modify the conditions of competition between the domestic and imported products on the internal market."

505 So etwa auch *Bronckers/McNelis*, Rethinking the „Like Product" Definition in GATT 1994, in: Cottier/Mavroidis (Hrsg.), Regulatory Barriers and the Principle of Non-Discrimination in World Trade Law, S. 370.

506 *US – Taxes on Automobiles*, Report of the Panel vom 29.9.1994, DS31/R, S. 99, para. 5.6.: „which differences between products may form the basis of regulatory distinctions by governments that accord less favourable treatment to imported products? Or, conversely, which similarities between products prevent regulatory distinctions by governments that accord less favourable treatment to imported products."

bestimmt werden müssen.[507] Damit ist aber noch nicht geklärt, welche Kriterien bei der Auslegung des Gleichheitsbegriffes in Art. III Abs. 4 GATT heranzuziehen sind. Nach dem Wortsinn sind zwei Produkte gleichartig, wenn sie sich physisch ähnlich sind.[508] Das alleinige Abstellen auf physische Produkteigenschaften ist jedoch unzureichend, zumal es Marktsektoren wie beispielsweise den Pharmasektor oder die Chemieindustrie gibt, in denen bereits molekulare Abweichungen erhebliche Auswirkungen auf die Wirksubstanz eines Produkt haben können.

a) Zur Gleichheit zwischen umweltschonenden und umweltschädigenden Produkten

aa) Beschaffenheit der Produkte

Als Auslegungskriterien für die Bestimmung der Gleichheit zweier Waren können die physische Beschaffenheit der Waren (z.B. Aussehen, Farbe, Form und Gewicht der Produkte)[509], der Verwendungszweck des Produktes, der Kundengeschmack- und die Kundengewohnheit, welche zwischen den einzelnen Mitgliedstaaten unterschiedlich stark ausgeprägt sind, und die Natur und Qualität des Produktes, maßgeblich sein[510]. Ergänzend für die Annahme der Gleichheit zweier Produkte kann regelmäßig auch die Einordnung des jeweiligen Produktes in Zolltarifgruppen die Gleichheit zweier Produkte indizieren.[511] Dieser Aspekt

---

507 Vgl. z.B. *EEC – Mearures on Animal Feed Proteins*, Report of the Panel, in: BISD 25S/49 (63, para. 4.1 u. 4.2); *Japan – Taxes on Alcoholic Beverages*, Report of the Appellate Body vom 4.10.1996, WT/DS8/AB/R, WT/DS10/RAB/R, WT/DS11/AB/R, para. 114: „(...) there can be no one precise and absolute definition of what is „like". The concept of „likeness is a relative one that evokes the image of an accordion. The accordion of „likeness" stretches and squeezes in different places as different provisions of the WTO Agreement are applied."; ebenso *EC – Measures Affecting Asbestos and Asbestos-Containing Products*, Report of the Appellate Body vom 12.3.2001, WT/DS135/AB/R, paras. 96, 99.

508 *Regan*, JWT 2002, S. 445.

509 Z.B. chemische und pysikalische Eigenschaften in *US – Standards for Reformulated and Conventional Gasoline*, Report of the Panel, in: DSR 1996:I, S. 72, para. 6.9.

510 *GATT*, Border Tax Adjustments, Report of the Working Party, angenommen am 2.12.1970, L/3464 – 18 S/97, para. 18.

511 *EEC – Measures on Animal Feed Proteins*, Report of the Panel, in: BISD 25S/49 (63, para. 4.2); *Japan – Customs Duties, Taxes and Labelling Practices on Imported Wines and Alcoholic Beverages*, Report of the Panel, in: BISD 34S/83; Z.B. *Spain – Unroasted Coffee*, Report of the Panel, in: BISD 28S/102 (112, para. 4.8) und *Japan – Taxes on Alcoholic Beverages*, Report of the Panel, in: DSR:I 1996, S. 266 f., pa-

ist jedoch bislang nur als ergänzendes Indiz von den Streitbeilegungsgremien herangezogen worden,[512] da bei der Einordnung in die Zollklassifikationen legitime Schutzziele nicht berücksichtigt werden können.

Für den Fall, dass zwei Produkte sowohl in der Substanz als auch in der Herstellungsform völlig identisch sind, ist die Gleichartigkeit und somit die Anwendbarkeit von Art. III GATT leicht feststellbar. Als schwierig erweist sich hingegen eine Zuordnung in den übrigen Fällen, zumal zwei Produkte regelmäßig über ein bestimmtes Maß an Gemeinsamkeiten und Unterschiede verfügen.[513] Welches Maß an Gemeinsamkeiten für eine Gleichartigkeit im Sinne von Art. III GATT erforderlich ist, kann letztlich nur durch ein wertendes Urteil bestimmt werden. Die Kriterien hierfür werden von den Streitbeilegungsgremien, je nach aktueller Rechtsprechungstendenz unterschiedlich bewertet. Im folgenden Abschnitt werden die unterschiedlichen Ansätze der Streitbeilegungsgremien vorgestellt.

bb) Abgrenzung zu konkurrierenden und substituierbaren Waren

Gleichartige Waren sind zunächst begrifflich von konkurrierenden bzw. substituierbaren Produkte zu unterscheiden.[514]. Bei gleichartigen Waren handelt es sich nur um einen Unterfall der konkurrierenden bzw. substituierbaren Produkte[515]. Beide Begriffe müssen folglich über einen unterschiedlichen Regelungsbereich verfügen.[516] Hierfür spricht bereits der Umstand, dass die Ergänzungsnote zu Art. III Abs. 2 GATT ausdrücklich „direkt konkurrierende oder substituierbare Produkte" erwähnt, was im Falle einer Identität mit dem Gleichartigkeitsbegriff nicht erforderlich gewesen wäre.

In der Literatur wird teilweise ein ökonomischer Ansatz zur Bestimmung der Gleichartigkeit von Waren erörtert, der auf den Grad der Substituierbarkeit der Güter abstellt.[517] Letztlich kann aber die Ausrichtung der Entscheidung am

---

ra. 6.23: japanischer Shochu und Wodka sind gleichartig, da beide Produkte in Japan derselben Zolltarifgruppe angehören und denselben Zollbindungen unterliegen.

512 *Japan – Taxes on Alcoholic Beverages*, Report of the Appellate Body, in: DSR 1996:I, S. 114 f.

513 *Japan – Customs Duties, Taxes and Labelling Practices on Imported Wines and Alcoholic Beverages*, Report of the Panel, in: BISD 34S/83 (120): kleine Unterschiede in Geschmack, Farbe, Alkoholgehalt etc. sind für die Bestimmung der Gleichartigkeit unbeachtlich.

514 Vgl. die Ergänzungsnote in Anlage I zu Artikel III Absatz 2 oder auch Art. XIX:1 (b) GATT.

515 *Japan – Alcoholic Beverages*, Report of the Panel, in: DSR 1996:I, S. 265, para. 6.22.

516 *Japan – Alcoholic Beverages*, Report of the Panel, in: DSR 1996:I, S. 264, para. 6.22.

517 *Bergh*, JWT 1996, S. 195 ff.

Grad der Ersetzbarkeit auch nur unter Berücksichtigung weiterer Vergleichsmaßstäbe gelingen. So ist die Beurteilung der Vergleichbarkeit von Arzneimitteln nicht allein nach dem Anwendungsgebiet des Medikaments, sondern erst unter zusätzlicher Berücksichtigung der enthaltenen Wirkstoffe, der Schwere der Nebenwirkungen und des Verbraucherverhalten möglich. Welches Maß an Substituierbarkeit vorliegen muss, damit von gleichartigen Gütern gesprochen kann, ist deshalb nur schwer feststellbar. Die Gleichartigkeit kann damit im Ergebnis nicht präziser bestimmt werden, wie mit Hilfe der Beschaffenheit der Produkte, da in beiden Fällen die Entscheidung von einem eigenen, individuellen Urteil abhängt.[518]

cc) Teleologische Auslegung des Gleicheitsbegriffes

Während das Panel in der Entscheidung „Japan – Alcohol" noch eine zweistufige Prüfung bevorzugte, indem es zuerst die Gleichartigkeit zweier Produkte und im Anschluss daran die diskriminierende oder protektionistische Wirkung der Maßnahme überprüfte,[519] vereinigte das Panel in der Entscheidung „United States – Alcoholic Beverages" erstmals beide Prüfungsschritte in der Auslegung eines Begriffes. In dieser Entscheidung wurde erstmals der Schritt hin zu einer systematisch-teleologischen Interpretation getan, indem der Begriff der „Gleichheit" daran gemessen wurde, ob mit der Maßnahme das in Absatz 1 statuierte Protektionismusverbot Beachtung findet.

Streitgegenstand des Verfahrens „United States – Measures Affecting Alcoholic and Malt Beverages" aus dem Jahr 1992[520] war unter anderem die Zulässigkeit von nationalen Maßnahmen zur Beschränkung des Konsums von Bier mit hohem Alkoholgehalt. Verschiedene US-amerikanische Bundesstaaten reduzierten die Verkaufsstellen für Biersorten mit einem Alkoholgehalt von über 3,2 %, 4 % und 5 % und führten für diese „hochprozentigen" Biersorten Etikettierungspflichten ein. Die Bundesstaaten rechtfertigten diese Beschränkung mit der gesundheitsschädlicheren Wirkung von Bier mit höherem Alkoholgehalt. Aus der Sicht Kanadas handelte es sich bei diesen Schutzmaßnahmen hingegen um protektionistische Maßnahmen zugunsten der heimischen US-Brauereien, zumal diese über einen hohen Marktanteil von Biersorten mit geringem Alko-

---

518 *Japan – Alcoholic Beverages*, Report of the Appellate Body, in: DSR 1996, S. 113: „This will always involve an unavoidable element of individual, discretionary judgement".

519 *Japan – Customs Duties, Taxes and Labelling Practices on Imported Wine and Alcoholic Beverages*, Report of the Panel, in: BISD 34S/83, (114 f., para. 5.5 *lit.* d).

520 *US – Measures Affecting Alcoholic and Malt Beverages*, Report of the Panel, in: BISD 39S/206.

holanteil verfügten. Bei den jeweils mit unterschiedlichem Alkoholgehalt versetzten Biersorten handelte es sich nach kanadischer Auffassung um gleichartige Waren im Sinne des Art. III Abs. 1 und 4 GATT, weshalb aus dieser Sicht eine auf den Alkoholgehalt abstellende Unterscheidung nicht gerechtfertigt erschien.

Eine Abgrenzung der Biersorten aufgrund ihrer äußeren Eigenschaften und ihrer Verbrauchsart würde in der Tat nahe legen, die Biersorten trotz ihres unterschiedlichen Alkoholgehaltes als gleichartige Waren i.S.d. Art. III GATT einzustufen. Nachdem das Panel noch weitere Kriterien erörterte, wie die Entstehungsgeschichte der Maßnahme, die Märkte und die Verbraucherpräferenzen, entwickelte es eine Auslegungsvariante, wonach die Zweckbestimmung der einzelstaatlichen Maßnahme zu berücksichtigen ist.

Da die betreffenden Vorschriften auf US-amerikanischen und kanadischen Brauereien gleichermaßen Anwendung finden und die Industrien beider Staaten sowohl Bier mit hohem als auch niedrigem Alkoholgehalt herstellen, konnte das Panel in diesen Maßnahmen keinen Verstoß gegen Art. III GATT erkennen. Die beiden Biersorten seien zwar ähnlich und die Märkte überlagern sich teilweise, trotzdem ist eine Marktdifferenzierung und Spezialisierung der Präferenzen von Konsumenten für hoch- oder niedrigalkoholisches Bier anzunehmen. Deshalb seien US-amerikanische Biersorten mit niedrigem Alkoholgehalt und kanadische Biersorten mit hohem Alkoholgehalt keine gleichartigen Waren im Sinne von Art. III GATT. Zur Begründung dieser Auslegungsvariante stützte sich das Panel auf die Zweckbestimmung des Art. III GATT, welche gerade nicht darin besteht, nationale Steuern und andere Regulierungsmaßnahmen zu harmonisieren, sondern protektionistische Maßnahmen zu verhindern.[521] Ferner soll Art. III GATT nicht eine Bedeutung beigemessen werden, die es den anderen Mitgliedstaaten ermöglicht, auf die Innenpolitik des Importstaates Einfluss auszuüben.[522]

Das Recht, sämtliche Biersorten als gleich im Sinne des Art. III GATT zu qualifizieren oder danach zu unterscheiden, ob die Biersorten über einen unterschiedlichen Alkoholgehalt verfügen, verbleibt damit, soweit nicht nachgewiesen werden kann, dass die Maßnahme protektionistische Auswirkungen hat, in der Entscheidungsmacht der Mitgliedstaaten.[523]

---

521 *US – Taxes on Automobiles*, Report of the Panel vom 29.9.1994 (nicht angenommen), DS31/R.

522 *US – Measures Affecting Alcoholic and Malt Beverages*, Panel Report, in: BISD 39S/206 (294, para. 5.72). „In the view of the Panel, therefore, it is imparative that the like product determination in the context of Article III be made in such a way that not unnecessarily infringe upon the regulatory authority and domestic policy option of contracting parties."

523 *US – Taxes on Automobiles*, Report of the Panel vom 29.9.1994, DS31/R.

Dieser Interpretationsansatz des Art. III wurde in der Panel-Entscheidung „US – Taxes on Automobiles“[524] fortgesetzt. In dieser Entscheidung erklärte das Panel mit einem vergleichbaren Argumentationsmuster die unterschiedliche Besteuerung von Automobilen nach Kraftstoffverbrauch für zulässig, weil die unterschiedliche Besteuerung der Kraftfahrzeuge nicht das Ziel habe, der heimischen Produktion Schutz zu gewähren, sondern den Kraftfahrzeugverbrauch insgesamt zu reduzieren. Aus diesem Grund können Kraftfahrzeuge mit niedrigem und hohem Kraftfahrzeugverbrauch auch nicht als gleichartig i.S.d. Art. III GATT eingestuft wurden. Dieser Interpretationsansatz der Streitbeilegungsgremien ist seitdem als „Aim and Effects“-Test bekannt, weil eine Maßnahme zunächst auf ihre Zielsetzung („aim“) und anschließend auf ihre Wirkung („effect) hin untersucht wird.[525] Ergibt sich aus dieser zweistufigen Prüfungsreihenfolge, dass eine zwischen importierten und einheimischen Produkten differenzierende Maßnahme den Schutz der inländischen Produktion bezweckt, handelt es sich um gleichartige Produkte i.S.d. Art. III GATT. Diese Auslegungsvariante wurde von den Streitbeilegungsgremien auf den Ausdruck „so as to“ in der in Art. III Abs. 1 GATT vorzufindenden Formulierung „so as to afford protection to domestic production“ gestützt, welcher nach dem Sinngehalt die Bedeutung von „logisches Resultat oder Zweck einer bestimmten Handlung“ zukommt.[526]

Dieser neuartige Ansatz ist jedoch klärungsbedürftig, wenn es darum geht, die Voraussetzungen einer protektionistischen Maßnahme zu bestimmen. Kommt es auf die protektionistische Wirkung der Maßnahmen an (rein objektive Auslegung) oder muss auch der Zweck der Maßnahme bzw. das Differenzierungsziel in die Betrachtung mit einbezogen werden? Aufschluss hierüber gab die Entscheidung des Appellate Body im Beschwerdeverfahren „Japan – Alcohol Beverages“, welches vonseiten der Europäische Gemeinschaft gegen Japan eingeleitet wurde, weil das japanische Steuersystem traditionell in Japan hergestellten Alkoholsorten, wie beispielsweise Sake, Shochu und Mirin, mit einem niedrigeren Steuersatz belegte als die in westlichen Industriestaaten typischerweise hergestellten Alkoholsorten, wie z.B. Bier, Wein, Whisky, Spirituosen und Likör. Weiterhin ordnete das japanische Steuersystem den Whisky und

---

524 *US – Taxes on Automobiles*, Report of the Panel vom 29.9.1994, DS31/R, paras. 5.7 ff.

525 *US – Taxes on Automobiles*, Report of the Panel vom 29.9.1994, DS31/R, S. 100 f., para. 5.9: „(...) the first step of determining the relevant features common to the domestic and imported products (likeness) would in the view of the *Panel*, in all but the most straightforward cases, have to include an examination of the aim and effect of the particular tax measure. Therefore the second step of determining whether the tax measure was discriminatory or protective was simply a continuation of the inquiry under the first step.“

526 *US – Taxes on Automobiles*, Report of the Panel vom 29.9.1994, DS31/R, S. 101, para 5.10 in Fußnote 130: „the logical result or purpose of an action done in a specific manner.“

Brandy aus der EG wegen der verwendeten Zusatzstoffe und des Verarbeitungssystems den höchsten Steuergruppen zu, während die japanischen Whisky- und Brandysorten erheblich niedriger besteuert wurden.

In diesem Verfahren gelangte der Appellate Body zu der Feststellung, dass es sich bei den japanischen und europäischen Spirituosen um gleiche Alkoholsorten handelt, bei denen bereits minimale Abweichungen bei der Besteuerung zu einer Verletzung der GATT-Bestimmung führt. Hierüber vermochte nach Ansicht des Appellate Body auch nicht die fehlende Nachweisbarkeit der protektionistischen Absicht des regulierenden Staates hinwegzuhelfen.[527] Der Appellate Body prüfte in der vorgenannten Entscheidung bei der Auslegung des Begriffes „applied as to afford protection" den „objektiven Zweck"[528] der Maßnahme, also objektive Merkmale, die Hinweis auf eine protektionistische Zielsetzung geben könnten.[529] Nach Ansicht des Appellate Body kann die Wirkung einer Maßnahme im Gegensatz zu ihrem Ziel auch objektiv festgestellt werden. Ziele lassen sich in der Regel schwer bestimmen, da mit einer handelsbeschränkenden Maßnahme öfters mehrere politische Ziele gleichzeitig verfolgt werden, so dass keine Sicherheit darüber besteht, welches Ziel für den „Aim and Effect"-Test maßgeblich sein soll.[530] Vor diesem Hintergrund hat der Appellate Body ein sog. „Inherence"-Kriterium[531] aufgestellt, wonach die Vermutung für eine protektionistische Gesinnung des Mitgliedstaates besteht, wenn die Eigenschaft, die zu einer günstigeren Behandlung führt, ausschließlich bei den inländischen Gütern vorliegt. Auch wenn mit dieser Rechtsprechungstendenz die Schwierigkeiten überwunden werden, die mit dem Nachweis einer gesetzgeberischen Zielsetzung verbunden sind, so werden nur selten „Inherence"-Kriterien vorliegen oder nachzuweisen sein.[532]

527 WTO, *Japan – Taxes on Alcoholic Beverages*, Report of the Appellate Body vom 4.10.1996, WT/DS8/AB/R, WT/DS10/AB/R, WT/DS11/AB/R, S. 28: „If the measure is applied to imported or domestic products so as to afford protection to domestic production, then it does not matter that there may not have been any desire to engage in protectionism in the minds of the legislators objective if the particular tax measures is nevertheless, to echo Article III:1, „applied" to imported or domestic products so as to afford protection to domestic production."

528 Vgl. *Hudec*, International Lawyer 1998, S. 631; *Howse/Regan*, EJIL 2000, S. 265.

529 WTO, *Japan – Taxes on Alcoholic Beverages*, Report of the Appellate Body vom 4.10.1996, WT/DS8/AB/R, WT/DS10/AB/R, WT/DS11/AB/R, S. 29.

530 WTO, *Japan – Taxes on Alcoholic Beverages*, Report of the Appellate Body vom 4.10.1996, WT/DS8/AB/R, WT/DS10/AB/R, WT/DS11/AB/R, S. 118, para. 6.16.

531 *US – Taxes on Automobiles*, Report of the Panel vom 29.9.1994, DS31/R, S. 105, para. 5.2.

532 Zur Kritik an diesem Kriterium *Weiher*, Nationaler Umweltschutz, S. 129 f.

Im Fall „US – Gasoline“ hatte sich der Appellate Body mit dem in der Literatur und den früheren Streitbeilegungsverfahren vorgebrachte Argument befasst, dass sich der Bedeutungsgehalt des Gleichheitsbegriffs in der Verhinderung protektionistischer Maßnahmen erschöpfen müsse, weil anderenfalls die Ausnahmebestimmung des Art. XX GATT ihre eigenständige Bedeutung verlieren würde.[533] Ausgangspunkt dieser Argumentation ist folgender: Soweit der Regelungszweck, wenn auch unter objektiven Gesichtspunkten, bereits unter Art. III GATT geprüft werden könnte, würde die Möglichkeit bestehen, dass der Anwendungsbereich des Art. XX GATT erheblich verkürzt und dabei die abschließende Aufzählung der Schutzziele in Art. XX GATT sowie die Verhältnismäßigkeitsprüfung ausgehöhlt werden könnte. Die Berücksichtigung nichtprotektionistischer Zielsetzungen unter Art. III GATT würde hernach den Umfang staatlicher Regulierungsmöglichkeiten unzulässig über den Anwendungsbereich des Art. XX GATT hinaus ausdehnen. Aus diesem Grund – so die irrige Auffassung der früheren Streitbeilegungsgremien – sei eine Maßnahme innerhalb des Anwendungsbereichs des Art. III GATT nur auf ihre protektionistische Wirkung hin zu untersuchen. Legitime Regulierungsziele können folglich nur bei der Ausnahmebestimmung des Art. XX GATT Berücksichtigung finden.

Von diesem Interpretationsansatz hatte sich der Appellate Body erst wieder im Asbest-Fall abgewandt. Zu Recht wies der Appellate Body in der Asbest-Entscheidung darauf hin, dass es sich bei Art. III Abs. 4 und Art. XX (b) GATT um jeweils eigenständige Bestimmungen handelt, die auch unabhängig von der jeweils anderen Bestimmung nach den Grundsätzen der internationalen Vertragsauslegung ausgelegt und interpretiert werden müssen. Auch nicht die Existenz des Art. XX (b) GATT und der „Effet utile“-Grundsatz, wonach der Anwendungsbereich einer Bestimmung nicht durch die Auslegung einer anderen beschnitten werden darf, kann hieran etwas ändern. Art. XX (b) GATT würde durch einen zu weiten Anwendungsbereich des Art. III Abs. 4 GATT nur dann seine eigenständige Bedeutung verlieren, wenn infolge dessen keine Maßnahmen zum Schutze der Umwelt oder Gesundheit mehr getroffen werden könnten. Der Appellate Body wies aber zu Recht darauf hin, dass eine Maßnahme, die mit Art. III Abs. 4 GATT nicht zu vereinbaren ist, jederzeit über die Ausnahmevorschrift des Art. XX GATT gerechtfertigt werden kann. Darüber hinaus wird dem Gesundheits- oder Umweltschutz in beiden Bestimmungen eine unter-

---

533 *US – Standards for Reformulated and Conventional Gasoline*, Report of the Appellate Body vom 29.4.1996, WT/DS2/R, S. 16 f.: „Accordingly, the phrase „relating to the conservation of exhaustible natural resources” may not be read so expansively as seriously to subvert the purpose and object of Article III: 4, nor may Article III:4 be given so broad a reach as effectively to emasculate Article XX (g) and the policies and interests it embodies.“

schiedliche Bedeutung beigemessen. Während unter Art. III Abs. 4 GATT der Gesundheits- oder Umweltschutz bei der Beurteilung der Gleichheit zweier auf dem Markt konkurrierender Produkte eine Rolle spielt, dient der Gesundheits- oder Umweltschutz unter Art. XX (b) GATT dem Zweck, zu beurteilen, ob eine WTO-widrige Maßnahme eines Mitgliedstaates ausnahmsweise gerechtfertigt ist.[534] Im Übrigen erfordert der „Effet utile"-Grundsatz, dass Bestimmungen des WTO-Rechts nicht in einer Weise ausgelegt werden dürfen, die den eigenständigen Anwendungsbereich anderer Bestimmungen bis zur Bedeutungslosigkeit verkürzen. Im Falle einer extensiven Auslegung des Art. III Abs. 4 GATT würde dem Art. XX GATT immer noch ein eigenständiger Anwendungsbereich als Ausnahmebestimmung der Regelungen in Art. III, XI Abs. 1, X GATT verbleiben.[535]

Art. XX GATT würde aber selbst dann nicht um seine eigenständige Bedeutung beraubt werden, wenn sich die Bestimmung allein auf Art. III Abs. 4 GATT beziehen würde. Maßnahmen, die Produkte aufgrund ihrer Herkunft benachteiligen und damit *de jure* diskriminierend sind, fallen unabhängig davon, ob die protektionistische Zweckbestimmung einer Maßnahme innerhalb des Art. III Abs. 4 GATT geprüft wird, in den Anwendungsbereich des Art. XX GATT.[536] Aus vorstehenden Gründen lassen sich keine systematische Erwägungen anführen, um die Bedeutung des Gleichheitsbegriff innerhalb des Art. III Abs. 4 GATT darauf zu reduzieren, protektionistische Maßnahmen zu verhindern. Die Beseitigung dieses scheinbaren Widerspruchs bereitete erst den Boden für den marktorientierten Auslegungsansatz der Streitbeilegungsgremien, der im folgenden Kapitel näher erläutert wird.

ee) Marktorientierter Ansatz bei der Auslegung der Gleichheit

Im Streitbeilegungsverfahren „Japan – Alcoholic Beverages" wies das Panel darauf hin, dass für die Frage, ob zwei Produkte „gleich", „in Korrurenzverhältnis stehend" oder „substituierbar" sind, die Marktverhältnisse maßgeblich

534 WTO, *European Communities – Measures Affecting Asbestos and Asbestos-Containing Products*, Report of the Appellate Body vom 12.3.2001, WT/DS135/AB/R, para. 115.

535 Dem könnte entgegengehalten werden, dass der Art. XX GATT mit der Bezeichnung „Generelle Ausnahmen" überschrieben ist und deshalb die Ausnahmebestimmung für „sämtliche" den Freihandel sichernde Bestimmung zur Anwendung kommen müsse. Es ist jedoch davon auszugehen, dass der Begriff „generell" eher eine Bedeutung beizumessen ist, die sich als Gegensatz zu „speziell" i.S.v. „allgemein" versteht. Eine spezielle Ausnahme wäre beispielsweise Art. XXI, die mit der Bezeichnung „Sicherheitsausnahmen" überschrieben ist.

536 *Regan*, JWT 2002, S. 455.

sind.[537] Dieser Ansatz ist vom Appellate Body mit dem Hinweis bekräftigt worden, dass es sich beim GATT um ein Handelsabkommen handelt, welches sich ausschließlich mit Marktverhältnissen befasst[538]. Diese Rechtsprechungstendenz ist schließlich im Fall „Korea – Liquor Taxes" fortgeführt worden. In diesem Fall wies der Appellate Body ebenfalls darauf hin, dass sich das Wettbewerbsverhältnis zweier Produkte nur nach den Marktverhältnissen bestimmen könne, denn allein dort bestimmt der Konsument durch seine eigene Nachfrage, ob aus seiner Sicht zwei Produkte als gleich zu betrachten sind oder nicht.[539] Durch diesen Hinweis betont der Appellate Body, dass für die Frage, ob zwei Produkte als gleich zu erachten sind, die Verbraucherpräferenzen maßgeblich sind, deren Gewichtung und Bedeutung er durch seine eigene Nachfrage bestimmt.

Auch im Asbest-Verfahren[540] bezieht das Streitbeilegungsgremium das Konsumverhalten auf dem Verbrauchermarkt als wesentliche „Eigenschaft aus dem Umfeld des Produktes" in die Beurteilung der Gleichartigkeit zweier Produkte mit ein. Hierbei handelt es sich um eine Eigenschaft, die zwar nicht die physische Qualität des Produktes bestimmt, jedoch das Produkt „von außen" durch Verbraucherpräferenzen prägt[541] und damit auch die Substituierbarkeit zweier Produkte bestimmt.[542] Im Asbest-Fall hatte das Panel zunächst die Auffassung vertreten, dass die Gleichheit zweier Produkte allein bei physischer Identität anzunehmen sei und zwar unabhängig davon, ob bei dem Weiß-Asbest eine erhöhte Krebsgefahr bestand und bei einem vergleichbaren Asbestprodukt nicht. Dabei stützte sich das Panel auf das Argument, dass beide Produkte über gleiche Produkteigenschaften verfügen und sich daher hinsichtlich ihres Anwendungsbereichs nicht unterscheiden. Aus der Sicht des Panels sollten Gesundheitserwägungen für die Gleichheit zweier Produkte keine Rolle spielen, weil anderenfalls der Ausnahmebestimmung des Art. XX (b) GATT kein eigenständiger Anwendungsbereich mehr verbleiben würde.

Hiervon wandte sich der Appellate Body zu Recht wieder ab, in dem er die Gesundheitserwägungen in den Gleichheitsbegriff mit einbezog. Seiner Auffas-

---

537 *Japan – Taxes on Alcoholic Beverages*, Report of the Panel, para. 6.22.

538 *Japan – Taxes on Alcoholic Beverages*, Report of the Appellate Body vom 4.10.1996, WT/DS8/AB/R, WT/DS10/AB/R, WT/DS11/AB/R, S. 25: „The Panel emphasized the need to look not only at such matters as physical characteristics, common end uses, and tariff classifications, but also at the „market place". This seems appropriate. The GATT 1994 is a commercial agreement, and the WTO is concerned, after all, with markets."

539 *Korea – Taxes on Alcoholic Beverages*, Appellate Body Report vom 18.1.1999, WT/DS75/AB/R, WT/DS84/AB/R, para. 114.

540 *EC – Measures Affecting Asbestos and Asbestos-Containing Products*, Report of the Appellate Body vom 12.3.2001, WT/DS135/AB/R.

541 Vgl. *Altemöller*, Handel und Umwelt im Recht der Welthandelsorganisation WTO, S. 328.

542 Vgl. *Macmillan*, WTO and the Environment, S. 98.

sung nach sei eine fiktive Betrachtung anzustellen, indem davon auszugehen ist, dass ein über die Krebsgefahr aufgeklärter Kunde mit erweitertem Verantwortungshorizont keinen krebsverursachenden Weiß-Asbest kaufen würde, weshalb im Vergleich zu den für die Gesundheit ungefährlichen Asbestarten erst gar kein Konkurrenzverhältnis entstehen könne. Als problematisch erweist sich hierbei jedoch der Umstand, dass ein fiktives bzw. idealisiertes Konsumentenverhalten nicht messbar und konkretisierbar ist. Aus der Sicht von *Regan*[543] ist der vom Appellate Body hergestellte Bezug auf die Sichtweise eines „vernünftigen und aufgeklärten" Konsumenten als ein Verweis auf den Gesetzgeber zu deuten, der bestimmt, wie sich die Konsumenten bei derart gesundheitsschädlichen Produkten zu verhalten haben. Diese Rechtsansicht ist entschieden abzulehnen, zumal nicht die nationalen Vorstellungen des Gesetzgebers, sondern allein die Verbraucherpräferenzen die Wettbewerbsverhältnisse auf dem Markt bestimmen.[544] Soweit der Verbraucher über den Schadstoffgehalt oder die Krebsgefahr des jeweiligen Produktes nicht aufgeklärt ist und deshalb seine Nachfrage auch nicht hiervon abhängig machen würde, können entsprechend sichtbare Warnhinweise auf die Produkte aufgebracht oder Aufklärungskampagnen eingeleitet werden. Im Falle fließender Belastungsgrade von Lebensmitteln,[545] würde sich jedoch das weitere Problem stellen, ab welchem konkreten Schadstoffgehalt ein Produkt als nicht mehr gleichwertig zu konventionellen Gütern gekennzeichnet werden dürfte, zumal eine vollständige Rückstandslosigkeit aufgrund der allgemeinen Umweltbelastung nicht zu erreichen sein wird.

Die Verbraucherpräferenzen können folglich auch ohne Bezugnahme auf den gesetzgeberischen Willen durch Verbraucherumfragen länderspezifisch und von Fall zu Fall ermittelt werden. Soweit die Umfragen keine umweltpolitisch motivierten Verbraucherpräferenzen erkennen lassen, wird man ein bestimmtes, umweltschädliches Herstellungsverfahren nicht mehr zur Begründung zweier ungleicher Produkte heranziehen können. Fehlt das Umweltbewusstsein in einem Mitgliedstaat, dann werden sich regelmäßig auch die Kennzeichnungspflichten umweltschädlicher Produkte als ein ungeeignetes Mittel zur Durchsetzung von Umweltschutzbelangen erweisen. Die konkrete Maßnahme müsste sodann die erschwerten Voraussetzungen des Art. XX GATT erfüllen, um weiterhin mit dem GATT-Recht vereinbar zu sein.

---

543 *Regan*, JWT 2002, S. 466.

544 *Bronckers/McNelis*, Rethinking the „Like Product" Definition in GATT 1994, in: Cottier/Mavroidis (Hrsg.), Regulatory Barriers and the Principle of Non-Discrimination in World Trade Law, S. 374.

545 Vgl. z.B. die Angebote auf dem Teemarkt mit konventionellem Tee und Tee aus Anbaugebieten, die seit unterschiedlichen Jahren auf kontrolliert ökologischen Anbau umgestellt wurden.

ff) Zwischenergebnis

Es bleibt festzuhalten, dass bei der Auslegung des Gleichheitsbegriffes ein marktorientierter Ansatz am ehesten geeignet erscheint, einen Ausgleich zwischen den Umweltschutzbelangen und den Freihandelsbestrebungen der Mitgliedstaaten herzustellen. Dieser Ansatz, der durch die Bezugnahme auf die Marktverhältnisse die Verbraucherpräferenzen zum maßgeblichen Gleichheitskriterium bestimmt, verbindet die unterschiedlichen Kriterien, wie beispielsweise die physische Beschaffenheit, Verwendungszweck, Preis, Substituierbarkeit zweier Produkte, die bislang als Indizien für die Annahme einer Gleichheit zweier Produkte herangezogen wurden, indem als gemeinsamer Nenner auf die Perspektive des Verbrauchers abgestellt wird.[546] Dieser Ansatz erscheint insofern richtig, als allein der Verbraucher durch sein Konsumverhalten bestimmt, ob sein Umweltbewußtsein derart geschärft ist, dass aus seiner Sicht ein Wettbewerbsverhältnis zwischen umweltschädigende und umweltschonende Produkte besteht oder nicht. In den Entwicklungsländern beispielsweise, werden die Verbraucher regelmäßig nur dann Wert auf Umweltschutzbelange legen, wenn sich das umweltschonende Produkt nicht preislich vom umweltschädigenden Produkt unterscheidet. Der marktorientierte Ansatz zeichnet sich folglich dadurch aus, dass er indirekt sogar entwicklungspolitische Erwägungen in den Gleichheitsbegriff mit einbezieht, indem er auf die Interessen der Verbraucher, die in den Industriestaaten aus finanziellen Gründen andere Schwerpunkte als in den Entwicklungsländern setzen, abstellt.

gg) Einbeziehung des Produktionsverfahrens in die Beurteilung der Gleichheit

Einigkeit besteht darüber, dass Waren, die in unterschiedlichen Produktionsverfahren hergestellt wurden, dann ungleich behandelt werden können, wenn sich jene auf die Waren direkt auswirken.[547] Die Einbeziehung des Produktionsverfahrens in die Beurteilung der Gleichartigkeit eines Gegenstandes ist allerdings umstritten,[548] soweit sich das Verfahren wie im Falle von sog. Non-Product-Related PPMs nicht auf das Produkt auswirkt. Die Zurückhaltung gegenüber

---

546 So auch *Bronckers/McNelis*, Rethinking the „Like Product" Definition in GATT 1994, S. 347.

547 Vgl. *US – Restrictions on Imports of Tuna*, Report of the Panel, in: BIDS 39S/195, para. 5.14 sowie *US – Restrictions on Imports of Tuna*, Report of the Panel, in: ILM 1994, S. 839 (889, para. 5.8): Verstoß gegen Art. III, da sich unterschiedliche Fangmethoden nicht auf die Ware Fisch auswirken.

548 Zu den kritischen Äußerungen in der Literatur *Charnovitz*, The Yale Journal of International Law 2002, S. 76 f.

NPR-PPMs rührt daher, dass sich ein Produktionsverfahren in der Regel nur auf den Herstellungsort umweltschädigend auswirkt und grenzüberschreitende Umweltschäden selten zu befürchten sind. In diesem Fall würden umweltpolitisch motivierte Handelsbeschränkungen dazu führen, dass auf die Umweltpolitik des Herstellungsortes politischer Einfluss ausgeübt werden würde und dadurch die nationale Souveränität des Importstaates gefährdet wäre.[549]

Zu diesen Produktionsverfahren zählen beispielsweise die Verabreichung von Hormonen in der Rinderaufzucht, die Bestrahlung oder gentechnische Veränderung von Lebensmitteln sowie der ökologische Anbau von Pflanzen. Auch hier liegt die Feststellung der Gleichheit von Waren in einer rechtlichen Grauzone. Angesichts der äußerlichen Übereinstimmung der Lebensmittel stellt sich die Frage, ob beispielsweise ökologisch angebautes Gemüse gleichartig zu konventionellem ist. In diesem Fall sind zwar Unterschiede in der Schadstoffbelastung meßbar, doch reicht dies auch für die Annahme einer Auswirkung des Verfahrens auf das Endprodukt aus? Letztlich verlagert sich in den Fällen der äußerlichen Warenidentität das Problem der Bestimmung der Gleichheit der Waren auf die Frage der Feststellung von Verfahrensauswirkungen auf die Güter.

Aus umweltpolitischer Sicht besteht die Notwendigkeit Produkte auch nach der Herstellungsart zu unterscheiden. So besteht beispielsweise ein umweltpolitischer Regulierungsbedarf, wenn es darum geht, die Produktion und die Einfuhr von Produkten von einer energiesparenden und schadstoffarmen Produktion ab-

549 So auch die Auffassung des früheren WTO Generaldirektors *Renato Ruggiero* in einer 1997 gehaltenen Rede: „What a country cannot do under WTO rules, however, is apply trade restrictions to attempt to change the process and production methods – or other policies – of its trading partners. Why? Basically because the issue of production and process methods lies within the souvereign jurisdiction of each country." *Ruggiero*, A Shared Responsibility: Global Policy Coherence for our global Age, Address to the Conference on „Globalization as a Challenge for German Business: Export Opportunities for Small and Medium-sized Companies in the Environmental Field, 9.12.1997, erhältlich unter http://www.wto.org/english/news_e/sprr_e/bonn_e.htm. Diese Auffassung scheint die WTO nach wie vor zu vertreten. So heißt es auf der WTO Webseite: „The WTO agreements are interpreted to say two important things. First, trade restrictions cannot be imposed on a product purely because of the way it has been produced. Second, one country cannot reach out beyond its own territory to impose its standards on another country." WTO, Trading Into The Future: the Introduction To The WTO 47, erhältlich unter http://www.wto.org/english/thewto_e/tif_e/tif_e.htm. Ebenso in einer Mitteilung für die 4. Ministerkonferenz in Doha: „The WTO, like ist predecessors the GATT, does not permit its Members to distinguish between products that have the same characteristics („like" products) based on the differences in the way they were produces. Why? Because to do so would bring the rules into conflict with the very basis of the gains from trade differences in comparative advantage." *WTO*, Why It Matters: A Guide For Officials, Legislators, Civil Society And All Those Interested In International Trade And Global Governance (2001), erhältlich im Internet unter http://www-heva.wto-ministerial.org/english/thewto_e/minist_e/min01_e/min01_e.htm.

hängig zu machen. Da ökologische Lebensmittel hinsichtlich ihrer äußeren Beschaffenheit nicht von herkömmlichen abweichen und sich darauf gerichtete Unterschiede technisch teilweise nicht nachweisen lassen, ist eine Abgrenzung schwierig. Nationale und regionale Maßnahmen zur Förderung der Verbrauchergesundheit durch ökologische Nahrungsmittel[550] wären zulässig, wenn biologische Produkte im Verhältnis zu konventionellen Gütern als verschiedenartig betrachtet werden. Im ökologischen Landbau werden Pflanzen nicht mit Pestiziden behandelt, das Saatgut ist nicht genmanipuliert, und die Waren dürfen nicht bestrahlt werden. Die Anforderungen an das Erzeugungsverfahren besitzen auf den Endprodukten unterschiedliche Auswirkungen. Im Gegensatz zu konventionellen Agrargütern weisen sie im Endprodukt eine geringere Belastung mit Schädlingsbekämpfungsmitteln auf. Auch die Bestrahlung von Lebensmitteln wirkt sich während des Produktionsverfahrens aufgrund der Zuführung von Energie auf die Waren aus. In Nahrungsmitteln führt die Bestrahlung zu geringfügigen Veränderungen der Proteine, Fette, Kohlehydrate und Vitamine.[551] In nicht getrockneten Produkten ist diese Veränderung aufgrund des Bruchs von Eiweißketten wissenschaftlich nachweisbar. Auch bei gentechnisch veränderten Gütern, die selbst als Lebensmittel konsumiert werden, ist diese Manipulation durch eine DNS-Analyse oder die Untersuchung auf veränderte Proteine feststellbar. Erschwerend kommt für eine Abgrenzung ökologischer Produkte hinzu, dass nicht alle Verfahren technisch nachweisbar sind. Dienen genmanipulierte Erzeugnisse als Rohstoffe für Öle, ist die Veränderung im Endprodukt nicht mehr nachweisbar. Ebenso kann eine Bestrahlung von getrockneten Kräutern nicht mehr bemerkt werden, da keine ionisierenden Rückstände vorhanden sind.

Nach Auffassung von *Cheyne* sollte nicht auf physische Eigenschaften eines Produktes abgestellt werden, sondern auf sämtliche Faktoren, die einem Produkt inhärent sind. Hierunter würden Verfahrenstechniken und Produktionsfaktoren fallen, die in einem unmittelbaren Zusammenhang zum Produkt stehen, wie beispielsweise die Arbeit von Gefangenen, Fischfangmethoden die zu einer Dezimierung des Delphinvorkommen führen und Produktionsmethoden, bei denen giftige Gase in die Erdatmosphäre gelangen.[552] Diese Auffassung geht zu weit, zumal viele Entwicklungsländer weder technisch noch finanziell in der Lage sind, gewisse Umweltstandards beim Herstellungsprozess umzusetzen. Hierzu hat sich insbesondere die Organisation für wirtschaftliche Zusammenarbeit und Entwicklung kritisch geäußert.[553] Gerade in Mitgliedstaaten der WTO,

---

550 In den einzelnen Staaten haben sich unterschiedliche Bezeichnungen herausgebildet, wie z.B. „ökologisch“ oder „biologisch-dynamisch“.

551 *Bundesforschungsanstalt für Ernährung*, Die Strahlenkonservierung von Lebensmitteln, S. 5.

552 *Cheyne*, GA. J. INT'l & COMP. L. 1995, S. 445.

553 *OECD*, Process and Production Methods (PPMs). Conceptual Framework and Considerations on use of PPM-based Trade Measures, S. 9: „PPM (processes and production

in denen sich noch keine tragfähige technologische Grundlage existiert, würden sich derartig umfassende Umweltauflagen als unverhältnismäßig erweisen. Weiterhin verlagert diese Auffassung das Problem auf die Frage, ob ein unmittelbare Zusammenhang zwischen einem Verfahren und ein Verfahrensprodukt besteht. Der unmittelbare Zusammenhang ist jedoch kein taugliches Abgrenzungskriterium für die Gleichheit zweier Produkte, sondern beschwört neue Auslegungsprobleme herauf.

Da sich nach der oben genannten neueren GATT-Praxis die Gleichartigkeit von Waren nach der Verbraucherwahrnehmung beurteilt, ist richtigerweise darauf abzustellen, ob die Konsumenten nach der Herstellungsmethode mancher Waren einer Produktkategorie unterscheiden bzw. ihr Kaufverhalten hiervon abhängig machen würden. Soweit die Herstellungsmethoden die Nachfrage lenken, spricht die *ratio* des Art. III GATT gegen eine Gleichbehandlung von umweltfreundlich und weniger umweltfreundlich hergestellten Produkten. Die Gleichartigkeit zweier Waren ist folglich vom umweltpolitischen Bewusstsein der Verbraucher im jeweiligen Marktsegment abhängig.[554] Das heißt konkret, in einem Markt, auf dem Umweltschutzbelange das Kaufverhalten der Konsumenten stark beeinflussen, werden die Produkte wegen der unterschiedlichen Berücksichtigung von Umweltschutzbelange nicht als konkurrierend wahrgenommen. Danach würden ökologische Produkte, die bestimmte Höchstwerte an Schadstoffen nicht überschreiten, als verschiedenartig zu herkömmlichen Waren, während belastetere Produkte als gleichartig erachtet werden können. In diesem Fall kann die unterschiedliche Behandlung von umweltschonenden und umweltschädlichen Produkten nicht den Schutz der inländischen Produkte bewirken oder diesen bezwecken.

Für biologische Erzeugnisse wird man auf dem europäischen Markt mittlerweile die Zulässigkeit nationaler Maßnahmen damit begründen können, dass sie wegen der stark wachsenden Absatzzahlen auf diesem Gebiet eine eigenständige Warenkategorie begründen. Mit dem steigenden Bewusstsein der Konsumenten bei Ernährungs- und Umweltfragen werden ökologische und herkömmliche Produkte zumindest auf dem europäischen Markt immer weniger vergleichbar. Das gewandelte Verbraucherverhalten, der höhere Marktpreis von ökologischen Gütern, der von den Käuferschichten allerdings akzeptiert wird

---

methods) requirements tend to compel producers to modify their way of operating. Such modifications raise technical and financial questions, which can be more or less difficult for individual producers to overcome particularly for small producers or less developed countries. Depending upon the circumstances, PPM requirements may prompt shifts in the location of production, in its level and in the cost of the goods produced. Changes in production patterns may result in changes in trade patterns.“

554 Vgl. auch *Sander*, Internationaler und europäischer Gesundheitsschutz, S. 162 ff.

und die Entstehung neuer Marktstrukturen[555] belegen das Vorhandensein einer solchen neuen Warengattung. In der Schweiz werden bereits 7,3 % und in Österreich 10,1 % der gesamten landwirtschaftlichen Nutzfläche ökologisch bearbeitet.[556] Vor allem besitzen ökologische Produkte eine spezifische, abgrenzbare Käuferschicht, die bestimmte Güter überwiegend in Läden kauft, die sich auf diese Art von Erzeugnissen spezialisiert haben.

Im Hinblick auf eine zunehmende Unterscheidung von Produkten durch den Konsumenten auch bezüglich der Produktionsstandards (z.B. Eier von Hühnern aus Bodenhaltung, Fleisch von artgerecht gehaltenen Tieren) wären PPMs als Grundlage für eine Unterscheidung ansonsten gleichartiger Produkte zumindest im europäischen Raum zu berücksichtigen. Aus vorstehenden Gründen kann die Verschiedenheit von Produkten unterschiedlicher Herstellungsweisen nicht pauschal verneint werden, sondern bedarf einer Prüfung im Einzelfall entsprechend der Praxis zur Unterscheidung von Produkten auf Grund von Produktmerkmalen. Vor diesem Hintergrund wäre es durchaus interessant gewesen, wie der gegen die Europäische Gemeinschaft eingeleitet Streitfall um die Rechtmäßigkeit einer gegen die USA verhängten Importsperre für Seehundfelle, deren Tiere mit Fangeisen gefangen worden sind, ausgegangen wäre.[557] Im Hinblick darauf, dass die Streitbeilegungsgremien in ihren neueren Entscheidungen verstärkt die Kundenerwartungen in ihre Betrachtung einbeziehen, dürfte der Fall „Chilean Apple II“[558] von den Streitbelegungsgremien nunmehr anders beurteilt werden. In dieser Entscheidung kam das Panel zu dem Schluss, dass zwei Apfelsorten auch dann noch als gleichartig i.S.d. Art. XI GATT einzustufen sind, wenn die eine Apfelsorte wegen den günstigen klimatischen Bedingungen auf der südlichen Hemisphäre frisch gepflügt werden konnten, während die anderen aus dem Lagerbestand stammten, weil die Erntesaison auf der nördlichen Hemisphäre bereits beendet war. Ein auf die Gesundheit achtender Kunde unterscheidet aber in der Regel zwischen frischen und eingelagerten Äpfel, gleich ob sie in ihrer physischen Substanz identisch sind oder nicht.

---

555 Vgl. die Anbauverbände „Bioland“, „Demeter“ und „Naturland“ mit besonderen Vertriebsstrukturen für ihre Produkten sowie die Vergabe- und Kontrollstrukturen der Öko-Kontrollstellen.

556 Nach Angaben der Agrarsozialen Gesellschaft ASG, Göttingen aus dem Jahre 1999. In Deutschland handelt es sich lediglich um eine Anbaufläche von 2,08 % der Gesamtfläche.

557 Agreement on International Humane Trapping Standards zwischen EG, Kanada, Russland vom 17.12.1997 (PRES/97/397) und EG, USA vom 18.12.1997 (PRES/97/403); vgl. hierzu *Nollkaemper*, Journal of Environmental Law 1996, S. 237.

558 *EEC Restrictions on Imports of Apples from Chile*, Report of the Panel, in: BISD 27S/98.

b) Nicht weniger günstige Behandlung

Als weitere Tatbestandsvoraussetzung dürfen eingeführte Waren im Vergleich zu den im Inland hergestellen Waren durch eine inländische Regelung keine „weniger günstige Behandlung" erfahren. In den Entscheidungen „Automobiles" und „Malt Beverages" legten die Streitbeilegungsgremien der Voraussetzung der weniger günstigen Behandlung keinen selbständigen Auslegungsmaßstab zugrunde, sondern bezogen die Prüfung dieser Tatbestandsvoraussetzung in ihrer Analyse des Gleichheitsbegriffes mit ein. Das heißt die Auslegung der Tatbestandsvoraussetzung „weniger günstigen Behandlung" hatte sich am „Ziel und Zweck" der Maßnahme zu orientieren. Wenn das Ziel einer bestimmten Maßnahme darin bestand, die inländische Produktion zu schützen, und wenn sich die Maßnahme auf importierte Konkurrenzprodukte weniger günstig auswirkte, dann behandelten die Panel die Produkte als gleichartig i.S.d. Art. III Abs. 4 GATT.

Diese Lesart des Art. III Abs. 4 GATT dürfte erklären, warum das Panel im Automobiles-Fall lediglich in einer der drei geprüften Bestimmungen eine Gleichheit der Produkte angenommen hatte.[559] Das Panel stellte in dieser Entscheidung weiterhin klar, dass eine weniger günstige Behandlung importierter Produkte nicht mit dem Verweis auf die günstigere Behandlung anderer importierter Produkte ausgeglichen werden könne. Das Gebot der nicht weniger günstigeren Behandlung beziehe sich auf jedes einzelne Produkt.[560] Eine Besserstellung der großen ausländischen Pkws im Verhältnis zu großen im Inland hergestellten Pkws vermochte daher im Fall „Automobiles" die weniger günstige Behandlung von kleinen ausländischen Pkws im Verhältnis zu kleinen heimischen Pkws i.S.d. Art. III GATT nicht zu neutralisieren bzw. die Benachteiligung der ausländischen Hersteller kleinerer Pkws wieder zu kompensieren.

Im Gasoline-Fall wandte sich das Panel ebenfalls gegen die Verrechnung von ungünstigen Maßnahmen mit günstigen Maßnahmen, soweit sich diese Maßnahmen auf unterschiedliche Produkte beziehen. Dadurch erteilte das Panel der US-amerikanischen Rechtsauffassung, wonach die Benachteiligung von importierten Treibstoffsorten durch Vorteile der Importeure in anderen Bereichen kompensiert werden können, eine klare Absage. Zur Begründung zog das Panel die Entscheidungsgründe im Fall „US – Section 337" heran, in welcher das Panel bereits klargestellt hatte, dass sich das Gebot der nicht weniger günstigen Behandlung nach Art. III Abs. 4 GATT auf jeden individuellen Fall beziehe.[561]

---

559 *US – Taxes on Automobiles*, Report of the Panel vom 29.9.1994, DS31/R, para. 5.1-5.15, 5.17-5.36.

560 *US – Taxes on Automobiles*, Report of the Panel vom 29.9.1994, DS31/R, para. 5.47.

561 *US – Section 337 of the Tariff of 1930*, Report of the Panel, in: BISD 36S/345 (387, para. 5.14): „The Panel rejected any notion of balancing more favourable treatment of some imported products against less favourable treatment of other imported products. If

Im Gasoline-Fall setzte Appellate Body seine eigenen Auslegungsmaßstäbe, indem er das Vorliegen einer weniger günstigen Behandlung von der Möglichkeit abhängig machte, importierte Produkte in Bezug auf gesetzlichen Bestimmungen oder Regulierungsmaßnahmen „effektiv gleich“ zu behandeln.[562] Indessen ließ der Appellate Body offen, was unter einer effektiven Gleichbehandlung zu verstehen ist. Soweit der Appellate Body mit dem Hinweis auf die effektive Gleichbehandlung verdeutlichen wollte, dass eine Diskriminierung auch bei einer formalen Gleichbehandlung, aber tatsächlichen Benachteiligung von importierten oder im Inland hergestellten Produkten in Betracht komme, so würde sich der Bedeutungsgehalt einer weniger günstigen Behandlung darin erschöpfen, die seit langen akzeptierte *De-facto*-Diskriminierung im Wortlaut des Art. III Abs. 4 GATT zu verankern.

Im Asbest-Fall folgte der Appellate Body erstmals einem völlig neuen Ansatz bei der Auslegung der Tatbestandsvoraussetzung „nicht weniger günstige Behandlung“, dessen Interpretation in der Literatur streitig diskutiert wird. Gegenstand des sog. Asbest-Falles war ein Importverbot von Weiß-Asbest, welches Frankreich wegen dessen erhöhter Krebsgefahr erlassen hatte. In der Entscheidung „Asbest“ gelangte der Appellate Body zu der Feststellung, dass der Begriff „weniger günstige Behandlung“ das in Art. III Abs. 1 geregelte Protektionismusverbot zum Ausdruck bringen möchte.[563] Weiterhin heißt es im Absatz 100, dass ein Mitgliedstaat nicht allein mit der Annahme eines gleichen Produktes im Sinne des Art. III Abs. 4 GATT die Feststellung trifft, dass im Falle einer Ungleichbehandlung von importierten gleichen Produkten eine weniger günstige Behandlung vorliegt.

Was sich hinter der Formulierung „nicht allein mit der Annahme“ des Appellate Body verbirgt und welche Voraussetzungen für eine „weniger günstige Behandlung“ ausländischer Produkte im Sinne des Art. III Abs. 4 GATT vorliegen müssen, wird in der Literatur streitig dikutiert.[564] Im Schrifttum wird die Auffassung vertreten, dass Absatz 100 der vorgenannten Asbest-Entscheidung als eine Hinwendung zum „Ziel und Wirkung“-Ansatz früherer Entscheidungen

---

this notion were accepted, it would entitle a contracting party to derogate from the no less favourable treatment obligation in one case, or indeed in respect of some contracting party, on the ground that it accords more favourable treatment in some other case, or to another contracting party. Such an interpretation would lead to great uncertainty about the conditions of competition between imported and domestic products and thus defeat the purpose of Article III.“

562 *US – Standards for Reformulated and Conventional Gasoline*, Report of the Panel vom 29.1.1996, WT/DS2/R, para. 6.10.

563 *EC – Measures Affecting Asbestos and Asbestos-Containing Products*, Report of the Appellate Body vom 12.3.2001, WT/DS135/AB/R para. 100.

564 Vgl. *Ehring*, De Facto Discrimination in WTO Law: National and Most-Favored Nation Treatment – or Equal Treatment?, Jean Monnet Working Paper 12/01, S. 20.

der Streitbeilegungsgremien zu deuten ist,[565] mit dem Unterschied, dass der Gesetzeszweck nicht mehr für die Beurteilung der Gleichheit zweier Produkte eine Rolle spielen soll, sondern neuer Prüfungspunkt des Tatbestandsmerkmals der „weniger günstigen Behandlung“ sein soll.[566]

Dieser Ansatz verhindert ebenfalls eine automatische Verletzung des Art. III GATT, wenn eine staatliche Regulierungsmaßnahme vergleichbare Produkte *de facto* oder *de jure* ungleich behandelt. Diese Lesart der Asbest- Entscheidung wird durch den Umstand begünstigt, dass der Appellate Body ausdrücklich auf den Art. III Abs. 1 GATT und damit auf eine Bestimmung Bezug nimmt, die protektionistische Maßnahmen verhindern will und deren Zweckbestimmung zur Begründung des „Ziel und Wirkung“-Ansatzes in früheren Entscheidungen der Streitbeilegungsgremien auch herangezogen wurde.

Gegen diesen Interpretationsansatz spricht hingegen, dass die Befürworter des „Ziel und Wirkung“-Ansatzes protektionistische Absichten normalerweise unter dem Tatbestandsmerkmal der Gleichheit zweier Produkte angesiedelt hatten. Weiterhin ist zu berücksichtigen, dass der Prüfungspunkt „weniger günstige Behandlung“ eine objektive Tatbestandsvoraussetzung darstellt, die sich gerade einer Prüfung von subjektiven Kriterien, wie beispielsweise der vom Gesetzgeber vorgegebenen Zweckbestimmung der Maßnahme, entzieht.[567] Vor diesem Hintergrund spricht vieles dafür, dass der Appellate Body in der Asbest-Entscheidung einen ganz neuen Weg beschreiten wollte, indem er im Sinne des „Asymmetrie“-Tests nicht mehr allein auf die Ungleichbehandlung zweier vergleichbarer Produktsparten aus dem In- und Ausland abstellt, sondern auf die Gesamtheit der jeweils vergleichbaren Produkte aus dem In- und Ausland, die durch eine angefochtene Maßnahme betroffen sind. In diese Gesamtbetrachtung wären die Produkte sämtlicher Herkunftsländer einzubeziehen.[568] Danach würde der Appellate Body eine Diskriminierung erst für den Fall bejahen, wenn die von der Maßnahme jeweils ausgehende Belastung bei den importierten Produkten insgesamt größer wäre als bei den inländischen Produkten.[569] Der neue Ansatz würde folglich eine Abkehr der bisherigen GATT-Rechtsprechung bedeu-

---

565 *Howse/Tuerk*, The WTO Impact on Internal Regulations – A Case Study of the Canada – EC Asbestos Dispute, in: de Burca/Scott (Hrsg.), The EU and the WTO: Legal and Constitutional Aspects, S. 284 f.

566 So *Regan* unter Bezugnahme auf Absatz 100 der Asbest-Entscheidung des Panels, *Regan*, JWT 2002, S. 444.

567 Vgl. *Ehring*, De Facto Discrimination in WTO Law: National and Most-Favored Nation Treatment – or Equal Treatment?, Jean Monnet Working Paper 12/01, S. 20.

568 *US – Taxes on Automobiles*, Report of the Panel vom 29.9.1994, DS31/R, para. 5.12.

569 Vgl. dazu *Darly/Pauwelyn*, MFN Unconditionality: A Legal Analysis of the Concept in View of its Evolution in the GATT/WTO Jurisprudence with Particular Reference to the Issue of the „Like Product“, in: Cottier/Mavroidis (Hrsg.), Regulatory Barriers and the Principle of Non-Discrimination in World Trade Law, S. 41.

ten, die sich bislang gegen eine Gesamtbetrachtung der von einer Maßnahme ausgehenden Belastungen gewandt hatte.

Auch wenn dieser neue Ansatz mit der Schwierigkeit zu kämpfen hat, wie die Vor- und Nachteile miteinander zu verrechnen sind, so verdient dieser Ansatz dennoch volle Anerkennung, zumal der Regelungsbereich der „weniger günstigen Behandlung" darin besteht, protektionistische Maßnahmen zu verhindern. Der Annahme einer protektionistischen Maßnahme steht jedoch entgegen, wenn ein Mitgliedstaat über den Gesamtstrich keine Vorteile aus einer umweltpolitisch motivierten Maßnahme zieht. Auf der anderen Seite ist eine stärkere Belastung ausländischer Produkte ein starkes Indiz für die protektionistische Absicht des jeweiligen Mitgliedstaates[570]. Dem „Asymmetrie"-Ansatz wird regelmäßig entgegengehalten, dass nach diesem Ansatz eine Verletzung des Art. III Abs. 4 GATT regelmäßig vom Binnenmarkt des jeweiligen Mitgliedstaates abhängig wäre. Während ein Mitgliedstaat, in welchem beispielsweise nur Bier, nicht aber Wein hergestellt werden würde, Wein nicht höher als Bier besteuert werden dürfte, ohne gegen Art. III Abs. 4 GATT zu verstoßen, hätten Mitgliedstaaten, die beide Alkoholsorten im Inland anbieten würden, den gesetzlichen Spielraum, Bier anders als Wein zu besteuern. Dieser Einwand vermag aber insofern nicht zu überzeugen, als für die Prüfung einer *De-facto*-Diskriminierung immer der Binnenmarkt des Staates zu berücksichtigen ist, für den die einzelstaatliche Maßnahme getroffen wurde.[571] Erst der Binnenmarkt gibt Aufschluss darüber, ob mit einer bestimmten Handelsmaßnahme protektionistische Ziele verfolgt werden.

II. Rechtfertigung umweltpolitisch motivierter Maßnahmen nach Art. XX GATT

Nationale Maßnahmen mit handelsbeschränkender Wirkung, die insbesondere Verbote und Mengenbeschränkungen i.S.d. Art. IX GATT und rechtswidrige Belastungen i.S.d. Art. III GATT darstellen, sind grundsätzlich verboten. Unter bestimmten Voraussetzungen, insbesondere wenn sie legitime Politikziele verfolgen, können sie jedoch aufgrund von Art. XX GATT gerechtfertigt sein. Insbesondere Art. XX (b) und (g) kommt für eine Rechtfertigung von staatlichen Umweltschutzmaßnahmen eine besondere Bedeutung zu. Die Panel nehmen bei der Überprüfung der Rechtmäßigkeit einer handelsbeschränkenden Maßnahme

570 *Regan*, JWT 2002, S. 470.

571 Vgl. *Ehring*, De Facto Discrimination in WTO Law: National and Most-Favored Nation Treatment – or Equal Treatment?, Jean Monnet Working Paper 12/01, S. 40.

seit der Entscheidung „US – Gasoline"[572] eine Zwei-Schritt-Prüfung vor. Während in einem ersten Schritt zu prüfen ist, ob die Maßnahme den Anforderungen der *lit.* a – j genügt, ist die konkrete Art der Anwendung oder Durchführung der Maßnahme in einem zweiten Schritt an der Chapeau-Regelung zu messen.[573] Die Frage, ob eine Maßnahme den Anforderungen des Art. XX GATT entspricht, hat das Mitgliedsland zu beweisen, welches sich auf die Ausnahmevorschrift beruft.[574]

1. Voraussetzungen des Art. XX (b) GATT

a) Schutzgut

aa) Schutzgüter des Art. XX (b) GATT

Art. XX (b) GATT gibt den Mitgliedstaaten die Möglichkeit, notwendige Maßnahmen zum Schutz des Lebens und der Gesundheit von Menschen, Tieren und Pflanzen zu ergreifen. Auch wenn die Ausnahmeregelung den Schutz der Umwelt nicht ausdrücklich als Schutzgut aufführt, was historische Gründe hat,[575] ist Art. XX (b) GATT nach dem allgemeinen Verständnis dahingehend auszulegen, dass er den Schutz der Umwelt mit einschließt. Der Vorschlag Österreichs,[576] den Art. XX (b) GATT mit der Aufnahme des Schutzgutes „Umwelt" zu ergänzen, um dadurch den Stellenwert der Umwelt im Verhältnis zum Freihandel zu erhöhen, konnte sich nicht durchsetzen. Der Appellate Body hat in mehreren Entscheidungen, insbesondere im Gasoline-Fall und Shrimp-Fall zu erkennen gegeben, dass es nicht mehr möglich ist, sonstige Ziele und Schutzgüter, wie beispielsweise gesundheitspolitische Belange, Umweltschutzinteressen oder die Förderung der nachhaltigen Entwicklung, den Freihandelszielen unter-

---

572 *US – Standards for Reformulated and Conventional Gasoline*, Report of the Appellate Body vom 29.4.1996, WT/DS2/AB/R, S. 22: „The analysis is, (…) two-tired: first, provisional justification by reason of characterization of the measure under XX (g); second, further appraisal of the same measure under the introductionary clauses of Article XX."

573 *US – Imports of certain Automotive Spring Assemblies*, Report of the Panel, in: BISD 30S/107 (125, para. 56); ebenso *US – Standards for Reformulated and Conventional Gasoline*, Report of the Appellate Body vom 29.4.1996, WT/DS2/AB/R, S. 21; *US – Shrimp*, Appellate Body Report vom 12.10.98, WT/DS58/AB/R, para. 160.

574 *US – Standards for Reformulated and Conventional Gasoline*, Report of the Appellate Body vom 29.4.1996, WT/DS2/AB/R, S. 22 f.

575 *Schoenbaum*, AJIL 1997, S. 273.

576 Der Vorschlag Österreichs würde wie folgt lauten: „necessary to protect the environment, human, animal or plant life or health." MTN.GNG/NG7/W/75 vom 1.11.1990.

zuordnen.[577] So hat sich das GATT-Panel im Tuna II-Fall erstmals auch zu dem WTO-Ziel der „nachhaltigen Entwicklung“ bekannt und damit zum Ausdruck gebracht, dass es sich hierbei um eine Zielbestimmung der WTO handeln kann.[578]

bb) Schutzlevel

Hinsichtlich der Festlegung konkreter Schutzstandards sind die Staaten in ihrer Entscheidung grundsätzlich frei.[579] Dieses Prinzip folgt aus der Souveränität jedes Mitgliedstaates, die so wenig wie möglich eingeschränkt werden soll. Aus diesem Grund steht jedem Mitgliedstaat das Recht zu, selbst zu bestimmen, in welchem Umfang die von Art. XX (a) – (j) GATT erfassten Schutzgüter jeweils geschützt werden soll.[580] Im Asbest-Fall hatte sich der Appellate Body gegen das Argument gewandt, dass das jeweils vom Mitgliedsland aufgestellte Schutzniveau einer Verhältnismäßigkeitsprüfung zu unterziehen ist. Nach Auffassung des Appellate Body haben die WTO-Mitgliedstaaten vielmehr das Recht die Anforderungen an die Qualität des Risikos (z.B. ob dieses Risiko aus sozialen Gründen akzeptabel ist) oder die Quantität des Risikos (wie wahrscheinlich eine Risikoverwirklichung ist) selbst zu bestimmen. Soweit sich daher ein Mitgliedsland für eine Risikominimierung auf Null entschieden hat, haben sich die übrigen Anforderungen, die an eine Maßnahme i.S.d. Art. XX GATT gestellt werden, an diesem Schutzniveau zu messen. Ein Mitgliedstaat muss sich folglich nicht auf weniger einschneidende Maßnahmen verweisen lassen, wenn das vom Mitgliedstaat angestrebte Schutzniveau, insbesondere im Hinblick auf die gesundheitlichen und umweltpolitischen Risiken, die von einem bestimmten Produkt ausgehen, sich nur durch ein Importverbot erzielen lassen. Eine solche Situation bestand im Asbest-Fall, weshalb sich der Appellate Body angesichts der lebensbedrohlichen Krebsgefahr, die von den jeweiligen asbesthaltigen Stoffen

---

577 *Ala'I*, AM. U. INT'l L. Rev. 1999, S. 1131.

578 *US – Restrictions on Imports of Tuna*, Report of the Panel, in: ILM 1994, S. 839, para. 5.42: „The Panel noted that the objective of sustainable development, which includes the protection and preservation of the environment, has been widely recognized by the contracting parties of the General Agreement.“; *Ala'I* spricht hierbei von einer neuen Ära der WTO, in: Am. U. Int'l L. Rev. 1999, S. 1153.

579 *US – Restrictions on Imports of Tuna*, Report of the Panel, in: BISD 39S/155 (199, para. 5.27); *Petersmann*, JWT 1993, S. 70.

580 *EC – Measures Affecting Asbestos and certain Asbestos-containing Products*, Report of the Appellate Body vom 12.3.2001, WT/DS135/AB/R, para. 168.

ausging, nicht zu einem Vergleich mit weniger handelsbeschränkenden Maßnahmen veranlasst sah.[581]

cc) Präventive Umweltschutzmaßnahmen

Je länger die Kausalkette für die Feststellung von Schädigungen der Umwelt durch industrielle Einflüsse wird und je weiter die nationalen Maßnahmen dem Bereich der Prävention zuzurechnen sind, desto umstrittener ist die Frage, ob diese Schutzvorschriften noch unter Art. XX (b) GATT fallen.[582] Häufig ist bereits umstritten, ob überhaupt eine Gefährdung der menschlichen Gesundheit oder der Umwelt durch bestimmte Produkte zu erwarten ist. Deshalb stellt sich die Frage, ob eine Kausalität zwischen dem Produkt und der Umweltschädigung besteht. Diskutiert wird zum Beispiel, ob Mobiltelefone Gehirntumore auslösen oder gentechnisch manipulierte Lebensmittel die Gesundheit schädigen. Die Panel sind gem. Art. 13.2 DSU seit 1995 befugt, zur Klärung einzelner Fragen Experten zu befragen oder schriftliche Gutachten anzufordern.[583]

Im Rahmen des Art. XX GATT stellt sich damit die Frage, inwieweit Vorsorgeaspekte und Mindermeinungen zum Tragen kommen müssen und damit eine gewisse wissenschaftlich belegbare Wahrscheinlichkeit der Umweltschädigung zu fordern ist oder ob im Falle befürchteter Umweltschäden größeren Ausmaßes auch begründete Verdachtsmomente für die Annahme einer Umweltgefährdung ausreichen.[584] Nach der Grundidee des Vorsorgeprinzips, so wie sie etwa in Art. 174 EGV[585] festgeschrieben wurde, dürfen präventive Maßnahmen zur Verhinderung einer schweren und irreversiblen Schädigung der Umwelt oder Gesundheit ergriffen werden, weshalb das Vorsorgeprinzip folgende Elemente enthält: a) Risikovermeidung wird gegenüber dem Risikomanagement bevorzugt, b) Umkehrung des zeitlichen Ablaufs: Maßnahmen werden ergriffen, bevor wissenschaftliche Beweise vorliegen, c) Umkehrung der Beweislast: Wer Maßnahmen ergreift, muss beweisen, dass diese die Umwelt nicht schädigen,

---

581 *EC – Measures Affecting Asbestos and certain Asbestos-containing Products*, Report of the Appellate Body vom 12.3.2001, WT/DS157/AB/R, para. 164 ff.

582 *Weiher*, Nationaler Umweltschutz, S. 133 f.

583 Bereits im „Thailand"-Fall aus dem Jahre 1990 zog es mit Zustimmung der Parteien den Rat der WHO heran, um von Experten prüfen zu lassen, ob Rauchen gesundheitsschädlich ist. Die WHO kam zum Ergebnis, dass das Rauchen beträchtliche Gesundheitsgefahren birgt. *Thailand – Restrictions on Importation of and Internal Taxes on Cigaretts*, Report of the Panel, in: BISD 37S/200 (216, para. 51).

584 *Diem*, Freihandel und Umweltschutz, S. 89 f.

585 Vgl. auch die EG-Richtlinie 85/337/EWG über eine Umweltverträglichkeitsprüfung (ABl. EG 1985 Nr. L 175, S. 40 ff.).

um eine Regulierung zu vermeiden, d) Maßnahmen zur Beschränkung des Risikos werden als legitim betrachtet; wer andere Maßnahmen vorschlägt, muss beweisen, dass diese effektiver sind. Aus den vorgenannten Kriterien des Vorsorgeprinzips wird deutlich, dass der Hauptanwendungsbereich dieses Prinzips darin besteht, Maßnahmen zu verhindern, die eine schwere und irreversible Schädigung der Umwelt oder Gesundheit ermöglichen, deren Wahrscheinlichkeit jedoch mit wissenschaftlichen Methoden (derzeit) nicht nachgewiesen werden kann.

Das Vorsorgeprinzip findet innerhalb der WTO-Übereinkommen nur in Art. 5.7 des SPS-Abkommens Erwähnung. Danach sind Vorsorgemaßnahmen zum Schutze der Gesundheit vorläufig und mit der Maßgabe zulässig, dass sich das betroffene Mitgliedsland um weitere Belege der Gesundheitsgefährdung bemüht. Der Regelungsinhalt des Art. 5.7 SPS-Übereinkommen ist bereits in mehreren Streitfällen in das Interesse der Öffentlichkeit gerückt, wie beispielsweise in der Hormon- und der Lachs-Entscheidung.[586] In beiden Fällen ist das Vorsorgeprinzip nicht als völkergewohnheitsrechtliches Prinzip und damit auch nicht zur Rechtfertigung von Gesundheitsmaßnahmen akzeptiert worden. Während sich die Gemeinschaft im Hormon-Fall auf das Vorsorgeprinzip als Bestandteil des Völkergewohnheitsrechts bezogen hatte, hielt dem das Panel entgegen, dass der Anwendungsbereich des Art. 5.1 nicht durch dieses Prinzip – soweit dieses überhaupt bestehen sollte – eingeschränkt werden könne, weil Art. 5.7 das Vorsorgeprinzip bereits abschließend für das SPS-Abkommen regelt. Die USA und Kanada bestritten in diesem Streitverfahren die Existenz einer derartigen völkergewohnheitsrechtlichen Norm. Deren Auffassung zufolge ist zwischen einem „Vorsorgeprinzip" und einem „Vorsorgeansatz" zu differenzieren. Allein der Vorsorgeansatz finde Ausdruck in völkerrechtlichen Bestimmungen wie beispielsweise im Montrealer Protokoll und im Cartagena-Protokoll über biologische Sicherheit (Biosafety-Protokoll). Hierbei handele es sich jedoch um ein politisches Element, zumal der Inhalt und Umfang des Vorsorgeansatzes nationalstaatlich geprägt sei[587] und deshalb auch nicht einer einheitlichen Übung unterliegen könne.

Die transatlantischen Differenzen über die Existenz eines völkergewohnheitsrechtlich anerkannten Vorsorgeprinzips offenbarten sich besonders bei den Verhandlungen zum Biosafety-Protokoll, in dessen Verlauf die USA als Hauptlieferant von genetisch modifizierten Nahrungsmitteln und Saatgut mit der EU in Interessenstreit über die rechtliche Behandlung genetisch modifizierter Orga-

---

586 Vgl. *EC – Measures Concerning Meat and Meat Products (Hormones)*, Report of the Appellate Body vom 16.1.1998, WT/DS26/AB/R, WT/DS48/AB/R; *Canada – Measures Affecting Exports of Unprocessed Hering and Salmons*, in: BISD 35S/98 ff.

587 Vgl. *EC – Measures Concerning Meat and Meat Products (Hormones)*, WT/DS26/AB/R, WT/DS48/AB/R, § 43 (USA), § 60 (Kanada); hierzu *Sander*, Internationaler und europäischer Gesundheitsschutz, S. 126 ff.

nismen geriet. Zwischen den USA und der EU entzündete sich ein Streit insbesondere über die Frage, ob im Biosafety-Protokoll das Vorsorgeprinzip nach dem EU-Modell festzuschreiben ist. Aus der Sicht der US-Regierung stellt das Vorsorgeprinzip ein Hindernis bei der Verfolgung US-amerikanischer Profitinteressen dar. Aus diesem Grund stellte sich die USA während der Verhandlungen zum Biosafety-Protokoll auf den Standpunkt, dass auch unter Heranziehung des Vorsorgeprinzips nicht auf einen minimalen, wissenschaftlichen Nachweis eines Umwelt- oder Gesundheitsrisikos verzichtet werden könne, wohlwissend, dass der Nachweis möglicher Gesundheitsrisiken wegen noch fehlender Langzeitstudien zur Gentechnologie nicht erbracht werden konnte. Die EG vertrat hingegen einen Vorsorgeansatz, demzufolge schon ein begründeter Verdacht und nicht erst der wissenschaftliche Nachweis zu Maßnahmen zum Schutze der Umwelt und Gesundheit berechtigen. In anderen Worten: Während nach der US-amerikanischen Vorstellung ein Produkt immer dann als sicher zu beurteilen ist, solange dessen Risiken für die Gesundheit oder Umwelt nicht bewiesen sind, ist aus der europäischen Sicht ein Produkt als gefährlich einzustufen, solange dessen Sicherheit für die Gesundheit und Umwelt nicht nachgewiesen ist.[588] Der Streit endete schließlich in einer Kompromisslösung, die in Art. 10 das Vorsorgeprinzip, ohne es allerdings ausdrücklich als solches zu benennen, definiert, indem es die Umstände beschreibt, unter denen Staaten Schutzmaßnahmen treffen dürfen ohne auf einen endgültigen wissenschaftlichen Beweis der Ursachen und Wirkungsketten warten zu müssen.

Im Hinblick darauf, dass im Prinzip 15 der Rio-Erklärung[589] ebenfalls nur von einem „Vorsorgeansatz" und nicht von einem „Prinzip" gesprochen wird und unter Bücksichtigung der transatlantischen Differenzen, die gerade eine einheitliche Übung des Vorsorgeansatzes zur Begründung des Völkergewohnheitsrechts vermissen lassen, sind präventiven Umweltschutzmaßnahmen, die nicht ausdrücklich Gegenstand eines multilateralen Abkommens sind, mit dem WTO-Recht kaum zu vereinbaren, wenn sie auf einen wissenschaftlichen Nachweis der Umwelt- oder Gesundheitsgefahr verzichten.[590]

---

588 *Olson*, Trade Officials Hope to Celar Air Before big Meeting, in: New York Times vom 13.10.2001, S. C2.

589 ILM 1992, S. 879, Principle 15: „Where there are threats of serious or irreversible damage, lack of full scientific certainty shall not be used as a reason for postponing cost-effective measures to prevent environmental degradation".

590 Hierzu fehlt insbesondere die Zustimmung der Entwicklungsländer. Vgl. *Shahin*, Trade and Environment in the WTO, Achievements and Future Prospects, 1997 veröffentlicht vom Third World Network, im Internet unter http://www.southside.org.sg/souths/twn/title/achcn.htm.

h) Geeignetheit der Maßnahme

Der Appellate Body hatte bereits im Fall „Korea – Various Measures on Beef“ darauf hingewiesen, dass er von einem hohen Risikolevel zumindest dann nicht zu überzeugen ist, wenn die zur Risikominimierung oder -beseitigung eingesetzten Mittel nicht geeignet sind, dieses Schutzziel zu erfüllen.[591] Die Eignung einer Maßnahme zur Minimierung oder Beseitigung eines Risikos beurteilt sich danach, ob die Eignung der Maßnahme für diese Zwecke wissenschaftlich nachweisbar ist. Soweit diese Frage nicht zweifelsfrei beantwortet werden kann, kann das Streitbeilegungsgremium die Meinung von Sachverständigen für die Beurteilung heranziehen.

Im Fall thailändischer Steuern auf Zigaretten[592] holte das Panel beispielsweise den Rat der Weltgesundheitsorganisation zu der Frage ein, ob Steuererhöhungen eine geeignete Maßnahme zur Reduzierung des Zigarettenkonsums darstellen. Die WHO gelangte unter Bezugnahme auf die Erfahrungen mit Lateinamerika zu der Feststellung, dass Steuererhöhungen zwar zu einer Verringerung des Verbrauchs beitragen, die gleichzeitige Liberalisierung bisher monopolistisch strukturierter Zigarettenmärkte aber erfahrungsgemäß zu einem Anstieg des Konsums führen werden. Im Hinblick darauf, dass der Zigarettenkonsum nach der Einführung des Lizenzsystems sogar ansteigen sollte, bestanden bei der Einführung von Importlizenzen bereits berechtigte Zweifel an der Geeignetheit der Maßnahme.[593] Das Panel ließ diese Frage jedoch offen, indem es sich gleich dem nächsten Prüfungsschritt zuwandte und die Notwendigkeit dieser Maßnahme daran scheitern ließ, dass aus seiner Sicht ein weniger handelsbeschränkendes Mittel denkbar war.

---

591 *Korea – Measures Affecting Imports of Fresh, Chilled and Frozen Beef*, Report of the Appellate Body, WT/DS161/AB/R, para. 178: „We think it is unlikely that Korea intended to establish a level of protection that totally eliminates fraud with respect to the origin of beef (domestic of foreign) sold by retailers. The total elimination of fraud would probably require a total ban of imports. Consequently we assume Korea intended to reduce considerably the number of cases of fraud occurring with respect of the origin of beef sold by retailers.“

592 *Thailand – Restrictions on Importation of and Internal Taxes on Cigaretts*, Report of the Panel, in: BISD 37S/200.

593 *Thailand – Restrictions on Importation of and Internal Taxes on Cigaretts*, Report of the Panel, in: BISD 37S/200 (206 f., para. 23).

c) *Notwendigkeit der Maßnahme*

Der Begriff der Notwendigkeit erfuhr bereits durch mehrere Entscheidungen der Streitbeilegungsgremien eine konkrete Ausgestaltung. Im Verfahren „US – Section 337“ hatte das Panel die Vereinbarkeit des Section 337 des US Tariff Act of 1930 mit dem GATT-Recht zu prüfen und dabei Art. XX (d) GATT erstmals näher analysiert und ausgelegt.[594] Nach der Zuständigkeitsnorm des Section 337 war für Patentverletzungen importierter Produkte nicht das District Court des jeweiligen Bundesstaates zuständig, sondern die United States International Trade Commission (USITC) als „quasi-juristisches“ Prüfungsgremium. Durch die Sonderbehandlung bei der Rechtswegbeschreitung haben importierte Waren gegenüber im Inland hergestellte Waren eine Benachteiligung erfahren, die allenfalls nach Art. XX (d) GATT gerechtfertigt gewesen wäre. Bei der Prüfung der Rechtfertigungsgründe gelangte das Panel zu der Überzeugung, dass GATT-widrige Maßnahmen nur dann als „notwendig“ im Sinne des Art. XX (d) GATT einzustufen sind, wenn es dem Mitgliedstaat, der gegen die GATT-Bestimmungen verstößt, nicht zugemutet werden könne, ein alternatives, GATT-konformeres Mittel anzuwenden, um die Schutzziele des Art. XX (d) GATT zu erreichen. Im Verfahren „US – Section 337“ lehnte das Panel die Notwendigkeit eines Sonderverfahrens für importierte Waren ab, weil dem Interesse des Patentinhabers, den Import von patentverletzender Waren frühzeitig und schnell verhindern zu können, auch durch Maßnahmen des einstweiligen Rechtsschutzes entsprochen werden konnte.

Diese Rechtsprechungspraxis wurde in den Folgeentscheidungen der GATT-Panel auch auf Art. XX (b) GATT angewandt.[595] So stand beispielsweise im Fall thailändischer Steuern auf Zigaretten ein Gesetz Thailands[596] in Streit, welches den Import von ausländischen und in der Regel gesundheitsschädlicheren Zigaretten aus Gründen der Gesundheitsfürsorge höher besteuerte als inländische Zigaretten. Dieses Gesetz verstieß gegen Art. XI Abs. 2 GATT und konnte nur unter den erschwerten Voraussetzungen des Art. XX GATT gerechtfertigt sein. Das Panel lehnte in diesem Fall eine für den Gesundheitsschutz notwendige Maßnahme Thailands im Sinne des Art. XX (b) GATT mit der Begründung ab, dass andere gleich geeignete Maßnahmen, wie Aufklärungskampagnen, Werbeverbote, gezielte Steuererhöhungen[597] und markenrechtliche Bestimmungen in Betracht gekommen wären, die der Gesundheitsfürsorge in einer

---

594 *US – Section 337 of the Tariff Act of 1930*, Report of the Panel, in: BISD 36S/345.

595 *Thailand – Restrictions on Importation of and Internal Taxes on Cigarettes*, Report of the Panel, in: BISD 37S/200.

596 Section 27 des Tobacco Act aus dem Jahr 1966.

597 So die Empfehlung der 43. Weltgesundheitskonferenz. *Thailand – Restrictions on Importation of and Internal Taxes on Cigarettes*, Report of the Panel, in: BISD 37S/200 (224, para. 78 f.).

den Handel weniger abträglichen Art und Weise gedient hätten. Diese als „least-trade-restrictive alternative test“ bekannte Rechtsprechungspraxis wurde auch in weiteren Entscheidungen der GATT-Panel angewandt, beispielsweise im Tuna I-Fall sowie im Streitverfahren „US – Standards for Reformulated and Conventional Gasoline“[598]. Im Tuna I-Fall lehnte das Panel die Notwendigkeit einer Maßnahme mit der Begründung ab, dass sich der Umfang des gegen Mexiko verhängten Importverbotes nach den Fangmengen US-amerikanischer Fischer richtete. Im Hinblick darauf, dass die Fangmengen der US-Fischer den mexikanischen Fischern zum Zeitpunkt des Fischfangs noch gar nicht bekannt sein konnten, war der Marine Mammal Protection Act wegen der fehlenden Vorhersehbarkeit der Fangmengen keine zum Schutze von Delphinen nach Art. XX (b) GATT[599] notwendige Maßnahme. Diese Rechtsprechungspraxis, wonach eine Maßnahme als notwendig bezeichnet werden darf, wenn es keine GATT-konformere Alternative gibt, ähnelt in gewisser Weise der im deutschen Öffentlichen Recht so vertrauten Verhältnismäßigkeitsprüfung[600], mit dem Unterschied, dass nicht die Angemessenheit, sondern allein die Erforderlichkeit der Maßnahme geprüft wird.

Im Fall „Korea – Various Measures on Beef“ hatte der Appellate Body innerhalb des Notwendigkeitstests erstmals eine tendenzielle Hinwendung zu einer Angemessenheitsprüfung erkennen lassen. Gegenstand dieses Verfahrens war eine Bestimmung Koreas, die einen getrennten Verkauf und Handel von ausländischem Rindfleisch vorsah. Nachdem der Appellate Body zu der Erkenntnis gelangte, dass diese Bestimmung mit dem Diskriminierungsverbot des Art. III Abs. 4 GATT nicht zu vereinbaren war, prüfte es die Notwendigkeit dieser Maßnahme nach Art. XX (d) GATT. Innerhalb dieser Prüfung gelangte der Appellate Body zu der Überzeugung, dass eine Maßnahme unter erleichterten Voraussetzungen notwendig sei, wenn sie nicht starke, sondern nur geringfügige Auswirkungen auf den Handel mit importierten Waren habe.[601] Ferner dürfe eine Maßnahme, soweit sie nicht unerlässlich ist, nur dann als notwendig bezeichnet werden, wenn zuvor sämtliche Interessen, die von der Maßnahme beeinflusst werden, gegeneinander abgewogen werden und die Abwägung zu dem Ergebnis führt, dass dem mit der Maßnahme verfolgten Schutzinteresse eine gegenüber

---

598 *US – Restrictions on Imports of Tuna*, Report of the Panel, in: BISD 39S/199; *US – Standards for Reformulated and Conventional Gasoline*, Report of the Panel, in: ILM 1996, S. 274, 296 f.

599 *US – Restrictions on Imports on Tuna*, Report of the Panel vom 3.9.1991 (nicht angenommen), DS21/R, S. 46, para. 5.28.

600 Vgl. *Diem*, Freihandel und Umweltschutz, S. 91 ff.

601 *Korea – Measures Affecting Imports of Fresh, Chilled and Frozen Beef*, Report of the Appellate Body, WT/DS161/AB/R, para. 163.

den anderen Interessen vorrangige Bedeutung einzuräumen ist.[602] Die Vorgehensweise, bei der die Wichtigkeit des jeweiligen Schutzgutes für die Frage Bedeutung erlangt, welche Anforderungen an den Nachweis der Notwendigkeit einer Maßnahme zu stellen sind, ist Ausdruck des Verhältnismäßigkeitsprinzips oder der „balancing analysis"[603].

Diese neue Rechtsprechungstendenz, wonach beim Notwendigkeitstest möglicherweise auch die Angemessenheit der Maßnahme zu prüfen ist, erweist sich als äußerst problematisch, zumal den Streitbeilegungsgremien der WTO keine institutionelle Kompetenz bei der Frage einzuräumen ist, welchem der unterschiedlichen Schutzinteressen bei der Feststellung der Notwendigkeit einer Maßnahme der Vorrang einzuräumen ist. Im Gegensatz zu den Gerichten in den Mitgliedstaaten der WTO, sind die Streitbeilegungsgremien der WTO nicht an eine Verfassung gebunden, die eine wertorientierte Abwägung zwischen unterschiedlichen Schutzinteressen erst ermöglichen. Abgesehen davon fehlt den Streitbeilegungsgremien auch die Legitimität, um diese grundsätzlich in die staatliche Souveränität fallende Aufgabe übernehmen zu können.[604]

2. *Art XX (g) GATT*

a) *Erschöpfliche Naturschätze*

Nach Art. XX (g) GATT sind Maßnahmen zur Erhaltung erschöpflicher Naturschätze zulässig, vorausgesetzt, sie stehen im Zusammenhang mit Beschränkungen der inländischen Produktion oder des Verbrauches. Naturschätze sind für den Menschen nutzbare Güter und Kräfte der Natur, wie Rohstoffe und ihre Produkte. Hierzu zählen auch Rohöl und Benzin sowie Wind- und Wasserkraft. Der Begriff der erschöpflichen Naturschätze in Art. XX (g) GATT umfasst so-

---

602 *Korea – Measures Affecting Imports of Fresh, Chilled and Frozen Beef*, Report of the Appellate Body, WT/DS161/AB/R, para. 164; nach Ansicht des CTE geht aus der vorgenannten Entscheidung hervor, dass der Notwendigkeitstest mit einem Verhältnismäßigkeitstest ergänzt wurde. Vgl. Mitteilung des CTE vom 8.3.2002, GATT/WTO Dispute Settlement Practice Relating To GATT ARTICLE XX, PARAGRAPHS (b), (d) AND (g), WT/CTE/W/203 para. 42; vgl. *McDonald*, It's Not Easy Being Green: Trade and Environment Linkages beyond Doha, in: Buckley (Hrsg.), The WTO and the Doha Round – The Changing Face of World Trade, S. 153.

603 Vgl. *Schoenbaum*, International Trade and Environmental Protection, in: Birnie/Boyle (Hrsg.), International Law & The Environment, S. 711; *Nichols*, in Stewart, The World Trade Organization, S. 191.

604 Vgl. dazu *Charnovitz*, The Yale Journal of International Law 2002, S. 101; ebenso *Schoenbaum*, AJIL 1997, S. 291; siehe auch die Forderung bei *Sander*, Internationaler und europäischer Gesundheitsschutz, S. 358 ff.

wohl nichtlebende als auch lebende und damit reproduzierbare Naturschätze.[605] Hierunter kann folglich auch der Schutz bedrohter Tier- und Pflanzenarten oder die biologische Vielfalt fallen. An welchen konkreten Kriterien dies bestimmt werden soll, bleibt bei lebendigen Naturschätzen noch weitgehend unklar, sollte jedoch von international gültigen Standards abhängig gemacht werden. In mehreren Panel-Entscheidungen sind auch Tierarten, die nicht unmittelbar vom Aussterben bedroht waren, als erschöpfliche Naturschätze i.S.d. Art. XX (g) GATT angesehen worden.[606] Ein Lebewesen ist deshalb bereits als erschöpflicher Naturschatz zu qualifizieren, wenn ein wissenschaftlicher Nachweis darüber existiert, dass sein Vorkommen mangels ausreichendem Nachwuchs rückläufig ist. In der Shrimp-Entscheidung hat das Berufungsgremium bestätigt, dass auch lebende Naturschätze unter den Begriff der erschöpflichen Naturschätze fallen. Der Appellate Body begründete die extensive Auslegung des Art. XX (g) GATT mit dem Argument, dass die Vorschrift im Lichte der aktuellen Entwicklungen im Umweltschutz ausgelegt werden müsse. Dabei verwies der Appellate Body insbesondere auf die Präambel zum WTO-Übereinkommen, welche die Förderung der „nachhaltigen Entwicklung“[607] als Schutzziel anerkennt.[608] Aus diesem Grund ist der Begriff „natürliche Ressourcen“ nicht statisch, sondern dynamisch unter Berücksichtigung der internationalen Entwicklung auszulegen. Im Hinblick darauf, dass Internationale Abkommen den Begriff der „natürlichen Ressourcen“ eine Bedeutung zukommen lassen, die nicht nur materielle, sondern auch lebende Ressourcen erfassen, ist auch der Ressourcenbegriff in Art. XX (g) GATT einer weiten Auslegung zugänglich zu machen. Das Berufungsgremium schloss sich schließlich verschiedenen Präzedenzfällen an, in de-

605 *US – Prohibition of Imports of Tuna Products from Canada*, Report of the Panel vom 22.12.81, L/5198 – 29S/91, para. 4.9; *Canada – Measures Affecting Exports of Unprocessed Herring and Salmon*, Report of the Panel vom 20.11.87, L/6268 – 35S/98, para. 4.4.

606 *US – Prohibition of Certain Shrimp and Shrimp Products*, Report of the Appellate Body vom 22.12.81, L/5198 – 29S/91, para. 4.9.; *Canada – Measures Affecting Exports of Unprocessed Herring and Salmon*, Report of the Panel vom 20.11.87, L/6268 – 35S/98, para. 4.4.

607 Die Bezeichnung „nachhaltige Entwicklung“ ist von der World Commission on Environment and Development (die sog. „Brundtland-Kommission“) als eine Entwicklung definiert worden, die den Bedürfnissen der Gegenwart gerecht wird ohne zukünftigen Generationen die Möglichkeit zu nehmen, ihre eigenen Bedürfnisse noch erfüllen zu können. Vgl. dazu die Studie der WTO von *Nordström/Vaughan*, Special Studies 4, Trade and Environment, S. 10.

607 *US – Prohibition of Certain Shrimp and Shrimp Products*, Report of the Appellate Body vom 22.12.81, L/5198 – 29S/91, para. 129.

608 *US – Prohibition of Certain Shrimp and Shrimp Products*, Report of the Appellate Body vom 22.12.81, L/5198 – 29S/91, para. 129.

nen Lachsbestände[609] und selbst „saubere Luft“[610] als erschöpfliche natürliche Ressourcen eingestuft wurden.

b) Das Tatbestandsmerkmal „bezogen auf“

aa) Geeignetheit der Maßnahme zur Erreichung des Schutzziels

Entscheidend ist, dass sich die umweltpolitisch motivierte Maßnahme auf Ressourcenerhaltung „bezieht“ („relating to“). Das Tatbestandsmerkmal „bezogen auf” stellt einen Bezug zwischen der jeweiligen Handelsmaßnahme und dem betroffenen Schutzgut her. Dieser Bezug ist wie der Wortlaut bereits vermuten lässt, weitergehend als das in den anderen Ausnahmebestimmungen des Art. XX GATT geregelte Notwendigkeitserfordernis.[611] Dabei kommt es nicht auf die Erforderlichkeit, sondern allein auf die objektive Geeignetheit der Maßnahme an, wobei den WTO-Mitgliedern ein Beurteilungsspielraum bei der Bewertung der Geeignetheit einer Maßnahme einzuräumen ist.[612]

In der Entscheidung „US – Gasoline“ befasste sich der Appellate Body erneut mit der Frage, welche Anforderungen an die Geeignetheit einer Maßnahme zu stellen sind. In dieser Entscheidung ließ der Appellate Body das Vorliegen einer minimalen, abstrakten Geeignetheit der Maßnahme für den Anwendungsbereich des Art. XX (g) GATT genügen. Danach müsse die – zumindest minimale – Aussicht bestehen, dass die Maßnahme den in Art. XX (g) GATT vorgesehenen Schutz erreicht. Auf den tatsächlichen Erfolg der Umweltschutzmaßnahme solle es hingegen nicht ankommen. Aus diesem Grund ist eine Maßnahme allenfalls dann ungeeignet, wenn eine Maßnahme bei realistischer Betrachtung überhaupt nicht der Erhaltung erschöpflicher Naturschätze dienen kön-

609 Vgl. *Canada – Measures Affecting Exports of Unprocessed Herring and Salmon*, Report of the Panel, in: BISD 35S/98 (113, para. 4.4).

610 *US – Standards for reformulated and Conventional Gasoline*, angenommen am 20.5.1996, WT/DS2/9, § 6.37: „In view of the Panel, clean air was a resource (it had value) and it was natural. It could be depleted. The fact that the depleted resource was defined with respect to its qualities was not, for the Panel decisive. Likewise, the fact that a resource was renewable could not be an objection. (...) Accordingly, the Panel found that a policy to reduce the depletion of clean air was a policy to conserve a natural resource within the meaning of Article XX (g).“

611 So auch der Appellate Body in *US – Standards for Reformulated and Conventional Gasoline*, Report vom 29.4.1996, WT/DS2/AB/R, S. 16.

612 *US – Prohibition of Certain Shrimp and Shrimp Products*, Report of the Appellate Body vom 22.12.81, L/5198 – 29S/91, para. 141: „the means are, in principle, reasonable related to the ends.“

ne.[613] Diese Voraussetzungen werden aber im Hinblick darauf, dass sich der Erfolg von Umweltschutzmaßnahmen kaum oder erst nach langer Zeit abschätzen lässt, in den seltensten Fällen vorliegen. Entscheidend ist folglich, ob die handelsbeschränkende Maßnahme von ihrer Grundidee und Struktur geeignet ist, das Ziel der Ressourcenerhaltung zu erreichen.[614]

bb) Effizienztest

Das Panel hat in der Entscheidung „US – Taxes on Automobiles“ klargestellt, dass es für die Anwendung der Ausnahmebestimmung des Art. XX (g) GATT nicht erforderlich sei, dass es zur Realisierung des jeweiligen Schutzziels keine effizienteren Maßnahmen gebe.[615] Dieser Einwand ist seinerzeit von der EG erhoben worden. Nach Auffassung der EG bestehe der Regelungsgegenstand der US-amerikanischen Tax on Certain Imported Substances darin, die Produktion von verschiedenen umweltschädigenden Substanzen zu verhindern, weshalb es umweltökonomisch effizienter gewesen wäre, die Steuern unter Heranziehung des Verursacherprinzips auf die Produktion, nicht aber auf die importierten Substanzen zu erheben. Diese Auffassung fand beim Panel kein Gehör. Nach Auffassung des Panels eröffne das WTO-Recht den Mitgliedstaaten die Möglichkeit, frei darüber zu entscheiden, ob sie dem Verursacherprinzip folgend Steuern auf die umweltschädigende Produktion erheben möchten oder auf die Produkte. Eine Rechtspflicht zur Anwendung des Verursacherprinzips und damit zur Anwendung der effizienteren Umweltschutzmaßnahme besteht aus der Sicht des

613 *US – Standards for Reformulated and Conventional Gasoline*, Report of the Appellate Body vom 29.4.1996, WT/DS2/AB/R, S. 21: „We are not (...) suggesting that consideration of the predictable effects of a measure is never relevant. In a particular case, should it become clear that, realistically, a specific measure cannot in any possible situation have any positive effect on conservation goals, it would very probably be because that measure was not designed as a conservation regulation to begin with. In other words, it would not have been „primarily aimed at“ conservation of natural resources at all.“

614 *Howse*, Columbia Journal of Environmental Law 2002, S. 504.

615 *US – Taxes on Automobiles*, Report of the Panel vom 29.9.1994, GATT-Dokument DS31/R, S. 116, para. 5.63: „The Panel recalled at the outset that the requirement under Article XX (g), unlike those related to the protection of public morals or human, animal or plant life and health (Article XX (a) and (b)), or those relating to the compliance with laws or regulations not inconsistent with the General Agreement (Article XX (d), did not require that the measure be necessary. Subject to the requirement of the introductory clause of Article XX, the fact that other less trade restrictive measures, such as fuel tax, could be used equally and more effectively to encourage fuel efficiency did not imply that the measure could be justified under Article XX (g).“

Panels folglich nicht.[616] Eine solche Prüfung wäre auch kaum realisierbar, zumal sich die Effizienz mancher Umweltschutzmaßnahmen oft überhaupt nicht oder erst nach mehreren Jahren feststellen lässt.

cc) „In erster Linie gerichtet auf"

Im Streitverfahren „Canada – Herring and Salmon" vertrat das Panel die Auffassung, dass die Formulierung „bezogen auf" so auszulegen sei, dass eine Maßnahme „in erster Linie" auf die Erreichung des Schutzziels „gerichtet" sein müsse. Vor diesem Hintergrund war aus der Sicht des Panels das Exportverbot Kanadas für unverarbeiteten Hering und Lachs nicht nach Art. XX (g) GATT gerechtfertigt, da die Maßnahme nach Einschätzung des Panels nicht in erster Linie („primarily aimed") auf die Erhaltung der erschöpflichen Naturschätze gerichtet war.[617] In der Entscheidung „US – Tuna I" hat das Panel diese Auslegungsvariante dahingehend ergänzt, dass ein Maßnahme nicht in erster Linie („primarily aimed") auf die Ressourcenerhaltung gerichtet sei, wenn der Erfolg dieser Maßnahme von unvoraussehbaren Bedingungen abhängt.[618] Verfahrensmäßig sind daher neben der Erfüllung des Gleichbehandlungsgebots vor allem transparente und überprüfbare Verfahren für die Zulassung zum Import erforderlich.[619]

In der Entscheidung „US – Gasoline" äußerte das Panel erstmals Zweifel darüber, ob der bisher verfolgte Ansatz der Panel, die Tatbestandsvoraussetzung „bezogen auf" mit „in erster Linie gerichtet auf" gleichzusetzen, so fortgesetzt werden könne.[620] Beide Begriffe „in erster Linie gerichtet auf" und „bezogen auf" eignen sich nicht als Synonyme. Ferner sei die Formulierung „in erster Linie gerichtet auf" nicht Vertragssprache und könne deshalb auch nicht als Aus-

---

616 *US – Taxes on Petroleum and Certain Imported Substances*, angenommen am 17.6.1987, L/6175, S. 161, para. 5.2.4.

617 *Canada – Measures Affecting Exports of Unprocessed Herring and Salmon*, Report of the Panel vom 20.11.1987, L/6268 – 35S/98, para. 4.6: „(...) a trade measure did not to be necessary or essential to the conservation of an exhaustible natural resource, it had to be primarily aimed at the conservation of an exhaustible natural resource to be considered as „relating to" conservation within the meaning of Article XX (g)."

618 *US – Restrictions on Imports of Tuna*, Report of the Panel, in: BISD 39S/155 (201, para. 5.33).

619 Diesen Grundsatz hatte das Panel bereits im Tuna-Fall betont. Vgl. *US – Restrictions on Imports of Tuna*, Report of the Panel, in: BISD 39S/155 (201, para. 5.33): „(...) a limitation on trade based on such unpredictable conditions sould not be regarded as being primarily aimed at the conservation of dolphins".

620 *Schoenbaum*, International Trade and Protection of the Environment, in: Birnie/Boyle (Hrsg.), International Law and the Environment, S. 709.

legungsmaßstab für die Anwendung des Art. XX GATT herangezogen werden.[621] Vor diesem Hintergrund stellt das „in erster Linie gerichtet auf"-Erfordernis der früheren GATT-Praxis eine unzulässige Ergänzung des Art. XX GATT dar, die in den Folgeentscheidungen der Streitbeilegungsgremien nicht erneut aufgegriffen wurde. So findet bereits im Shrimp-Fall das frühere Erfordernis des „in erster Linie gerichtet auf" überhaupt keine Erwähnung mehr in der Panel-Entscheidung. Aus den Entscheidungsgründen geht vielmehr hervor, dass es nach Auffassung des Appellate Body ausreicht, wenn zwischen dem Schutzziel und den zur Erreichung des Schutzziels eingesetzten Mitteln ein substantieller und vernünftiger Zusammenhang besteht.[622] Diese Auffassung verdient volle Zustimmung, zumal die Präferenzfolge, welchem Zweck eine Maßnahme in erster oder nur in zweiter Linie zu dienen beabsichtigt, sich allenfalls durch eine umfassende, kaum durchzuführende Überprüfung der Gesetzesmaterialien ermitteln lässt. Dessen ungeachtet kann eine Maßnahme, die nur rein zufällig der Erhaltung der erschöpflichen Naturschätze dient, auch durch das im Chapeau geregelte Verbot der verschleierten Handelsbeschränkung unterbunden werden.[623]

c) Maßnahme wirksam umgesetzt in Verbindung mit Beschränkungen der inländischen Produktion

Als weitere Tatbestandsvoraussetzung stellt Art. XX (g) GATT darauf ab, dass die Maßnahme in Verbindung mit Beschränkungen der inländischen Produktion oder des Verbrauchs wirksam angewendet werden („made effectiv in conjunction with restrictions"). Im Verfahren „Tuna II"[624] und „Canada – Herring and Salmon"[625] favorisierten die GATT-Panel eine Auslegung, wonach die zweite Tatbestandsvoraussetzung auf gleicher Weise auszulegen ist wie der Begriff „bezogen auf".

Gegenstand des Tuna II-Streits war der damalige Anspruch Kanadas auf eine 200-Seemeilen-Zone für den Thunfischfang. Als Kanada US-amerikanische Schiffe mit der Begründung aufbrachte, dass sie innerhalb dieser Zone Thun-

---

621 *US – Standards for Reformulated and Conventional Gasoline*, Report of the Appellate Body vom 29.4.1996, WT/DS2/R, S. 19.

622 *US – Import Prohibition of Certain Shrimp and Shrimp Products*, Report of the Appellate Body, WT/DS58/AB/R, para. 136 ff.

623 Vgl. *Waincymer*, Michigan Journal of International Law 1996, S. 156.

624 *US – Restrictions on Imports of Tuna*, Report of the Panel vom 16.6.1994, DS29/R, S. 53, para. 5.22.

625 *Canada – Measures Affecting Exports of Unprocessed Herring and Salmon*, Report of the Panel vom 20.11.1987, L/6268 – 35S/98, para. 4.6.

fischfang betrieben hatten, reagierte die USA mit einem Importverbot für Thunfisch und Thunfischprodukte aus Kanada. Die USA stützte ihr Importverbot innerhalb des Streitbeilegungsverfahrens auf artenschutzpolitische Ziele, die nach der US-amerikanischen Rechtsauffassung nach Art. XX (g) GATT gerechtfertigt seien. Das US-amerikanische Embargo war aus der Sicht des Panels nicht gerechtfertigt, weil das Importverbot entgegen Art. XX (g) GATT nicht „in erster Linie" auf die Beschränkung des Thunfischfangs im eigenen Hoheitsgewässer gerichtet war. Das Panel war bereits deshalb nicht von einer artenschutzpolitischen Maßnahme der USA zu überzeugen, weil die USA zwar den Fang einiger Thunfischarten beschränkten, aber ausgerechnet nicht jene, die vom Importverbot ausdrücklich betroffen waren.

Diese Auslegungspraxis setzte der Appellate Body im Gasoline-Fall nicht fort. In dieser Entscheidung gelangte der Appellate Body zu dem Ergebnis, dass aus dem Wortlaut der zweiten Tatbestandsvoraussetzung des Art. XX (g) GATT lediglich die Forderung abzuleiten ist, dass sich eine Maßnahme in ihren Auswirkungen neutral gegenüber den Mitgliedstaaten verhalten müsse („even-handedness").[626] Das Erfordernis der „Unparteilichkeit" oder „Neutralität" ist jedoch nicht mit einer „Gleichbehandlung" gleichzusetzen, weshalb auch Maßnahmen in den Schutzbereich des Art. XX (g) GATT fallen können, die sich gegenüber dem In- und Ausland ungleich auswirken, solange der nationale Bereich vergleichbaren Beschränkungen ausgesetzt ist wie das Ausland.

d) Zwischenergebnis

Aus einem Vergleich zwischen Art. XX (b) und (g) GATT wird deutlich, dass die Anforderungen, die an eine Maßnahme der Ressourcenerhaltung gestellt werden, erheblich niedriger sind als bei einer sonstigen Umweltschutzmaßnahme. Zum einen muss eine Maßnahme nach Art. XX (g) GATT nur generell zur Resourcenerhaltung geeignet, nicht jedoch auch erforderlich sein. Das heißt eine Maßnahme der Ressourcenerhaltung hat sich im Gegensatz zu Art. XX (b) GATT nicht daran messen zu lassen, ob es auch andere Maßnahmen der Ressourcenerhaltung gibt, die das Schutzziel auf einer den Handel weniger abträglichen Weise sichern. Die Maßnahme muss auch nicht in erster Linie auf die Ressourcenerhaltung gerichtet sein, es reicht ein substantieller und vernünftiger Zusammenhang zwischen dem Schutzziel der Ressourcenerhaltung und den zur Erreichung des Schutzziels eingesetzten Mitteln. Ferner fallen Umweltschutzmaßnahmen auch dann in die Ausnahmevorschrift des Art. XX (g) GATT, wenn sie

---

626 *US – Standards for Reformulated and Conventional Gasoline*, Report of the Appellate Body vom 29.4.1996, WT/DS2/R, S. 21.

sich gegenüber dem In- und Ausland ungleich auswirken, solange der nationale Bereich vergleichbaren Beschränkungen ausgesetzt ist wie das Ausland.

3. Negative Tatbestandsvoraussetzungen des Art. XX GATT

Der Chapeau des Art. XX GATT enthält zusätzliche negative Tatbestandsmerkmale für eine Rechtfertigung nationaler Umweltschutzmaßnahmen. Danach dürfen Maßnahmen weder willkürlich noch ungerechtfertigt zwischen Ländern diskriminieren, in denen gleiche Verhältnisse herrschen. Außerdem dürfen sie keine verschleierte Beschränkung des internationalen Handels darstellen. Im Gasoline-Fall hatte der Appellate Body klargestellt, dass die drei eigenständigen Tatbestandsmerkmale des Chapeaus, das heißt die „ungerechtfertigte", „willkürliche" Diskriminierung sowie die „verschleierten Handelsbeschränkungen" nebeneinander gelesen und interpretiert werden müssen, weil sich die Tatbestandsmerkmale in ihrer Bedeutung gegenseitig beeinflussen. So stellt eine verschleierte Handelsbeschränkung regelmäßig auch eine Beschränkung dar, die zu einer willkürlichen oder ungerechtfertigten Diskriminierung führt.[627] Hierbei handelt es sich nach der Überzeugung des Appellate Body um eine Regelung, die auf den Grundsatz des Treu und Glaubens zurückzuführen ist, wonach keine Maßnahme unter Berufung auf die Ausnahmen des Art. XX GATT missbräuchlich angewendet werden dürfen. Es ist somit ein Ausgleich zwischen der nationalen Verfolgung der Schutzziele nach Art. XX GATT und dem Interesse der anderen Mitgliedstaaten an einem möglichst uneingeschränkten Handel herzustellen.[628] Aus diesem Grund verbietet der Grundsatz von Treu und Glauben eine starre Anwendung der Vorschrift ohne Rücksicht auf den Einzelfall. Inner-

627 *US – Standards for Reformulated and Conventional Gasoline*, Report of the Appellate Body vom 29.4.1996, WT/DS2/R, S. 23; ebenso in *EC – Measures Affecting Asbestos and certain Asbestos-containing Products*, Report of the Appellate Body vom 12.3.2001, WT/DS157/AB/R, para. 8.237.

628 *US – Import Prohibition of Certain Shrimp and Shrimp Products*, Report of the Appellate Body vom 12.10.1998, WT/DS58/AB/R, para. 159: „The location of the line of equilibrium, as expressed in the chapeau, is not fixed and unchanging; the line moves as the kind and the shape of the measures at stake vary and as the facts making up specific cases differ." sowie *US – Standards for Reformulated and Conventional Gasoline*, Report of the Appellate Body vom 29.4.1996, WT/DS2/R, S. 25: „The fundamental theme is to be found in the purpose and object of avoiding abuse or illegitimate use of exceptions to substantive rules available in Article XX."

halb dieser Einzelfallprüfung ist auf die konkrete Durchführung der Maßnahme abzustellen.[629]

a) *Diskriminierung*

Der Begriff der „Diskriminierung" i.S.d. Chapeaus wird weder im GATT noch in einem sonstigen WTO-Übereinkommen näher definiert. Die in Art. I GATT niedergelegten Grundsätze der Meistbegünstigung und Inländerbehandlung sind Regelungen, die diskriminierende Maßnahmen der Mitgliedstaaten durch eine Gleichbehandlung zu begegnen versuchen. Der gewöhnliche Wortsinn einer „Diskriminierung" geht aber über den Anwendungsbereich einer unterschiedlichen Behandlung hinaus. Eine Diskriminierung kann dem natürlichen Wortsinn nach auch bei einer scheinbaren Gleichbehandlung entstehen, wenn sich eine Maßnahme trotz formaler Gleichbehandlung in ihren Rechtsfolgen allein auf bestimmte Mitgliedstaaten nachteilig auswirkt.[630] Hierbei handelt es sich begrifflich um eine sog. *De-facto*-Diskriminierung, deren eigenständige Bedeutung gegenüber einer sog. *De-jure*-Diskriminierung bereits in mehreren Streitbeilegungsverfahren, so beispielsweise im Hormon- und Shrimp-Fall, festgestellt wurde.[631] Im Hormon-Fall stand die Zulässigkeit eines EG-rechtlichen Import-

---

629 *Shrimp – Turtle*, paras. 115-116: „In (Reformulated Gasoline), we pointed out that the chapeau of Article XX by its express terms addresses, not so much the questioned measure or its specific contents as such, but rather the manner in which that measure is applied."

630 Das Panel geht in seiner Auslegungspraxis zur *De-facto*-Diskriminierung noch einen Schritt weiter, indem es zusätzlich zu der diskriminierenden Handlung noch auf die fehlende Rechtfertigung dieser Diskriminierung abstellt. Vgl. *Canada – Patent Protection of Pharmaceutical and Agrochemical Products*, Report of the Panel vom 17. März 2000, WT/DS114/R, S. 171: „(...), de facto discrimination is a general term describing the legal conclusion that an ostensible neutral measure transgresses a non-discrimination norm because its actual effect is to impose differentially disadvantageous consequences on certain parties and because those differential effects are found to be wrong or unjustifiable"; hierzu ausführlich *Sasdi*, Innovationsschutz im TRIPS-Übereinkommen. Unter besonderer Berücksichtigung arzneimittelbezogener Aspekte der Rechte des geistigen Eigentums, 2004; zum Spannungsfeld Gesundheitsschutz und Patente vgl. *Sander*, Zwangslizenzen zur Arzneimittelherstellung in Entwicklungsländern, in: NORD-SÜD aktuell 2004, S. 125 ff.

631 Vgl. dazu *Japan – Taxes on Alcoholic Beverages*, Report of the Appellate Body vom 1.11.96, WT/DS8/AB/R, WT/DS10/AB/R, WT/DS11/AB/R; ebenso im Verfahren *EC – Measures Concerning Meat and Meat Products (Hormones)*, Report of the Appellate Body vom 15.2.98, WT/DS26/AB/R, WT/DS48/AB/R; hierzu *Sander*, Internationaler und europäischer Gesundheitsschutz, S. 126 ff.; sowie im Verfahren *US – Import Pro-*

verbotes für hormonbehandeltes Rindfleisch in Streit. In der EG ist der Einsatz von Tiermasthormonen bei der Rinderzucht wegen gesundheitlicher Bedenken, insbesondere wegen vermuteter Krebsgefahr verboten, weshalb die EG 1989 ein Importverbot für hormonbehandeltes (6 Masthormone) Rindfleisch erlassen hatte.[632] Das Panel erkannte in diesem Importverbot eine *De-facto*-Diskriminierung derjenigen Mitgliedstaaten, die Rindfleisch in die EG importieren, weil insbesondere die USA, Japan, Südafrika und Kanada vor In-Kraft-Treten dieses Importverbotes im Jahre 1987 erheblich mehr natürliche und synthetische Hormone bei der Tiermast verwendeten als die EG.[633]

Zu einem vergleichbaren Ergebnis gelangte der Appellate Body im Shrimp-Fall. Gegenstand dieses Streits war ein US-amerikanisches Importverbot für Garnelen, die mit Hilfe von Techniken gefangen wurden, die Schildkröten zu Beifangopfern machten. Während die Anwendbarkeit der US-amerikanischen Gesetzesbestimmung von 1989 noch auf Staaten im karibisch/westatlantischen Raum beschränkt war, sorgte eine Richtlinie aus dem Jahr 1996 für eine weltweite Ausdehnung des Anwendungsbereich dieser Bestimmung, so dass jeder Staat, der Garnelen oder Garnelenprodukte in die USA importieren wollte, über eine ausdrückliche Bestätigung nach Section 609 verfügen musste. Allein mit dieser Bestätigung konnte der Nachweis erbracht werden, dass zum Schutze von Schildkröten Vorkehrungen getroffen wurden, die mit den US-amerikanischen vergleichbar sind. Die konkrete Umsetzung des Importverbotes war aus der Sicht des Appellate Body diskriminierend, weil den Exportstaaten von Garnelen unterschiedslos die Anwendung US-amerikanischer Schleppnetzmethoden abverlangt wurde, ohne Rücksicht darauf, ob in den jeweils vom Importverbot betroffenen Exportstaaten dem Schutz von Meeresschildkröten bereits auf anderer, ebenso geeigneter Weise Rechnung getragen wurde.[634] In beiden Fällen sind die Mitgliedstaaten nicht wegen einer formalen Ungleichbehandlung diskriminiert worden, sondern weil sich die Importbeschränkung je nach Mitgliedstaat von ihren Rechtsfolgen unterschiedlich ausgewirkt hatte und dadurch bestimmte Mitgliedstaaten *de facto* benachteiligt und damit auch diskriminiert wurden.

Aus vorstehenden Gründen bleibt festzuhalten, dass sich das Diskriminierungsverbot des Chapeaus sowohl auf *De-jure-* als auch *De-facto*-Diskriminierungen bezieht.

---

hibition of Certain Shrimp and Shrimp Products, Report of the Appellate Body vom 6.11.98, WT/DS58/AB/R.

632 *Sander*, ZEuS 2000, S. 363.

633 Vgl. *EC – Measures Concerning Meat and Meat Products (Hormones)*, Report of the Appellate Body vom 16.1.1998, WT/DS26/AB/R, WT/DS48/AB/R, para. 243.

634 *US – Import Prohibitions of Certain Shrimp and Shrimp Products*, Report of the Appellate Body vom 15.6.2001, WT/DS58/R para. 5.46: „(...) the United states failed to pass the „unjustified discrimination" test by applying the same regime to domestic and foreign shrimps."

aa) Ungerechtfertigte Diskriminierung

Eine willkürliche und ungerechtfertigte Diskriminierung muss sich jedenfalls qualitativ von einer Diskriminierung i.S.d. Art. I, III GATT unterscheiden, da anderenfalls eine Rechtfertigungsmöglichkeit nicht mehr bestehen würde.[635] Eine Diskriminierung ist vom Wortsinn her „ungerechtfertigt", wenn die Differenzierung oder Ungleichbehandlung ohne sachlichen Grund erfolgt. Die Streitbeilegungremien haben sich zwar bislang noch nicht ausdrücklich zu dieser Auslegungsvariante bekannt, gleichwohl lassen die Entscheidungen der Streitbeilegungsgremien eine Hinwendung zu dieser Lesart des Diskriminierungsverbotes erkennen.

Im Gasoline-Fall sah der Appellate Body eine Diskriminierung als ungerechtfertigt an, wenn sie nicht „bloß versehentlich oder gar unvermeidlich" war.[636] Hierbei handelt es sich jedoch um eine Definition, die lediglich eine negative Abgrenzung zu offensichtlich „ungerechtfertigten" Diskriminierungen vornimmt, was jedoch bereits als eine „willkürliche" Diskriminierung bezeichnet werden kann.

Auch im Shrimp-Fall sah sich der Appellate Body nicht dazu veranlasst den Begriff einer ungerechtfertigten Diskriminierung näher zu definieren. In diesem Verfahren beschränkte sich der Appellate Body allein darauf, drei typische Merkmale einer ungerechtfertigten Diskriminierung zu bestimmen. Dem Garnelen-Streitfall lag folgender Sachverhalt zugrunde: Der United States Endangered Species Act von 1973 und spätere Verordnungen von 1987 sah für die US-amerikanischen Garnelenfischer die Verwendung von TEDs (Turtle Excluder Devices) vor. Hierbei handelte es sich um bestimmte Vorrichtungen, welche beim Garnelenfischen den Beifang von Meeresschildkröten verminderte. 1989 erließ die USA ein Importverbot für Garnelen aus Drittstaaten, sofern nicht nachgewiesen werden konnte, dass die betreffenden Drittstaaten nicht dasselbe oder zumindest ein den US Standards entsprechendes Schutzabkommen zur Sicherung der Schildkrötenvorkommen abgeschlossen hatte. Während im Jahre 1995 mit einigen mittelamerikanischen Staaten ein Schutzabkommen zur Sicherung der Schildkrötenvorkommen abgeschlossen werden konnte, konnte in den ostasiatischen Ländern wie beispielsweise Indien, Malaysia und Thailand ein von den USA geforderter Schutznachweis nicht erbracht werden. Ein derartiger Nachweis wäre auch kaum realisierbar gewesen, da sich die meisten Garnelenfischer in diesen Ländern die Anschaffung der TEDs von jährlich 30.000,00 US-Dollar nicht leisten konnten. Der Begriff „TEDs" als „Trawler Eliminator Devi-

635 *US – Import Prohibition of Certain Shrimp and Shrimp Products*, Report of the Appellate Body vom 12.10.1998, WT/DS58/AB/R, para. 120.

636 *US – Standards for Reformulated and Conventional Gasoline*, Report of the Appellate Body vom 29.4.1996, WT/DS2/R, S. 27.

ces“ machte seine Runde und veranlasste schließlich die ostasiatischen Staaten dazu, die US-amerikanische Importsperre mittels der Streitbeilegungsgremien auf deren Vereinbarkeit mit dem WTO-Recht überprüfen zu lassen.

Im Shrimp-Streit musste sich die USA den Vorwurf gefallen lassen, dass sie mit den ostasiatischen Ländern nicht einmal im Ansatz den Versuch unternommen hatte, eine Einigung herbeizuführen, weshalb die ostasiatischen Länder im Vergleich zu den Staaten des Inter-Amerikanischen-Übereinkommens zum Schutze und zur Sicherung der Meeresschildkrötenbestände „ungerechtfertigt“ diskriminiert wurden.[637] Dabei ist unklar, wie die Ausführungen des Appellate Body zu verstehen sind. Zum einen könnte man die Ausführungen des Appellate Body als Bekenntnis zu einem Gebot der internationalen Kooperation deuten, welches die Mitgliedstaaten vor Einleitung unilateraler Maßnahmen generell dazu verpflichtet, den „good faith“-Versuch, d.h. den ernsthafte Versuch zu unternehmen, eine multilaterale Verständigung über das Umweltschutzproblem zu erreichen[638] und zwar gleichviel, wie groß die Erfolgsaussichten derartiger Verhandlungen auch wären. In diesem Fall wäre nicht der Abschluss eines bestimmten Vertrages (sog. *pactum de contrahendo*) zur Vermeidung einer „ungerechtfertigten“ oder „willkürlichen“ Diskriminierung erforderlich, sondern allein die Aufnahme entsprechender Verhandlungen (sog. *pactum de negotiando*).[639] Nach dieser Lesart der Shrimp-Entscheidung wäre die Verpflichtung zur Aufnahme von Verhandlungen eine eigenständige Tatbestandsvoraussetzung unilateraler Maßnahmen, welche aus dem im Prinzip Nr. 12 der Rio-Erklärung zu Umwelt und Entwicklung[640] und dem in der Nr. 2.22 (i) der Agenda 21[641] festgeschriebenen Gebot der völkerrechtlichen Kooperation abzuleiten wäre.

---

637 *US – Import Prohibition of Certain Shrimp and Shrimp Products*, Report of the Appellate Body vom 12.10.1998, WT/DS58/AB/R, paras. 166 ff.

638 Dieses Kriterium erweist sich jedoch insofern als problematisch, als es Umweltprobleme gibt, mit deren Beseitigung oder Verhinderung nicht erst die Entwicklung durchschnittlich zwischen 2 und 12 Jahre andauernde Verhandlungen im multilateralen Bereich abgewartet werden kann. So *Jennifer A. Bernazani* unter Bezugnahme auf eine Studie der *UNITAR*, Connecticut Journal of International Law 2000, S. 211.

639 *US – Shrimp (Article 21.5)*, Report of the Appellate Body, para. 134.

640 United Nations Conference on Environment and Development, Rio Declaration on Environment and Development vom 14.6.1992, in: ILM 1992, S. 878: „Unilateral actions to deal with environmental challenges outside the jurisdiction of the importing country should be avoided. Environmental measures addressing transboundary or global environmental problems should, as far as possible, be based on international consensus.“

641 United Nations Conference on Environment and Development, 14.6.1992, UN Doc. A/CONF. 151/26/Rev. 1; Agenda 21 Nr. 2.22 (i): „Governments should encourage GATT, UNCTAD and other relevant international and regional economic institutions to examine, in accordance with their respective mandates and competences, the following propositions and principles: (...) (i) Avoid unilateral action to deal with environmental challenges outside the jurisdiction of the importing country. Environmental measures

Gegen eine solche Deutung des Appellate Body Berichts spricht jedoch, dass sich der Appellate Body im konkreten Fall nicht umfassend genug mit der Frage befasst hatte, ob das Gebot der völkerrechtlichen Kooperation Völkergewohnheitsrecht geworden ist. Die Ausführungen des Appellate Body lassen vielmehr darauf schließen, dass er keine neue Tatbestandsvoraussetzung für unilaterale Maßnahmen festschreiben, sondern nur das Diskriminierungsverbot näher konkretisieren wollte.[642] Danach hat die USA die ostasiatischen Länder allein deshalb durch unilaterale Maßnahmen ungerechtfertigt diskriminiert, weil die USA mit dem im September 1996 vorgenommenen Zusammenschluss mit Mexiko und andere karibische und lateinamerikanische Staaten zu einem Inter-Amerikanischen-Übereinkommen zum Schutze und zur Sicherung der Meeresschildkrötenbestände unter Beweis gestellt hatte, das in diesem Regelungsbereich neben unilateralen Lösungen auch multilaterale Lösungen mit anderen Staaten erzielt werden können. Wird den Nicht-Beitrittsländern deshalb die Möglichkeit verwehrt, an diesem bereits bestehenden multilateralen Umweltvereinbarungen zu partizipieren, erweist sich der Umstand, dass die USA mit diesen Staaten keine Verhandlungen führt oder sonstige Anstrengungen unternimmt, um mit denen einen Beitritt zu diesem Abkommen oder gar die Vereinbarung eines vergleichbaren Übereinkommens zu erreichen, als eine ungerechtfertigte Diskriminierung.[643] Ein sachlicher Grund für die Ungleichbehandlung der ostasiatischen Länder war nicht erkennbar. Gesetzt den Fall, die USA hätte im Shrimp-Fall mit keinem anderen Mitgliedstaat eine multilaterale Lösung erzielt, so hätte vieles dafür gesprochen, dass auch gegenüber den ostasiatischen Ländern keine Verpflichtung bestanden hätte, noch vor Ergreifung unilateraler Maßnahmen Verhandlungen aufzunehmen.[644]

Das zweite Kriterium, welches der Appellate Body im Shrimp-Streit für die fehlende Rechtfertigung einer diskriminierenden Maßnahme anführt, ist der unflexible Regelungsgehalt der Umweltschutzmaßnahme.[645] Im Fall „US –

---

addressing transborder problems should, as far as possible, be based on an international consensus.“

642 *Charnovitz*, The Yale Journal of International Law 2002, S. 108.

643 Vgl. *Howse*, Columbia Journal of Environmental Law 2002, S. 508 f.: „The unjustified discrimination was not the failure to negotiate as such, but the failure to treat the complainants as well as the U.S. had treated the western hemisphere countries.“

644 Die Unsicherheit, unter welchen Voraussetzungen unilaterale Maßnahmen ergriffen werden dürfen, konnte der Appellate Body in dieser Entscheidung nicht beseitigen. Vgl. dazu *Puls*, Minn. J. Global Trade 1999, S. 379.

645 *US – Import Prohibitions of Certain Shrimp and Shrimp Products*, Report of the Appellate Body vom 15.6.2001, WT/DS58/R, paras. 161-164; vgl. ebenso *US – Shrimp (Art. 21.5)*, Report of the Panel, para. 5.93: „The approach of the Appellate Body leads us to conclude that it is not solely the fact that the United States negotiated seriously with some Members and less seriously with others which is at the origin of its finding of unjustifiable discrimination in relation to negotiations, even though it would have been

Shrimp (Article 21.5)" wies der Appellate Body zu Recht darauf hin, dass ohne hinreichender Flexibilität nicht sichergestellt werden kann, dass Maßnahmen anderer Mitgliedstaaten, die den Schutz der in Art. XX GATT genannten Schutzgüter auf vergleichbarer Weise vorsehen, berücksichtigt werden.[646] In anderen Worten, eine Maßnahme ist aus der Sicht des Appellate Body ungerechtfertigt diskriminierend, wenn sie eine einheitliche Maßnahme in Mitgliedstaaten vorsieht, in denen unterschiedliche Bedingungen vorherrschen.[647] Das heißt nicht nur die Ungleichbehandlung von Gleichem, sondern auch die Gleichbehandlung von Ungleichem kann eine nicht gerechtfertigte Diskriminierung darstellen. Aus diesem Grund hatte der Appellate Body in einem zweiten Streitfall, welcher sich dem ersten Garnelenfall unmittelbar anschloss, das US-amerikanische Programm zum Schutze von Meeresschildkröten, das von den übrigen Mitgliedstaaten Schutzmaßnahmen zugunsten der Meeresschildkröten abverlangte, die in den Auswirkungen mit den US-amerikanischen nicht zwingend identisch, sondern lediglich vergleichbar sind, als mit dem Chapeau des Art. XX vereinbar angesehen.[648] Dieser zweite Streitfall wurde vom USTR als ein großer Erfolg der US-amerikanischen Umweltschutzpolitik verbucht.[649]

Schließlich hatte der Appellate Body gegen die Rechtfertigung von Diskriminierungshandlungen noch das Argument angeführt, dass die Mitgliedstaaten des Inter- Amerikanischen Übereinkommens zum Schutze und zur Sicherung der Meeresschildkrötenbestände im Gegensatz zu den sonstigen Staaten nicht nur 4 Monate, sondern wegen der Entscheidung des US-amerikanischen Internationalen Handelsgerichts vom 29.12.1995 drei Jahre Zeit hatten, um ihre Gesetzgebung an die Anforderungen des Section 609 anzupassen.[650] Ein sachlicher Grund für die unterschiedlichen Umsetzungsfristen war ebenfalls nicht erkennbar, weshalb die Maßnahme eine ungerechtfertigte Diskrimnierung darstellte.

---

sufficient in itself to justify such a conclusion. We believe that another reason for the Appellate Body finding is that the United States, by unilaterally defining and implementing criteria for applying Section 609, failed to take into account the different situations which may exist in the exporting countries. In other words, the United States failed to pass the „unjustified discrimination" test by applying the same regime to domestic and foreign shrimp."

646 *US – Shrimp (Article 21.5)*, Report of the Appellate Body, para. 144.

647 So auch *Simmons*, Columbia Journal of Environmental Law 1999, S. 443.

648 *US – Shrimp (Article 21.5)*, Report of the Appellate Body, para. 144.

649 USTR Presseerklärung vom 15.6.2001, US Wins WTO Case on Sea Turtle Conservation.

650 *US – Shrimp (Article 21.5)*, Report of the Appellate Body, para. 177.

bb) *Willkürliche Diskriminierung*

Zwischen dem Willkürverbot und dem Gebot, bei der Ungleichbehandlung sachlich zu differenzieren, besteht in sprachlicher Hinsicht ein wesentlicher Unterschied. Der gewöhnliche Wortsinn des Begriffes „willkürlich" bedeutet „unvorhersehbar, widersprüchlich und launisch"[651]. Danach würde das Willkürverbot sinngemäß eingreifen, wenn Regelungen oder Mengenbeschränkungen auf offensichtlich unsachlichen Motiven beruhen oder wenn eine sachliche Begründung überhaupt nicht vorstellbar ist. Mit dem Willkürverbot sollen folglich nach dem Wortsinn krasse Verstöße gegen die Gleichbehandlung geahndet werden, welche über eine ungerechtfertigte Diskriminierung hinausgehen. Danach wäre eine „willkürliche Diskriminierung" immer auch „ungerechtfertigt" und damit als ein Unterfall dieser Diskriminierungsart zu sehen. Dass einer willkürlichen Diskriminierung neben einer ungerechtfertigten Diskriminierung keine eigenständige Bedeutung mehr zukommen kann, ging indirekt auch aus dem Shrimp-Fall hervor, bei dem der Appellate Body – wie bereits bei der ungerechtfertigten Diskriminierung – die fehlenden Flexibilität des Section 609 sowie die fehlende Transparenz und Vorhersehbarkeit des Zertifizierungsprozesses als Kriterien einer willkürlichen Diskriminierung anführte.[652]

b) *Verschleierte Beschränkung des Handels*

Die Panel hatten in zwei Berichten das Vorliegen einer Verschleierung verneint, weil die USA die streitigen Maßnahmen vor ihrem Erlass öffentlich als handelsbeschränkend bezeichnet hatten.[653] Dieses Ergebnis widerspricht zutiefst dem Sinn und Zweck des Tatbestandsmerkmals, welcher in der Verhinderung protektionistischer Maßnahmen begründet liegt. Für die Beurteilung protektionistischer Maßnahmen spielt es schließlich keine Rolle, ob diese vorher angekündigt werden. So wird mit dem Grundsatz „Frechheit wird belohnt" letztlich der Geist des GATT konterkariert.

Aus vorstehenden Gründen hat sich der Appellate Body im Fall „US – Gasoline" und später im Asbest-Fall von der früheren Rechtsprechungspraxis abgewandt und verdeutlicht, dass eine verheimlichte oder unangekündigte Beschränkung oder Diskriminierung des Handels nicht die Bedeutung eines ver-

---

651 *US – Shrimp (Article 21.5)*, Report of the Panel, para. 5.124.

652 *US – Shrimp (Article 21.5)*, Report of the Appellate Body, para. 180.

653 *US – Prohibition of Imports of Tuna and Tuna Products from Canada*, Report of the Panel, in: BISD 29S/91 (108, para. 4.8) und *US – Imports of Certain Automotive Spring Assemblies*, Report of the Panel, in: BISD 30S/107 (125, para. 56).

schleierten Handels ausschöpft.[654] Aus diesem Grund kann der Umstand, dass eine Maßnahme nicht bekannt gemacht wurde, für sich genommen nicht ausreichen, um den Anforderungen eines verschleierten Handels zu genügen." Unter den Begriff der „verschleierten Handelsbeschränkung" sollen nach Ansicht des Appellate Body vielmehr Maßnahmen fallen, die trotz formaler Erfüllungen der in Art. XX GATT genannten Voraussetzungen zu einer willkürlichen oder ungerechtfertigten Diskriminierung führen. Nach dieser Lesart würde sich der Regelungsgehalt des Verbots einer verschleierten Handelsbeschränkung darin erschöpfen, eine *de facto* willkürliche oder ungerechtfertigte Diskriminierung zu verhindern. Danach wäre bei der Prüfung einer verschleierten Handelsbeschränkung die „Durchführung, Idee und die erkennbar werdende Grundstruktur" einer Maßnahme zu untersuchen.[655] Soweit die Anforderungen der Maßnahme nur auf inländische Güter zutreffen,[656] der Staat die Maßnahmen nicht getroffen hätte, wenn ausschließlich die heimische Industrie die Kosten hätte tragen müssen[657] oder sich das Schutzniveau ohne sachgerechten Grund auf eine bestimmte Warenkategorie beschränkt,[658] liegt eine verschleierten Handelsbeschränkung vor, die allenfalls noch gerechtfertigt sein kann.

c) *Der Schutz extraterritorialer Rechtsgüter*

Umstritten ist die Frage, ob im Rahmen des Art. XX GATT auch nationale Schutzmaßnahmen zum Schutze extraterritoriale Rechtsgüter getroffen werden können. Ein extraterritorialer Schutz der Umwelt ist angesichts der häufig grenzüberschreitenden oder sogar globalen Auswirkung von Umweltschäden sinnvoll. Sie löst zwar weit reichende Folgen aus, die aber mit der allgemeinen Entwicklung im Völkerrecht im Einklang steht. Danach hat sich der völkerrechtliche Grundsatz durchgesetzt, dass das Prinzip der Gebietshoheit einem Staat nicht erlaubt, rücksichtslos umweltschädliche Maßnahmen vorzunehmen, wenn

---

654 *US – Standards for Reformulated and Conventional Gasoline*, Report of the Appellate Body vom 29.4.1996, WT/DS2/R, S. 23; ebenso das Panel im Asbest-Fall, Report of the Panel, para. 8.234.

655 *US – Shrimp (Article 21.5)*, Report of the Panel, para. 5.142; *EC – Asbestos*, Report of the Panel, para. 8.236.

656 Z.B. steuerliche Vorteile für Wein aus einer Rebsorte, die nur im Inland angebaut wird; vgl. *US – Measures Affecting Alcoholic and Malt Beverages*, Report of the Panel, in: BISD 39S/206 (277, para. 5.26).

657 *Free Trade Agreement-Panel In the Matter of Canada's Landing Requirement for Pacific Coast Salmon and Herring*, Final Report of the Panel, 16. October 1989, in: World Trade Materials 1990, No. 2, S. 110, para. 7.08.

658 *Weiher*, Nationaler Umweltschutz, S. 149.

dadurch die Umwelt in einem anderen Staat gefährdet wird. Vielmehr besteht eine Rechtspflicht zu nachbarfreundlichem Verhalten.[659] Die Pflicht, die Umwelt zu schützen, steht nicht nur allen Staaten im eigenen Interesse zu, sondern als Gemeingut der gesamten Staatengemeinschaft.

In der Literatur wird die Befürchtung geäußert, dass dem Protektionismus Vorschub geleistet wird, wenn einseitig nationale Umweltstandards auf fremde Territorien ausgeweitet und somit neue Handelshemmnisse aufgebaut werden können. Außerdem bestünde die Gefahr, dass es nur noch zu einem Handel zwischen einer kleinen Zahl von Staaten mit identischen internen Regelungen käme. Letztlich würde die Souveränität der Staaten untergraben und die Zielerreichung eines liberaleren Welthandels erschwert werden.[660]

Die Panel standen dem Schutz extraterritorialer Rechtsgüter bislang ablehnend gegenüber. Im Tuna I-Verfahren stellte sich die USA auf den Standpunkt, dass sie ein Importverbot auch zum Schutz des Lebens von Menschen und Tieren außerhalb ihres Hoheitsgewässers verhängen können. Dem hielt das Panel entgegen, dass Art. XX (b) und XX (g) GATT nur Maßnahmen zum Schutze von Gütern innerhalb der Jurisdiktion des Importstaates zuließen,[661] weil anderenfalls den Exportstaaten die Schutzpolitik des Importstaates aufgezwungen werden könnte.[662] Mit diesem Ansatz hatte das Panel dem Grundsatz der Staatenverantwortlichkeit, so wie ihm in Prinzip 2 der Deklaration über Umwelt und Entwicklung von Rio de Janeiro 1992 Ausdruck verliehen wurde, keine Beachtung schenken wollen.[663]

Mit weitgehend derselben Problematik befasste sich 1994 ein anderes GATT-Panel, das auf Antrag der Niederlande und der Europäischen Gemeinschaft, zwei Transferländer die indirekt vom US-amerikanischen Importverbot betroffen waren, eingesetzt worden ist. In dieser unter „Tuna II“ bekannten Entscheidung wich das Panel in einem wesentlichen Punkt von der vorherigen Rechtsprechung ab, indem es die Ansicht vertrat, dass weder der Wortlaut noch eine systematische Interpretation dieser Bestimmung eine Auslegung zulasse, wonach nur territoriale Schutzgüter von dieser Ausnahmebestimmung erfasst werden.[664] Gerade der Anwendungsbereich des Art. XX (e) GATT zeige aus

---

659 Vgl. hierzu *Oppermann*, FS-Kutscher, S. 301 ff.

660 *Hurlock*, Columbia Law Review 1992, S. 2107; *Schoenbaum*, AJIL 1992, S. 703.

661 *US – Restrictions on Import of Tuna*, Report of the Panel, in: BISD 39S/155 (198 f., para. 5.26).

662 *US – Restrictions on Imports of Tuna*, BISD 39S/155 (199, para. 5.27): „The General Agreement would then no longer constitute a multilateral framework for trade among all contracting parties but would provide legal security only in respect of trade between a limited number of contracting parties with identical internal Regulations.“

663 Vgl. hierzu *Kluttig*, Welthandelsrecht und Umweltschutz – Kohärenz statt Konkurrenz, S. 27 ff.

664 *US – Restrictions on Imports of Tuna (Tuna II)*, Report of the Panel vom 16.6.1994, DS29/R, paras. 5.20, 5.31.

der Sicht des Panels, dass auch Maßnahmen zum Schutz von Rechtsgütern gerechtfertigt sein können, die außerhalb der Gesetzgebungshoheit liegen.[665] In dieser Entscheidung unterschied das Panel erstmals zwischen Extraterritorialität und Extrajurisdiktionalität.[666] Danach dürfe ein Staat im Rahmen seiner Jurisdiktionshoheit nur Regelungen für die eigenen Staatsangehörigen treffen,[667] weil anderenfalls die Möglichkeit bestehen würde, mit der eigenen Gesetzgebungshoheit auf Politiken anderer Staaten einzuwirken. Aus diesem Grund sei ein Maßnahme, die andere Mitgliedstaaten dazu zwinge, Maßnahmen zum Schutze der Delphinbestände durchzusetzen, die mit dem US- amerikanischen Schutzmaßnahmen identisch sind, nicht „notwendig" i.S.d. Art. XX (b) GATT.[668] Damit ist aber noch nicht geklärt, welche Voraussetzungen eine Maßnahme erfüllen muss, damit ein Mitgliedstaat im Sinne der Tuna II-Entscheidung zur Änderung seiner Politik gezwungen wird. Diese Frage konnte durch die Tuna II-Entscheidung wegen seiner vielen Widersprüche nicht abschließend geklärt werden.[669] Nach Ansicht von *Hudec*[670] ist aus dieser Entscheidung allein herauszulesen, dass nach Ansicht des Panels zumindest Umweltschutzmaßnahmen zulässig sein müssen, die den Importstaaten die Freiheit belassen, die Umsetzung des Schutzziels selbst bestimmen zu können. Nach dieser Interpretation würde das US-Gesetz nur deswegen in Widerspruch zum GATT-Recht stehen, weil es den Importstaaten keinen Spielraum bei der Umsetzung dieses Schutzziels und damit bei der Eindämmung der Beeinträchtigung extraterritorialer Schutzgüter beließ.

Wie die Tuna II-Entscheidung letztendlich zu deuten ist, bedarf keiner abschließenden Klärung, weil die Streitbeilegungsgremien zumindest im Shrimp-Fall eine klare Position zu dieser Rechtsfrage bezogen hatten. Der Shrimp-Fall wird in der Literatur[671] einhellig so gedeutet, dass Maßnahmen auch dann zu-

665 *US – Restrictions on Imports of Tuna*, Report of the Panel vom 16.6.1994, GATT Doc. DS29/R, DS29/R, 5.32: „Nor are states barred, in principle, from regulating the conduct of vessels having their nationality, or any persons on these vessels, with respect to persons, animals, plants and natural resources outside their territory. A state may in particular regulate the conduct of its fishermen, or of vessels having its nationality or any fishermen on these vessels, with respect to fish located in the high seas."

666 Vgl. dazu *Cheyne*, GA. J. INT'l & COMP. L. 1995, S. 452 f.; ebenso *Schoenbaum*, International Trade and Environmental Protection, in: Birnie/Boyle (Hrsg.), International Law and the Environment, S. 709.

667 *US – Restrictions on Imports of Tuna (Tuna II)*, Report of the Panel vom 16.6.1994, DS29/R, paras. 5.17, 5.33.

668 *US – Restrictions on Imports of Tuna (Tuna II)*, Report of the Panel vom 16.6.1994, DS29/R, para. 5.39.

669 *Charnovitz*, The Yale Journal of International Law 2002, S. 94.

670 *Hudec*, GATT legal Restraints on the Use of Trade Measures against foreign Environmental Practices, in: Bhagwati/Hudec (Hrsg.), Fair Trade and Harmonization, S. 151.

671 *Ahn*, Mich. J. Int'l L. 1999, S. 848.

lässig sein sollen, wenn sie andere Staaten indirekt dazu veranlassen, bestimmte Politikziele zu verfolgen. Voraussetzung sei lediglich, dass die Exportstaaten bei der Verfolgung dieses Politikziels die Möglichkeit erhalten, vergleichbare Maßnahmen zu treffen, die nicht „weitgehend identisch“ mit den Maßnahmen des Importstaates sein müssen. Weitere Voraussetzung ist nach der Shrimp-Entscheidung des Appellate Body eine ausreichende Verknüpfung („sufficient nexus“) zum eigenen Territorium. Diese Verknüpfung zwischen der Schutzmaßnahme und den zu schützenden Schildkröten wird im Shrimp-Fall bereits dadurch hergestellt, dass Schildkröten wandernde Tierarten darstellen, die auch in US-amerikanischen Gewässern vorkommen.[672] Nach diesen Entscheidungen dürften sämtliche Maßnahmen zulässig sein, die eine Verknüpfung mit dem eigenen Territorium aufweisen. Dies ist unproblematisch bei grenzüberschreitenden Luftverschmutzungen der Fall, weshalb sich das betroffene Nachbarland durch handelsbeschränkende Maßnahmen dagegen zu Wehr setzen kann. Bei umweltschädlichen Produktionsverfahren, die jedoch nur die Arbeiter oder die unmittelbare Umgebung der Fabrik betreffen, ist die Zulässigkeit solcher Maßnahmen streitig. Bei rein nationalen Auswirkungen widerspricht es dem Prinzip der Souveränität, wenn sich ein Land in inneren Angelegenheiten eines anderen Staates einmischt.[673] Außerdem spiegeln sich nach ökonomischer Betrachtung in den unterschiedlichen Umweltstandards die komparativen Kostenvorteile eines Landes wider.[674] Allein der grenzüberschreitende Handel mit der Ware wird als „genuine link“ oder „sufficient nexus“ für die Verknüpfung mit dem territorialen Hoheitsbereich nicht ausreichen können,[675] weil sich anderenfalls immer eine Verknüpfung mit dem territorialen Hoheitsgebiet konstruieren ließe.

Das Prinzip der staatlichen Souveränität ist allerdings im Falle der Beeinträchtigung bedeutender Rechtsgüter zu modifizieren.[676] Dieser grundsätzliche Gedanke findet seinen Niederschlag bereits in Art. XX (e) GATT, der Handelsbeschränkungen von Gütern aus ausländischen Gefängnissen für zulässig erklärt.[677] Im Rahmen überragender Umweltschutzgüter wie beispielsweise geschützter Tierarten, ist der Schutz extraterritorialer Güter unabhängig von der unmittelbaren, eigenen Betroffenheit geboten. Dieser völkerrechtliche Auftrag zum Schutz bedeutender Umweltschutzgüter folgt einerseits aus einer ganzen

---

672 *US – Import Prohibition of Certain Shrimp and Shrimp Products*, Report of the Appellate Body vom 12.10.1998, WT/DS58/AB/R, para. 133.

673 *Petersmann*, JWT 1993, S. 53.

674 *Knorr*, ORDO 1995, S. 230 f.

675 Zustimmend *Diem*, Freihandel und Umweltschutz, S. 121.

676 *Renato Ruggiero*, der frühere Generaldirektor der WTO, vertrat in Bezug auf den Schutz globaler Rechtsgüter eine andere Auffassung: „(WTO) should not be asked to act as the ‚judge, jury and police‘ of global environmental and ethical values“, in: Ruggiero Says, Int'l trade Daily (BNA) vom 18.3.1998.

677 *Charnovitz*, JWT 1993, S. 48.

Reihe völkerrechtlicher Übereinkommen[678], andererseits aus internationalen Empfehlungen, wie der Deklaration von Stockholm aus dem Jahre 1972[679] sowie der Rio-Deklaration von 1992[680], welche die Entstehung entsprechenden Gewohnheitsrechts im Bereich des Umweltschutzes fördern. Die Befürwortung einer extraterritorialen Anwendung wird außerdem dadurch gestützt, dass Art. XX (b) GATT im Gegensatz zu *lit.* f gerade keine Einschränkung des Wortlauts auf „nationale Güter" vornimmt.[681] Weiterhin ist zu berücksichtigen, dass nach der Präambel die nachhaltige Entwicklung zu fördern ist, welche jedoch nicht nur durch die Beeinträchtigung globaler, sondern auch durch die Beeinträchtigung nationaler Umweltschutzgüter beeinträchtigt wird.[682]

D. Das Öko-Labelling

I. Gegenstand des Öko-Labelling

Neben Handelbeschränkungen eignen sich auch Kennzeichnungspflichten als Schutzbarriere gegen Umweltbeeinträchtigungen aus dem Ausland.[683] Solche als Öko-Labelling bezeichnete Kennzeichnungspflichten beinhalten in der Regel Informationen über den Lebenszyklus eines Produktes, angefangen bei den Herkunftsangaben der Rohstoffe, Herstellungsinformationen bis zur Frage, ob der Produktabfall nach Gebrauch wiederverwertbar ist. Allein in Europa gibt es die unterschiedlichsten Kennzeichnungspflichten, wie beispielsweise den „Blauen Engel" in Deutschland oder den „Nordic Swan" in den skandinavischen Län-

---

678 Z.B. Übereinkommen zum Schutz des Kultur- und Naturerbes von 1972 (BGBl. 1977 II S. 215), Art. 116 ff. u. 192 ff. des Seerechtsübereinkommens von 1982 (BGBl. 1994 II S. 1799), Convention on the Control of Transboundary Movements of Hazardious Wastes and their Disposal vom 22. März 1989 sowie das Wiener Übereinkommen zum Schutz der Ozonschicht vom 22. März 1985 (BGBl. 1988 II S. 902) und das Rahmenabkommen der UN über Klimaänderungen vom 9. Mai 1992 (BGBl. 1993 II S. 1784).

679 Declaration of the UN Conference on Human Environment, in: ILM 1972, S. 1416 ff.

680 Declaration of the UN Conference on Environment and Development, Rio de Janeiro, 3.-16. Juni 1992.

681 Ebenso *Schmidt/Kahl*, Umweltschutz und Handel, in: Rengeling (Hrsg.), Handbuch zum europäischen und deutschen Umweltrecht, Bd. II/2, Rdnr. 113.

682 *McDonald*, It's Not Easy Being Green: Trade and Environment Linkages beyond Doha, in: Buckley (Hrsg.), The WTO and the Doha Round – The Changing Face of World Trade, S. 154.

683 *Schimmelpfennig*, Eine umweltpolitische Reform des WTO-Systems?, S. 128 ff.

dern.[684] Durch die EG-Verordnung für ökologischen Landbau (EWG)[685] aus dem Jahr 1991 werden „ökologische" oder „biologische" Produkte gekennzeichnet. Kennzeichnungspflichten sind nicht nur wesentlicher Bestandteil der modernen Umweltpolitik, sondern haben auch als Regelungsgegenstand des Prinzips 10 der Rio-Deklaration Eingang in das Völkerrecht gefunden. Kennzeichnungspflichten führen zu einer verstärkten Demokratisierung des Umweltschutzprozesses, indem dem Konsumenten durch sein umweltorientiertes Konsumverhalten die Verantwortung für den Schutz seiner eigenen Umwelt überantwortet wird. Die Staaten sollen sich daher nach dem Grundgedanken des Prinzips 10 der Rio-Deklaration dazu aufgefordert fühlen, die Verbraucher verstärkt in den Umweltschutzprozess mit einzubeziehen und dadurch auch das Bewusstsein der Verbraucher in Umweltfragen zu schärfen.

II. Vereinbarkeit mit dem GATT-Recht

Kennzeichnungspflichten können sowohl gegen das GATT-Recht als auch gegen das TBT-Abkommen, welches für die Behandlung technischer Normen und Vorschriften gesonderte Regelungen enthält, verstoßen. Die Streitbeilegungsgremien gehen offensichtlich davon aus, dass das GATT-Recht auch dann von den Mitgliedstaaten zu beachten ist, wenn parallel hierzu der Anwendungsbereich des TBT-Abkommens eröffnet ist. So überprüfte der Appellate Body im Asbest-Fall die Vereinbarkeit des Importverbotes allein am GATT-Recht, obschon es sich unzweifelhaft, das heißt auch nach Ansicht des Appellate Body, um eine technische Vorschrift handelte.[686]

Öko-Labels unterscheiden sich von sonstigen Umweltschutzmaßnahmen dadurch, dass sie nicht den Marktzugang von importierten Waren versperren, wenn bestimmte Kennzeichnungspflichten von umweltschädlichen Stoffen oder Herstellungsverfahren den Waren auferlegt werden.[687] Das heißt, wenn bereits

684 Vgl. dazu *Esty/Geradin*, JWT 1998, S. 38 m.w.N.

685 Vgl. die Anforderungen der EG-Verordnung für ökologischen Landbau (EWG) Nr. 2092/91 (ABl. EG 1991 Nr. L 198, S. 3) für eine Kennzeichnung der Produkte als „ökologisch" oder „biologisch".

686 *EC – Measures Affecting Asbestos and Asbestos-Containing Products*, Report of the Appellate Body vom 12.3.2001, WT/DS135/AB/R, para. 58 ff.

687 *US – Restrictions on the Imports of Tuna*, Report of the Panel vom 16.8.1991, DS21/R, para. 5.42.: „The labelling provisions of the US Law do not restrict the sale of tuna products; tuna products can be freely sold with and without the „Dolphin Safe" label. Nor do these provisions establish requirements that have to be met in order to obtain an advantage from the government. Any advantage which might possibly result from ac-

handelsbeschränkende Maßnahmen gem. Art. XX GATT gerechtfertigt sind, dann werden darauf gerichtete Produktkennzeichnungsbestimmungen, die nach der Rechtsprechung des Panels in „Malt Beverages“[688] den Wettbewerb in geringerem Umfang beeinträchtigen, nach den Grundsätzen „maiore ad minus“ auf jeden Fall zulässig sein.

Ist hingegen eine Rechtfertigung der handelsbeschränkende Maßnahmen gem. Art. XX GATT nicht möglich, stellt sich natürlich die Frage, ob umweltpolitisch motivierte Kennzeichnungspflichten den Handel im Vergleich zu sonstigen Handelsbeschränkungen nicht regelmäßig auf weniger abträglichen Weise beeinträchtigen. Unter Heranziehung des Notwendigkeitsbegriffs der Streitbeilegungsgremien wird man davon ausgehen dürfen, dass produktbezogene Öko-Labels den Handel regelmäßig weniger einschränken als andere umweltpolitisch motivierte Handelsbeschränkungen.[689] Kennzeichnungspflichten fehlt aber regelmäßig die Befähigung, das Umweltschutzziel auf vergleichbar effektiver Weise zu erreichen wie handelsbeschränkende Maßnahmen, zumal die erfolgreiche Schutzverwirklichung ein geschärftes Umweltschutzbewusstsein der Konsumenten voraussetzt.[690] Danach haben die Verbraucher die Möglichkeit, durch ihr eigenes Konsumverhalten unter Beweis zu stellen, ob sich deren Wahrnehmung in Umweltfragen derart geschärft haben, dass eine einfache Kennzeichnungspflicht von umweltschädigenden Produkten der Durchführung von einschneidenderen Maßnahmen, wie beispielsweise Importverboten, vorzuziehen ist.

Im Asbest-Fall hatte der Appellate Body allerdings noch einmal seine Ansicht bekräftigt, dass sich ein Mitgliedstaat nicht auf weniger einschneidende Maßnahmen und damit auch nicht auf Öko-Labels verweisen lassen muss, wenn das vom Mitgliedstaat angestrebte Schutzniveau, insbesondere im Hinblick auf die gesundheitlichen Risiken die von einem bestimmten Produkt ausgehen, sich nur durch ein Importverbot erzielen lässt.[691] Die Voraussetzungen hierfür werden jedoch meist nur bei lebensgefährlichen Stoffen oder irreversiblen Umweltschäden vorliegen, was einzelfallorientiert zu bestimmen ist. Aus diesem Grund werden sich umweltpolitisch motivierte Handelsmaßnahmen regelmäßig daran zu messen haben, ob zur Erfüllung des Schutzziels auch eine einfache Produkt-

---

cess to this label depends on the free choice by consumers to give preference to tuna carrying the „Dolphin Safe“ label.“

688 *US – Measures Affecting Alcoholic and Malt Beverages*, Report of the Panel, in: DS 23/R, para. 5.76.

689 *Appleton*, Environmental Labelling Programmes – International Trade Law Implications, S. 114.

690 *Howse/Regan*, EJIL 2000, S. 273.

691 *EC – Measures Affecting Asbestos and certain Asbestos-containing Products*, Report of the Appellate Body vom 12.3.2001, WT/DS135/AB/R, paras. 164 ff.

kennzeichnungen, die den Konsumenten über das umweltschädigende Produkt oder Herstellungsverfahren informieren, ausgereicht hätten.

III. Vereinbarkeit mit dem TBT-Abkommen

Nationalstaatliche Bestimmungen, die eine Kennzeichnungspflicht von umweltfreundlichen oder umweltschädlichen Produkten vorsehen, stellen technische Handelshemmnisse im Sinne des TBT-Abkommens dar. Das TBT-Abkommen begründet eine selbständige Verpflichtung der WTO-Mitglieder, die dessen Beachtung unabhängig davon schulden, ob auch gleichzeitig eine Beeinträchtigung des GATT-Rechts vorliegt.[692] Das TBT-Übereinkommen sieht die Einhaltung zweier Prinzipien vor. Das erste Prinzip des TBT-Übereinkommens ist die Nichtdiskriminierung. Danach dürfen importierte Produkte keinen strikteren Regulierungsanforderungen unterstellt werden als im Inland hergestellte Produkte. Das zweite Prinzip des TBT-Übereinkommens zielt auf die Vermeidung unnötiger Handelsbeschränkungen. Danach sind technische Regulierungen in einer Weise anzuwenden, die den Regulierungszweck in einer den Handel möglichst wenig abträglichen Weise beeinträchtigen.

1. Technische Vorschriften oder Normen mit Bezug auf die umweltschädliche Herstellungsart eines Produktes

Als problematisch erweisen sich Kennzeichnungspflichten, soweit sie auch Informationen über den Umwelteinfluss des Herstellungsprozesses enthalten. Hierunter würden beispielsweise Kennzeichnungspflichten fallen, wonach tropische Hölzer aus einer nicht nachhaltigen Forstwirtschaft zu kennzeichnen sind[693] oder Produkte, die wegen überhöhter Schadstoffemissionen einer Kennzeichnungspflicht zu unterwerfen sind. Inwiefern sich Kennzeichnungspflichten auf NPR-PPMs und damit auch auf Verfahrenstechniken beziehen dürfen, wenn

692 Vgl. *Weiß/Herrmann*, Welthandelsrecht, S. 225.

693 So ein von Malaysia angefochtenes Gesetz Österreichs aus dem Jahr 1992. Ausführlich hierzu *Subedi*, Brooklyn Journal of international Law 1999, S. 390 ff.; *Chase*, Hastings International and Comparative Law Review 1994, S. 383 ff.

sie auf das Endprodukt keinen Einfluss haben,[694] ist bereits Streitgegenstand mehrerer Sitzungen des TBT-Komitees[695] gewesen.

Hiergegen könnte zunächst der Wortlaut des TBT-Abkommens sprechen. Ausweislich des Anhang 1 des TBT-Übereinkommens stellt eine technische Vorschrift oder Norm ein Dokument dar, das bestimmte Merkmale eines Produkts oder die entsprechenden Verfahren oder Produktionsmethoden festlegt. Die Formulierung „entsprechend" könnte darauf hindeuten, dass Verfahrenstechniken, die keinen Einfluss auf die Produktsubstanz haben, keine technische Vorschriften oder Normen Sinne des TBT-Abkommen darstellen können.[696] Die Zulässigkeit solcher Kennzeichnungspflichten würde sich dann allein nach Art. III oder XI GATT bestimmen. Diese Lesart setzt sich jedoch mit dem zweiten Satz der „Technischen Vorschrift"- oder „Norm"-Definition des Anhang 1 des TBT-Abkommens in Widerspruch, der den Begiff „entsprechend" („related") im Gesetzeswortlaut gerade nicht wieder aufgreift.[697] Die Formulierung im Anhang 1 des TBT-Abkommens ist folglich für sich genommen nicht geeignet, Klarheit darüber zu verschaffen, ob sich auch solche Kennzeichen an den Bestimmungen des TBT-Abkommens zu messen haben, die sich ausschließlich auf das Herstellungsverfahren beziehen.

Die Verhandlungsgeschichte[698] des TBT-Abkommens gibt darüber Auskunft, dass zum Zeitpunkt der Vertragsunterzeichnung zwischen den Mitgliedstaaten keine Einigung über die Frage erzielt werden konnte, ob NPR-PPMs vom TBT-Abkommen erfasst werden sollen oder nicht. Es bestand folglich eine

---

694 Vgl. dazu *Motaal*, The Agreement on Technical Barriers to Trade, the Committee on Trade and Environment, and Eco-labelling, in: Trade, Environment, and the Millennium, S. 228.

695 Communication from Canada, G/TBT/W/9, 5.7.1995; Negotiating History of the Coverage of the Agreement on Technical Barriers to Trade with Regard to Labelling Requirements, Voluntary Standards, and Processes and Production Methods Unrelated to Product Characteristics, G/TBT/W/11 – WT/CTE/W/10, 29.8.1995; US Proposal Regarding Further Work on Transparency of Eco-Labelling, G/TBT/W/29, 18.6.1996; Draft Decision on Eco-Labelling, G/TBT/W/30 – WT/CTE/W/38, 24.7.1996; Environmental Labels and Market Access: Case Study on the Colombian Flower-Growing Industry – Document from Colombia, G/TBT/W/61 – WT/CTE/W/81, 11.5.1998. Ebenso G/TBT/M/2, 4.10.1995, G/TBT/M/3, 5.1.1996, G/TBT/M/4, 10.6.1996, G/TBT/M/5, 19.9.1996, G/TBT/M/11, 27.5.1998.

696 *Rege*, JWT 1994, S. 110; *Schultz*, World Competition 1994, S. 83; vgl. ebenso Note by the Secretariat, Multilateral Transparency of National Environmental Regulations Likely to Have Trade Effects, GATT Document TRE/W/7 vom 3.5.1993.

697 Vgl. dazu *Appleton*, Environmental Labelling Programmes – International Trade Law Implications, S. 93.

698 Vgl. dazu CTE/CTBT, Negotiating History of the Coverage of the Agreement on Technical Barriers to Trade with Regard to Labelling Requirements, Voluntary Standards, and Processes and Production Methods Unrelated to Product Characteristics, WT/CTE/W/10, August 1995.

Einigkeit über die Uneinigkeit. Während die Entwicklungsländer einer Einbeziehung von NPR-PPMs in das TBT-Abkommen grundsätzlich ablehnend gegenüberstanden, weil sie dadurch ihre Produktionsstandards an Bedingungen knüpfen müssten, die nicht den Entwicklungsstand ihres Landes und die vor Ort bestehenden Umwelteinflüssen berücksichtigen, waren die Industriestaaten an einem möglichst weiten Anwendungsbereich des TBT-Abkommens interessiert, um dadurch einem verfahrenstechnischen Öko-Dumping aus dem Ausland begegnen zu können. Aus der Nichteinbeziehung der NPR-PPMs in das TBT-Abkommen leiteten beide Interessenblöcke unterschiedliche Rechtsfolgen ab.

Während ein großer Block der Entwicklungsländer die Auffassung vertrat, dass aus der Nichteinbeziehung der NPR-PPMs in das TBT-Abkommen die Schlussfolgerung zu ziehen ist, dass die Verwendung darauf beziehender Kennzeichen nicht WTO-konform ist, erkannte die EU darin eine Regelungslücke, die gerade nicht zu einer Beschränkung des Anwendungsbereichs führen dürfe.[699] Nach einer vermittelnden Ansicht in der Literatur ist das Problem so zu lösen, dass NPR-PPMs zwar nicht in den Anwendungsbereich des TBT-Abkommens, jedoch dafür in den Anwendungsbereich des Code of Good Practice gem. Art. 4.1 i.V.m. Anhang 3 des TBT-Abkommens fallen.[700] Die materiellen Anforderungen, die an einem Öko-Label nach dem Code of Good Practice gestellt werden, sind zwar nicht so hoch gesteckt wie beim TBT-Abkommen, gleichwohl müssen danach Öko-Labels bestimmte Transparenzkriterien erfüllen. So müssen beispielsweise die gesetzlichen Anforderungen und der Zweck dieses Öko-Labels klar bestimmt werden, so dass für jeden erkennbar ist, welche Produkte von dieser Kennzeichnungspflicht oder -möglichkeit erfasst werden und welcher Aufwand seitens des Herstellers betrieben werden muss, um von einem solchen Öko-Label profitieren zu können. Von der Einbeziehung der NPR-PPMs in den Regelungsbereich des Code of Good Practice sollen jedoch wiederum die NPR-PPMs ausgenommen werden, die keine obligatorischen Kennzeichnungspflichten, sondern lediglich fakultative Kennzeichnungsmöglichkeiten für besonders umweltschonende Produkte vorsehen. Solche fakultativen Kennzeichnungsrechte sollen nach übereinstimmender Rechtsansicht weder in den Anwendungsbereich des TBT-Abkommens noch in den Bereich des Code of Good Practices fallen.

Im Ergebnis wird man sich der Ansicht anschließen müssen, wonach sich auf NPR-PPMs bezogene Kennzeichnungspflichten allein an den Bestimmungen des GATT und des Code of Good Practices zu messen haben, zumal der offene

---

699 Studie des *BMU*, Handel, Umwelt und Nachhaltige Entwicklung im Umfeld der WTO-Ministerkonferenz in Seattle – Vorschläge zur Integration von Umwelt- und Nachhaltigkeitselementen in das multilaterale Handelssystem, S. 11.

700 Vgl. dazu *Motaal*, The Agreement on Technical Barriers to Trade, the Committee on Trade and Environment, and Eco-labelling, in: Trade, Environment, and the Millenium, S. 232.

Gesetzeswortlaut keine Auslegungsmöglichkeit bietet, um sich über die fehlende Einigung der Mitgliedstaaten hinwegzusetzen.

2. *Berechtigtes Schutzziel i.S.d. Art. 2.2 TBT-Abkommen*

Aus der Sicht *Tietjes*[701] stellen freiwillige Bestimmungen zum Öko-Labelling, mit denen besonders umweltschonende Produkte als Verkaufsempfehlung gekennzeichnet werden können, unnötige Hindernisse des internationalen Handels dar, weil mit deren Festlegung keine berechtigten Ziele des TBT-Abkommens verfolgt werden können. Diese Position stützt sich darauf, dass umweltpolitisch motivierte Kennzeichnungsrechte allein der Förderung des Umweltbewusstseins dienen und nicht auf die Verhinderung bestimmter Umweltschäden im Sinne des Art. 2.2 TBT-Abkommen oder Paragraph E des Codes of Good Practices gerichtet sind.[702] Diese Ansicht stößt aus mehreren Gründen auf erhebliche Kritik. Zum einen übersieht sie, dass Art. 2.2 GATT die berechtigten Ziele nicht abschließend aufführt, was durch die Formulierung „inter alia" in Art. 2.2 deutlich wird. Weiterhin ist nicht logisch begründbar, warum der Umweltschutz im weiteren Sinne kein berechtigtes Schutzziel für technische Regulierungen oder Standards darstellen soll. Das ein weiteres Verständnis von Umweltschutz dem TBT-Abkommen zugrunde liegt, geht auch aus der Präambel hervor, in der ausdrücklich das Recht der Mitgliedstaaten hervorgehoben wird, die Umweltschutzmaßnahmen zu ergreifen, die aus der Sicht des Mitgliedstaates angemessen sind. Angemessen sind nicht nur Umweltschutzmaßnahmen, die sich gegen eine Umweltschutzbeeinträchtigung aus dem Ausland richten, sondern selbstverständlich auch Kennzeichnungsrechte von besonders umweltschonenden Produkten. Weiterhin übersieht diese Ansicht, dass technische Vorschriften für sich genommen wegen ihrer unverbindlichen Natur nicht den internationalen Handel beschränken können.[703] Nicht gekennzeichnete Produkte haben nicht

---

701 Vgl. *Tietje*, JWT 1995, S. 132 ff.

702 Davon scheint auch das Panel in „Tuna – Dolphin I" auszugehen. Vgl. dazu Report of the Panel, in: ILM 1991, S. 1598; *US – Restrictions on Imports of Tuna*, para. 5.42: „The labelling provisions of the (US law) do not restrict the sale of tuna products; tuna products can be freely sold both with and without the „Dolphin Safe" label. Nor do these provisions establish requirements that have to be met in order to obtain an advantage from the gorvernment. Any advantage which might possibly result from access to this label depends on the free choice by consumers to give preference to tuna carrying the „Dolphin Safe" label. The labelling provisions therefore did not make the right to sell tuna or tuna products, nor the access to a government-conferred advantage affecting the sale of tuna or tuna products, conditioned upon the use of tuna harvesting methods."

703 *Appleton*, Environmental Labelling Programmes – International Trade Law Implications, S. 128.

nur den gleichen Marktzugang wie gekennzeichnete Produkte, sondern können für sich sogar noch den Vorteil in Anspruch nehmen, auf dem Markt zu erheblich niedrigeren Preisen angeboten werden zu können.

3. Diskriminierungsverbot gem. Art. 2.1 TBT-Abkommen

Öko-Labels, die keine NPR-PPMs darstellen, haben sich an den sonstigen Voraussetzungen des TBT-Abkommens zu messen. Nach Art. 2.1. des TBT-Abkommens dürfen gleiche Produkte nicht auf diskriminierende Weise ungleich behandelt werden. Ein Label, dass Holz aus tropischen Wäldern kennzeichnet, wäre diskriminierend, wenn vergleichbare Holzarten aus gemäßigten Zonen nicht der Kennzeichnungspflicht unterliegen würden.[704] Dabei drängt sich die Frage auf, wie ein Label, welches lediglich die Konsumenten über die Bestandteile des Produkts informiert, den Wettbewerb auf eine diskriminierende Weise beeinflussen kann. Die Antwort hierauf erteilte das Panel im Fall „Canadian Alcoholic Drinks", indem es verdeutlichte, dass zwingende Produktinformationen die Konsumenten zu einem diskriminierenden Kaufverhalten verleiten können und sich deshalb auch das Label am Diskriminierungsverbot zu messen hat.[705]

Das Begriffpaar „gleiche Produkte" könnte zunächst in Anlehnung an die Auslegungspraxis der Streitbeilegungsgremien zum Art. III Abs. 4 GATT ausgelegt werden. Hiergegen ließe sich zunächst anführen, dass Art. 2.1 TBT-Abkommen keine mit Art. III Abs. 1 GATT vergleichbare Bestimmung enthält und damit auch nicht direkt auf eine Klausel Bezug genommen werden kann, deren Regelungsziel in der Verhinderung protektionistischer Maßnahmen besteht. Dieses Argument ist insofern irreführend, als Art. III GATT ein wesentlicher Bestandteil des Welthandelssystems darstellt, an dessen Inhalt die Streitbeilegungsgremien das WTO-Recht und damit auch das TBT-Übereinkommen auszulegen haben. Ferner ist davon auszugehen, dass die Vertragsstaaten mit der Verwendung einer mit Art. III Abs. 4 GATT vergleichbaren Formulierung auch die Absicht verfolgt hatten, den Begriff der „Gleichheit" einer einheitlichen Auslegung zu unterwerfen.[706] Vor diesem Hintergrund wird man unter Bezugnahme auf den marktorientierten Ansatz die Verbraucherpräferenzen zum maßgeblichen Gleichheitskriterium bestimmen müssen. Die Argumente, die für den marktorientierten Ansatz angeführt wurden, beanspruchen bei Kennzeichnungs-

---

704 Vgl. *Chase*, Hastings ICLR 1994, S. 349; ebenso *Schoenbaum*, International Trade and Environmental Protection, in: Birnie/Boyle (Hrsg.), International Law and the Environment, S. 720.

705 *US – Measures Affecting Alcoholic and Malt Beverages*, BISD 39S/206 (278 f.).

706 Vgl. *Appleton*, Environmental Labelling Programmes – International Trade Law Implications, S. 101.

pflichten, die gerade zur Information des Verbrauchers bestimmt sind, zumindest die gleiche Rechtsgültigkeit wie bei den Vorschriften über den Verkauf, das Angebot, den Einkauf, die Beförderung, Verteilung oder Verwendung i.S.d. Art. III Abs. 4 GATT.

4. Notwendigkeitserfordernis gem. Art. 2.2 TBT-Abkommen

Nach Art. 2.2. TBT-Abkommen darf der internationale Freihandel durch technische Bestimmungen nicht unnötig behindert werden. Hier könnte ebenfalls in Anlehnung an die GATT-Praxis zum Art. XX (b) und (d) GATT auf die strikte Auslegung des Notwendigkeitsbegriffes zurückgegriffen werden. Der Wortlaut des Art. 2.2. TBT-Abkommens unterscheidet sich jedoch von dem des GATT-Rechts in einem wesentlichen Punkt. Im TBT-Abkommen heißt es: „Technische Regulierungen sollen den Handel nicht mehr als erforderlich beschränken, um ein berechtigtes Ziel erfüllen zu können. In dieser Abwägung sind die Risiken zu berücksichtigen, die sich verwirklichen könnten, wenn das durch die Regulierungsmaßnahme angestrebte Schutzziel nicht erreicht wird."

Soweit folglich das menschliche Leben auf dem Spiel steht, kann vom jeweils betroffenen Mitgliedstaat aus Zeitgründen nicht erst eine umfassende Abwägung abverlangt werden, bei der die einzelnen zur Verfügung stehenden Maßnahmen hinsichtlich ihrer Auswirkungen auf den Freihandel verglichen und gegeneinander ins Verhältnis gesetzt werden. In diesem Fall kann das Mitgliedsland auf in der Praxis bewährte Maßnahmen zurückgreifen, die das Risiko vollständig ausschließen (Risikoreduzierung auf Null) und zwar unabhängig davon, ob rein theoretisch noch weniger handelsbeschränkende Maßnahmen in Betracht kommen könnten, bei denen jedoch im Hinblick auf das zu erfüllende Schutzziel nicht das gleiche Maß an Effektivität und Durchsetzbarkeit sichergestellt werden kann.[707]

Soweit jedoch weniger wichtige Schutzgüter betroffen sind als das menschliche Leben, kann das Mitgliedsland im Einzelfall auch auf Regulierungsmaßnahmen verwiesen werden, bei denen das Risiko der Schutzgutverletzung im Ergebnis größer ist. Die geforderte Risikoabschätzung ist mit einer Verhältnismäßigkeitsprüfung zu vergleichen, auch wenn ein dahingehender Hinweis in der Fußnote[708] nachträglich wieder beseitigt wurde. Soweit ein wissenschaftlicher

---

707 Vgl. *Howse/Tuerk*, The WTO Impact on Internal Regulations, in: de Burca/Scott (Hrsg.), The EU and the WTO: Legal and Constitutional Issues, S. 315.

708 Die Fußnote hatte folgende Formulierung: „This provision is intended to ensure proportionality between regulations and the risks non-fulfilment of legitimate objectives would create." Vgl. dazu *Appleton*, Environmental Labelling Programmes – International Trade Law Implications, S. 113.

oder technischer Nachweis vorliegt, der eine bestimmte Maßnahme rechtfertigt, werden auch bestimmte Vorsorgemaßnahmen zulässig sein. Die Existenz einer Verhältnismäßigkeitsprüfung innerhalb des TBT-Abkommens, das Diskriminierungsverbot sowie die Notwendigkeitsprüfung im Sinne des „least-restrictive-trade-measure" könnten eine gewisse Konvergenz zwischen dem WTO- und EG-Recht herbeiführen.

5. *Internationale Harmonisierung gem. Art. 2.4-2.7 TBT-Abkommen*

Der ambitionierteste Weg Wettbewerbsverzerrungen wegen unterschiedlicher Umweltstandards zu beseitigen, ist deren Harmonisierung. Dabei ist zwischen mehreren Arten der Harmonisierung zu differenzieren, insbesondere ob eine Vereinheitlichung der Kennzeichnungspflichten oder ob lediglich deren Angleichung durch die Festlegung von einheitlichen Richtlinien, Harmonisierungszielen, Mindest- und Maximalstandards, Konvergenzkriterien erfolgen soll sowie ob eine bevorzugte Behandlung der Entwicklungsländer vorgesehen ist und dadurch bei der Festlegung von Kennzeichnungspflichten auf entwicklungs- und sozialpolitische Belange Rücksicht genommen werden kann.[709] Soweit technische Regulierungen mit internationalen Standards zu vereinbaren sind und berechtigte Ziele verfolgen, wird widerlegbar vermutet, dass sie den internationalen Handel nicht unnötig beschränken. Diese Regelung bringt zum Ausdruck, dass durch eine internationale Harmonisierung im Bereich der technischen Handelshemmnisse am ehesten verhindert werden kann, dass technische Regulierungen zur Verschleierung protektionistische Bestrebungen vorgeschoben werden. Hierunter fallen beispielsweise die Richtlinien der ISO (International Standards Organization), soweit sie eine umweltpolitisch motivierte Kennzeichnungspflicht von Produkten vorsehen.

Entgegen der Auffassung der UNCTAD[710] existiert jedoch keine Verpflichtung bestimmte Öko-Labels zu harmonisieren. Nach Auffassung der UNCTAD ist zwischen Verfahrenstechniken zu unterscheiden, die nationale oder internationale Auswirkungen auf die Umwelt haben. Bei Verfahrenstechniken mit nationalen Umwelteinflüssen sind Öko-Labels zulässig, soweit der Exportstaat die Möglichkeit erhält, Verfahrenstechniken einzusetzen, die im Exportland vergleichbare Auswirkungen auf die Umwelt haben. Herstellungsverfahren, die internationalen Auswirkungen auf die Umwelt haben, dürfen jedoch

---

709 *Esty/Geradin*, JWT 1998, S. 39 ff.

710 *UNCTAD*, Trade, Environment and Development: Aspects of Establishing and Operating Eco-labelling Programmes, TD/B/WG.6/5, 28 March 1995; Eco-labelling and Market Opportunities for Environmentally Friendly Products, TD/B/WG.6/2, 6.10.1994.

nach Auffassung der UNCTAD nur Gegenstand multilateral vereinbarter Richtlinien sein. Eine derartige Verpflichtung, wonach Öko-Labels in multilaterale Umweltschutzabkommen einzubinden sind, wenn sich die Kennzeichnungspflichten gegen globale Umweltschutzgüter richten, schießt über das Ziel dieser Regelung hinaus, welches allein darin besteht, protektionistischer Maßnahmen zu verhindern, nicht jedoch auch Kennzeichnungspflichten zu harmonisieren.

6. *Ergebnis*

Umweltpolitisch motivierte Handelsmaßnahmen werden sich im Hinblick auf Art. XX GATT regelmäßig – soweit keine irreversiblen Umwelt- und Gesundheitsschäden auf dem Spiel stehen – daran zu messen haben, ob zur Erfüllung des Schutzziels auch eine einfache Produktkennzeichnung, die den Konsumenten über das umweltschädigende Produkt oder Herstellungsverfahren lediglich informieren und ihm die Verantwortung über den Kauf des Produktes überantworten, ausgereicht hätte. Durch die Produktkennzeichnung, werden die Verbraucher verstärkt in den Umweltschutzprozess mit einbezogen und dadurch auch das Bewusstsein der Verbraucher in Umweltfragen im Sinne des Grundgedanken des Prinzips 10 der Rio-Deklaration geschärft. Dieses geschärfte Umweltbewusstsein wird zunehmend auch die Nachfrage lenken und dadurch verstärkt die Voraussetzungen für eine Ungleichbehandlung von umweltschädlichen und umweltschonenden Produkten i.S.d. Art. III Abs. 4 GATT und damit für eine uneingeschränkte Umweltpolitik schaffen.

E. Multilaterale Lösung zur Beseitigung globaler Umweltbeeinträchtigungen

Multilaterale Umweltschutzabkommen zeichnen sich durch drei Vorteile aus: a) Umweltprobleme haben in der Regel globale Auswirkungen, b) innerhalb eines Multilateralen Umweltschutzabkommens werden weniger Rechtsstreitigkeiten geführt, c) multilaterale Umweltschutzabkommen sind im Gegensatz zu unilateralen Maßnahmen, wie beispielsweise handelsbeschränkende Maßnahmen oder Kennzeichnungspflichten, gegenüber protektionistische Interessen immun.[711]

711 *Osakwe*, Finding New Packages of Acceptable Combinations of Trade and Positive Measures to Improve the Effectiveness of MEAs: A General Framework, in: Fi-

Bei multilateralen Lösungen, die auf eine internationale Zusammenarbeit und einen gemeinsamen Konsens der Mitgliedstaaten zurückgehen, handelt es sich daher um den effektivsten Weg zur Lösung von Umweltproblemen transnationaler oder globaler Natur.[712]

Ein grundlegendes Problem besteht jedoch im Konkurrenzverhältnis zwischen der WTO und den zahlreichen multilateralen Umweltabkommen mit Handelsrelevanz. Während das WTO-Recht prinzipiell auf eine Wohlfahrtssteigerung aller durch freien Handel gerichtet ist, basieren MEAs[713] gerade auf einem Verbot oder der Einschränkung des Handels mit bestimmten Gütern. Insgesamt existieren derzeit ca. 240 MEAs, von denen etwa 25 zu Handelsmaßnahmen berechtigen, die das WTO-Recht berühren.[714] Hierunter zählen beispielsweise das Übereinkommen über den internationalen Handel mit gefährdeten Arten wildlebender Tiere und Pflanzen (Washingtoner Artenschutzübereinkommen)[715], welches den Handel mit geschützten Arten mit Nichtvertragsstaaten, soweit diese nicht eine sinngemäße Anwendung dieser Vorschrift belegen können, beschränkt. Das Basler Übereinkommen über die Kontrolle der grenzüberschreitenden Verbringung gefährlicher Abfälle und ihrer Entsorgung[716] enthält Einschränkungen bezüglich der Ein- und Ausfuhr bestimmter Abfälle aus Staaten, die dem Vertrag fernbleiben oder Bestimmungen des Übereinkommens nicht einhalten. Zwei neuere Verträge mit handelsrechtlich ähnlichen Bestimmungen sind das Rotterdamer Übereinkommen über ein Verfahren der vorherigen informierten Zustimmung betreffend gewisser gefährlicher Chemikalien und Schädlingsbekämpfungsmittel im internationalen Handel[717] von 1998 und das im Januar 2000 beschlossene Protokoll von Cartagena über die biologische Sicherheit

---

jalkowski/Cameron (Hrsg.), Trade and the Environment: Bridging the GAP, S. 39; vgl. hierzu die Studie der WTO von *Nordström/Vaughan*, Trade and Environment, 1999.

712 So auch der Report of the Committee on Trade and Environment, WT/CTE/1, 12. November 1996, S. 30.

713 Es gibt derzeit keine einheitliche Definition eines MEAs (Multilateral Environment Agreement). Hierunter fallen sämtliche regionalen oder globalen Umweltschutzmaßnahmen mit transnationalen Auswirkungen.

714 *WTO*, Matrix on Trade Measures Pursuant to Selected MEAs, Note by the Secretariat-Revision, WT/CTE/W/160/Rev.1 vom 14. Juni 2001; sowie GATT, Trade Provisions Contained in Multilateral Agreements, GATT-Dok. TRE/W/1/Rev.1 vom 14.10.1993.

715 Convention on International Trade in Endangered Species of Wild Fauna and Flora, Washington, 3.3.1973, in Kraft seit 1.7.1975, in: ILM 1973, S. 1085, Art. X.

716 Convention on the Control of Transboundary Movements of Hazardous Wastes and Their Disposal, Basel, 22.3.1989, in Kraft seit 24.5.1992, BGBl. 1994 II S. 2704.

717 Convention on the Prior Informed Consent Procedure for Certain Hazardous Chemicals and Pesticides in International Trade, UN-Dok. UNEP/FAO/PIC/CONF/5 vom 17.9.1998.

zum Übereinkommen über die biologische Vielfalt (Biosafety-Protokoll)[718]. Aber auch das Montrealer Protokoll über Stoffe, die zu einem Abbau der Ozonschicht[719] führen, schränkt den Handel mit Nichtvertragsstaaten ein, soweit Güter, die mit Hilfe bestimmter ozonschädigender Stoffe hergestellt worden sind, aus solchen Ländern nicht importiert werden dürfen.

Während die EU[720] bislang die Auffassung vertritt, dass die Konvergenz multilateraler Umweltschutzabkommen mit dem WTO-Recht durch eine eindeutige Regelung sicherzustellen sei, sahen die USA[721] im Hinblick auf den Spielraum, den das WTO-Recht den Mitgliedstaaten belässt, hierfür bislang keinen Regelungsbedarf. Die Zurückhaltung der USA gegenüber eindeutigen Konvergenzkriterien dürfte daher rühren, dass die USA[722] in Vergangenheit bereits mehrmals bei der Ausgestaltung multilateraler Umweltschutzabkommen Kompromisse eingehen musste, an die sie sich auf Dauer oder zumindest bei handelsrechtlichen Streitigkeiten nicht gebunden fühlen will.

I. Konflikt zwischen multilateralen Umweltschutzabkommen (MEAs) und dem WTO-Recht

1. Kohärenz durch Auslegungsgrundsätze

Zwischen dem WTO-Recht und den multilateralen Umweltschutzabkommen existiert prinzipiell keine Normenhierarchie. Zur Abgrenzung beider Regelungsbereiche eignen sich weder die *Lex-posterior*-Regel noch die *Lex-specialis*-Regel.[723] Soweit die *Lex-posterior*-Regel als Abgrenzungskriterium beider Regelungsbereiche herangezogen werden könnte, würde sich eine erhebliche Unsicherheit breit machen, wenn multilateralen Umwelt-Übereinkommen zunächst Vorrang vor dem GATT 1947 eingeräumt werden würde, die Gründung der WTO diese Priorität wieder zurückdrängen und nachträgliche Ergänzungsproto-

718 The Cartagena Protocol on Biosafety to the Convention on Biological Diversity, Montreal, vom 29.1.2000; hierzu *Qureshi*, International and Comparative Quarterly 2000, S. 835 ff.

719 Protocol on Substances that Delete the Ozon Layer, Montreal, 16.9.1987, in Kraft seit 1.1.1989, BGBl. 1988 II S. 1015.

720 Vgl. hierzu *EU*, The Non-Trade Impacts of Trade Policy – Asking Questions, Seeking Sustainable Development, Informal Discussion Paper Rev. 1, Directorate General for Trade, EU, January 8, 2001.

721 USTR 2000, Annual Report, S. 81.

722 Vgl. hierzu *Vogel*, The WTO, International Trade and Environmental Protection: European and American Perspectives, S. 12 ff.

723 Vgl. hierzu Art. 30 III WVK.

kolle der Umwelt-Übereinkommen diese einmal erlangte Vorrangstellung wiederherstellen könnten.[724] Abgesehen davon werden von MEAs, die zeitlich nach den WTO-Abkommen abgeschlossen werden, nur deren Mitgliedstaaten gebunden. Gegen die Vereinbarkeit eines MEAs mit dem WTO-Recht werden aber in der Regel nur Staaten vorgehen, die gerade nicht Mitglieder des jeweiligen MEAs sind. Daraus wird deutlich, dass sich die völkerrechtlichen Auslegungsmaßstäbe nicht dazu eignen, beide Regelungskomplexe abzugrenzen, sondern hierfür eine Änderungen, Konkretisierung oder Auslegung des WTO-Rechts erforderlich ist.

2. *Kohärenz durch WTO-Recht*

a) *Verhandlungen unter der CTE-Führung*

Im November 1991 gründeten die Mitgliedstaaten der WTO die Arbeitsgruppe EMIT[725] (Working Group on Environmental Measures and International Trade), deren Aufgabenbereich erstmals darin bestand, mögliche Konflikte aufzubereiten, die sich bei umweltpolitisch motivierten Handelsmaßnahmen im Hinblick auf die GATT-Bestimmungen bilden könnten. Die Entwicklungsländer[726] standen der Aufbereitung dieses Themenblockes innerhalb des GATT erwartungsgemäß ablehnend gegenüber. Aus der Sicht der Entwicklungsländer war das GATT-Regime nicht das richtige Forum für die Behandlung umweltpolitischer Probleme. Die ablehnende Haltung war insbesondere in der Angst begründet, die USA und die EG könnten das GATT-Recht für einen „grünen Protektionismus" instrumentalisieren. Der Interessenkonflikt der sich zwischen den Industriestaaten und den Entwicklungsländern anbahnte, zeigte sich bereits in der unterschiedlichen Besetzung der Handelsdelegierten. Während die USA, die EG und die übrigen Industriestaaten Vertreter des Umwelt- und Landwirtschaftsministeriums in die Verhandlungen schickten, waren es bei den Entwicklungsländern regelmäßig Vertreter des Wirtschafts- und Handelsministeriums.[727]

---

724 *Hilf*, NVwZ 2000, S. 481; ebenso *Nissen*, Law & Policy In International Business 1997, S. 917; *Hudec*, GATT Legal Restraints on the Use of Trade Measures Against Foreign Environmental Practices, S. 122.

725 Vgl. EMIT Working Group, Report of the Meeting of the Group on Environmental Measures and International Trade vom 17.12.1991, TRE/1.

726 Vgl. hierzu *GATT Council*, Minutes of Meeting Held in the Centre of William Rappard am 6.2.1991, Bericht vom 5.3.1991, C/M/247. Zu den einzelnen Argumenten *Shaffer*, Harvard Environmental Law Review 2001, S. 17 f.

727 *Shaffer*, Harvard Environmental Law Review 2001, S. 48.

Die von den Entwicklungsländern kritisierte Arbeitsgruppe konnte noch kurz vor Abschluss der Uruguay-Runde in ein dauerhaftes Komitee für Handel und Umwelt (kurz CTE) überführt werden. Einer dieser Themen, mit denen sich das CTE befassen sollte, war auch das Konfliktpotential zwischen MEAs und handelsbezogener Maßnahmen. Die ersten Gespräche unter der Führung des CTE begannen im Oktober 1995 und endeten kurz darauf, ohne dass tatsächliche Erfolge hätten erzielt werden können.[728] Erst bei der Ministerkonferenz in Singapur konnten sich die Mitgliedstaaten am 8. November 1996 und zwar nach 3-wöchigen Verhandlungen, bei denen unterschiedliche Ansätze zur Lösung des Konfliktbereich zwischen MEAs und dem WTO-Recht kontrovers diskutiert und mehr als 60 Vorschläge von den Mitgliedstaaten unterbreitet wurden, auf einen gemeinsamen CTE-Bericht verständigen.[729] Der Aufwand, der von den Mitgliedstaaten bei der Durchsetzung eigener Interessen betrieben wurde, stand in keinem Verhältnis zum Verhandlungsergebnis. Der in Singapur verabschiedete CTE-Bericht bietet selbst keine prozessuale oder substanzielle Änderung der WTO-Praxis an, sondern enthält allenfalls eine Konturierung der unterschiedlichen Interessen und eine bis ins Detail gehende Identifizierung der verschiedenen Konfliktlinien.[730] Zum Problem hingegen, wie MEAs mit dem WTO-Recht zu vereinbaren sind, vermag der Bericht keine Lösungen anzubieten, sondern weist lediglich auf die Notwendigkeit hin, dass dieser Fragenkomplex weiterhin geprüft und die Arbeiten in diesem Bereich deshalb fortgesetzt werden müssen.[731]

In Doha war es schließlich der Verhandlungsführung der EG unter ihrem Außenhandelskommissar *Pascal Lamy* zu verdanken, dass das Thema erneut aufgegriffen wurde und in der Doha-Abschlusserklärung vom 14. November 2001 gegen den Willen der Entwicklungsländer ein Kapitel zu „Trade and Environment“ (Ziff. 31-33) aufgenommen wurde.[732] Das Verhandlungsmandat umfasst zwei Bereiche. Zum einen willigten die Mitgliedstaaten in Verhandlungen ein, die, ohne das Ergebnis vorwegnehmen zu wollen, das Verhältnis zwischen dem derzeitigen WTO-Recht und den handelsrechtlichen Bestimmungen in multilateralen Umweltabkommen bestimmen. Die Doha-Abschlusserklärung beinhaltet ferner den Auftrag an das ständige Committee on Trade and Environment (CTE), die Auswirkungen von Umweltmaßnahmen auf den Marktzugang insbesondere für die Entwicklungsländer zu untersuchen, sowie solche Situationen,

---

728 *Cohen*, Int'l Env't Rep. (BNA) 288 (19.4.1995).

729 Report (1996) of the Committee on Trade and Environment, WT/CTE/1, 12. November 1996.

730 So auch *Hilf*, NVwZ 2000, S. 489.

731 Report (1996) of the Committee on Trade and Environment, WT/CTE/1, 12. November 1996, S. 31: „(...) this matter should be kept under review and further work under this item should be carried out drawing on the work undertaken to date.“

732 *WTO*, WT/MIN(01)/DEC/1 vom 20.11.2001, paras. 31-33.

bei denen die Beseitigung von Handelshemmnissen und -verzerrungen sowohl günstige Auswirkungen auf den Handel als auch auf die Umwelt und die Entwicklung eines Mitgliedstaates haben können. Dabei stellen die Ergebnisse des CTE lediglich Empfehlungen dar, die als Basis für zukünftige Verhandlungen der WTO-Ministerkonferenz verwendet werden können. Dabei sollte das CTE in Begleitung der WTO-Entwicklung Vorschläge zur ökologisch sinnvollen Änderungen des Handelsrechts unterbreiten. Nach dem Scheitern der Ministerkonferenz in Cancún hat die EG ihre Verhandlungsposition neu ausgerichtet. Bei den festgefahrenen Verhandlungen im Bereich „Handel umd Umwelt" soll künftig durch eine Konzentration auf politische Grundfragen ein Konsens gefunden werden.[733]

Parallel dazu hat das WTO-Sekretariat nach Abschluss eines „High-Level-Symposiums on Trade and Environment" vom 15.-16. März 1999 eine umfassende Studie vorgelegt, die die gegenseitige Abhängigkeit von Umweltschutz und Wirtschaftswachstum thematisiert.[734] Bisher sind verschiedene Vorschläge in das Trade Negotiation Committee eingebracht worden.[735] Dabei wird in Übereinstimmung mit dem Verhandlungsmandat und unter Berücksichtigung der Abschlusserklärung des Weltgipfels in Johannesburg insbesondere auf die Möglichkeit der positiven gegenseitigen Beeinflussung von multilateralen Umweltabkommen und dem Welthandelssystem i.S.d. „mutual supportiveness" verwiesen.

Auch wenn das CTE substanziell nicht zu einem „Greening the GATT" in der Lage war, so hat der vom CTE in Gang gesetzte Prozess zumindest dazu beigetragen, dass innerhalb der WTO das Problembewusstsein bezüglich national oder multilateral durchgeführter Umweltmaßnahmen geschärft und dank der bei der WTO geführten Umwelt-Datenbank auch die Kenntnisse und das Verständnis über die Auswirkungen umweltpolitisch motivierter Maßnahmen auf den Freihandel verbessert werden konnte. So haben die Umweltministerien vieler WTO-Mitglieder infolge des CTE-Prozesses erstmals vom GATT ernsthaft Notiz genommen haben, weshalb sich der CTE-Prozess zumindest teilweise auch als „GATTing the greens" umschreiben ließe. Nachfolgend werden die Lösungskonzepte vorgestellt, die während den Verhandlungen unter der CTE-Führung diskutiert wurden.

---

733 Zur laufenden Welthandelsrunde siehe *Sander*, Die WTO und die Entwicklungsrunde – unter besonderer Berücksichtigung der Verhandlungspositionen der EU, in: Sander/Maryška (Hrsg.), Die Europäische Union vor neuen Herausforderungen, S. 167 ff.

734 *WTO*, High Level Symposium on Trade and Environment – Background Document, 1999.

735 Vgl. hierzu *WTO*, Summary Report on the Third Meeting of the Committee on Trade and Environment Special Session, Note by the Secretariat, TN/TE/R/3 vom 31.10.2002; *WTO*, TN/TE/R/2 vom 25.7.2002.

b) Lösungskonzepte für eine verbesserte Kohärenz zwischen MEAs und dem WTO-Recht

Innerhalb der Welthandelsorganisation werden unterschiedliche Ansätze vertreten, wie eine positive Kohärenz zwischen MEAs und Welthandel erreicht werden kann. Unter dem Schlagwort „Greening the GATT" sind von den Mitgliedstaaten der WTO Vorschläge unterbreitet worden, die von einer umweltfreundlichen Auslegung einschlägiger GATT-Bestimmungen bis zu einer ökologischen Neuausrichtung der Welthandelsordnung reichen.[736]

Innerhalb der unzähligen Rechtsauffassungen, innerhalb derer insbesondere die Interessengegensätze zwischen den Industriestaaten und den Entwicklungsländer erkennbar werden, können drei Argumentationsmuster skizziert werden: a) Die „umweltfreundliche" Gruppe (beispielsweise die EU) die sich für die Reform des Art. XX GATT einsetzt, b) eine „handelsorientierte" Gruppe (Japan, Korea usw.) betrachten weit reichende Änderungen des GATT als schädlich, würden jedoch eine befristete Ausnahmegenehmigung („waiver") mittragen und c) schließlich noch die „entwicklungsorientierte" Gruppe, die allein positive Anreize zu umweltfreundlichen Handelsmaßnahmen unterstützen, jedoch MEA-bezogene Reformen innerhalb des WTO-Regimes strikt ablehnen.

aa) Vertragsänderungen

Die EG hat während der unzähligen Verhandlungen den Vorschlag unterbreitet, den Art. XX mit einem Unterabschnitt „k" zu erweitern, wonach sämtliche MEAs, die vom CTE akzeptiert werden würden, nicht mehr durch eine Streitbeilegungsgremium der DSU angegriffen werden könnten.[737] Das MEA würde nur noch an den Anforderungen des Chapeaus des Art. XX GATT gemessen werden, wonach das Umweltschutzübereinkommen zu keiner ungerechtfertigten Diskriminierung oder willkürlichen Behandlung der Nichtvertragsstaaten oder gar der Mitglieder führen darf.

Die von der EG vertretene Auffassung findet auch Zustimmung in der Literatur, wenn auch mit dem Unterschied, dass teilweise noch zusätzliche, über den Chapeau des Art. XX GATT hinausgehende Anforderungen an ein MEA für erforderlich gehalten werden. Ein Vorschlag geht beispielsweise dahin, dass Art. XX (b) einfach um ein weiteres Schutzgut erweitert werden soll. Art XX (b)

736 *Gramlich*, AVR 1995, S. 130 ff.

737 Vgl. ebenso *Hudec*, GATT Legal Restraints on the Use of Trade Measures Against Foreign Environmental Practices, S. 120 ff.; hierzu gleichfalls *Schoenbaum*, AJIL 1997, S. 283 ff.

GATT würde dann folgende Formulierung erhalten: „Maßnahmen die zum Schutz des Lebens und der Gesundheit von Menschen, Tiere, Pflanzen oder zur Verfolgung umweltpolitischer Ziele entsprechend einem multilateralen Umweltschutzabkommen notwendig sind."

Nach Auffassung von *Nissen*[738] lassen sich die von Rechtsprechung aufgestellten Anforderungen an eine „notwendige Maßnahme" im Bereich des Umweltschutzes nur schwer bestimmen, weshalb an Stelle des sog. Notwendigkeitserfordernisses ein Proportionalitätstest durchgeführt werden soll. Danach sollen handelsbeschränkende Maßnahmen nur dann zulässig sein, wenn deren Einschränkung nicht außer Verhältnis zum jeweils vom MEA geschützten Umweltgut stehen. Im Rahmen einer derartigen Verhältnismäßigkeitsprüfung könnten die Anforderungen, die an eine handelsbeschränkende Maßnahme gestellt werden, unterschiedlich hoch sein, je nachdem ob mit dem MEA extraterritoriale oder nationale Umweltschutzgüter geschützt werden sollen.[739] Als weitere Befreiungsvoraussetzungen müssten seiner Ansicht nach folgende Bedingungen erfüllt sein: a) ein bestimmtes Quorum muss erreicht werden, das heißt eine festgelegte Anzahl der WTO-Mitglieder müssen dem MEA angehören, b) das Umweltproblem, dessen Beseitigung oder Reduzierung das MEA mit handelsbeschränkende Maßnahmen anzugehen versucht, muss einem wissenschaftlichen Nachweis zugänglich sein und c) jedem WTO-Mitglied muss die Möglichkeit freistehen, dem MEA anfänglich oder nachträglich beizutreten.

Demgegenüber sollen nach Ansicht von *Hudec*[740] folgende Voraussetzungen für die Vereinbarkeit von MEAs mit dem GATT-Recht festgeschrieben werden: a) die Verhandlungen zum Abschluss der MEAs haben unter der Schirmherrschaft der UNEP zu erfolgen, b) jeder Staat sollte die Möglichkeit erhalten, dem MEA beizutreten, c) Gegenstand der im MEA vorgesehenen Maßnahmen müssen einen Zusammenhang zu ernsthaften Umweltproblemen globaler Natur aufweisen und schließlich müssen die MEAs von der WTO-Administration formal registriert werden.

Gegen diese Lösungsvorschläge sprechen, dass eine solche Vertragsänderung eine Zweidrittelmehrheit der WTO-Mitglieder erfordern würde. Weiterhin bliebe das Rechtsverhältnis zu jenen Staaten ungeklärt, die an eine Vertragsänderung nicht interessiert sind und deshalb einer Vertragsänderung auch ihre Zustimmung verweigern würden.

---

738 *Nissen*, Law & Policy In International Business 1997, S. 926.

739 So auch *Esty*, Greening the GATT: Trade, Environment, and the Future, S. 153.

740 *Hudec*, GATT Legal Restraints on the Use of Trade Measures Against Foreign Environmental Practices, S. 120 ff.; hierzu ferner *Schoenbaum*, AJIL 1997, S. 268 ff.

bb) *WTO-Umweltschutzabkommen (Agreement of Trade Related Aspects of Environmental Measures)*

Am ehrgeizigsten ist das Ziel, eine Kohärenz zwischen dem WTO-Recht und dem Schutzbestreben im Umweltbereich dadurch zu erreichen, indem ein separates WTO-Umweltschutzabkommen abgeschlossen wird.[741] Diese Auffassung wurde vom früheren Generaldirektor der WTO, *Renato Ruggiero*, auf dem „High Level Symposium on Trade and the Environment" vertreten.[742] Dieser Lösungsvorschlag scheitert bereits an der praktischen Umsetzung, weil die handelsrechtlichen Konfliktbereiche von multilateralen Umweltschutzabkommen nicht isoliert vom Regelungskomplex der einzelnen umweltrechtlichen Fragestellungen gelöst werden können. So ließen sich beispielsweise die handelsspezifischen Fragen des Montrealer Protokolls oder des Basler Übereinkommens nicht vom jeweiligen Regelwerk trennen.[743] Abgesehen davon wird eine internationale Vereinheitlichung von Umweltstandards von vielen Mitgliedstaaten der WTO abgelehnt, da sich eine Anpassung an die unterschiedlichen Umweltbedingungen der jeweiligen Regionen kaum praktizieren und überprüfen lässt. Den Mitgliedstaaten würden Umweltstandards aufgezwungen werden, die im Hinblick auf die vor Ort vorzufindenden Umweltbedingungen entweder zu niedrig oder zu hoch sind, wodurch die komparativen Kostenvorteile verschiedener Mitgliedsländer allein aus dem Harmonisierungsbestreben heraus zerstören werden würden.[744]

Diese Nachteile ließen sich allenfalls durch ein WTO-Umweltschutzübereinkommen reduzieren, wenn dieses für MEAS vergleichbar mit dem TRIPS-Übereinkommen oder dem TBT-Übereinkommen Mindeststandards vorsehen würde, die lediglich zu einer Angleichung, nicht aber auch zu einer Vereinheitlichung der Umweltschutzanforderungen führen würde.

cc) *Ein „waiver" gem. Art. IX Abs. 3-4 WTO-Übereinkommen*

Umweltpolitisch motivierte Handelsbeschränkungen können auch im Einzelfall in Form einer Ausnahmegenehmigung (sog. „waiver") nach Art. IX Abs. 3

---

741 International Institute for Sustainable Development (IISD), Report on the WTO's High-Level Symposium on Trade and Environment, 15-16 March 1999, im Internet unter http://www.iisd.ca; so auch der Vorschlag von *Helmut Kohl* in seiner Rede vor der UN Generalversammlung, „Earth Summit 2", im Juni 1997.

742 *Ruggiero*, Opening Remarks to the High Level Symposium on Trade and the Environment, 15.3.1999 (Stand 16.5.1999), http://www.wto.org/wto/hlms/dgenv.htm.

743 Vgl. *Biermann*, AVR 2000, S. 480.

744 Vgl. *Steininger*, Ecological Economics 1994, S. 26.

WTO-Übereinkommen von den Beschränkungen des Art. III und XI GATT befreit werden. Hiergegen spricht zum einen, dass Ausnahmegenehmigungen nur bei Vorliegen eines „außergewöhnlichen Umstandes“ erteilt werden, deren Fortbestehen die Ministerkonferenz in jährlichen Abständen überprüfen müsste und zum anderen spricht die zeitliche Befristung der Ausnahmegenehmigungen dagegen. Multilaterale Umweltabkommen hingegen sind als Teil einer Weltumweltordnung auf Dauer angelegt und erfassen regelmäßig nicht nur außergewöhnliche Ausnahmefälle.[745] Ferner wäre der Bestand eines multilateralen Umweltübereinkommens von der nachträglichen Erteilung der Ausnahmegenehmigung abhängig, was zu einer erheblichen Verunsicherung der Verhandlungsstaaten und im Hinblick auf den „chilling effect“ zu einer weltweiten Absenkung der Umweltstandards führen würde.[746]

dd) Auslegungsbeschluss

Die Ministerkonferenz und der Allgemeine Rat verfügen gem. Art. IX Abs. 2 WTO-Übereinkommen über die Kompetenz, das GATT in eine für sämtliche WTO-Mitglieder verbindliche Weise auszulegen.

In einem Auslegungsbeschluss könnte die Ministerkonferenz zunächst ein „environmental window“[747] vereinbaren. Danach wäre *ex ante* zu bestimmen, dass alle multilateralen Umweltabkommen, soweit sie bestimmte quantitative und qualitative Voraussetzungen erfüllen, mit den Verpflichtungen aus dem GATT zu vereinbaren sind. Quantitativ könnte ein Quorum festgelegt werden, wonach eine bestimmte Anzahl an WTO-Mitglieder gleichzeitig einem multilateralen Umweltübereinkommen angehören müssen, damit der Auslegungsbeschluss eine rechtverbindliche Wirkung erzielt. Qualitativ könnten bestimmte Eigenschaften festgelegt werden, die von den multilateralen Umweltabkommen einzuhalten sind. Dabei könnten beispielsweise folgende Voraussetzungen aufgestellt werden: a) das Umweltschutzabkommen ist unter der Schirmherrschaft der Vereinten Nationen oder ihrer Sonderorganisationen verhandelt worden, b) es ist offen für sämtliche UN-Mitglieder, c) es ist vom Umweltprogramm der Vereinten Nationen gebilligt worden, d) das Abkommen erfasst nur „grenzüberschreitende“ oder „globale“ Umweltprobleme, e) das Ausmaß der zulässigen Handelsbeschränkungen wird genau erfasst, f) den Entwicklungsländern wird

745 So auch *Nissen*, Law & Policy in International Business 1997, S. 918.

746 Vgl. GATT, Report by Ambassador *Ukawa* (Japan), Chairman of the Group on Environmental Measures and International Trade, 49th Session, L/7402, 2.2.1994, para. 23.

747 So die Formulierung von *Ukawa*, dem damaligen Botschafter Japans, in seinem Bericht vom 2.2.1994, L/7402, para. 24.

ein kompensatorischer Ausgleich für die Kosten der einzuhaltenden Umweltstandards garantiert.

Das Problem an einem solchen Auslegungsbeschluss liegt naturgemäß darin, dass es einerseits sehr allgemein gefasst sein müsste, so dass zukünftige Umweltschutzabkommen ebenfalls in den Anwendungsbereich dieser Auslegungsvorgabe fallen würden, anderenfalls jedoch nicht konkret genug, um eine missbräuchliche Nutzung dieser Befreiungsmöglichkeit zu verhindern. Ferner könnte die ausdrückliche Vereinbarkeit von MEAs mit dem WTO-Recht zur Folge haben, dass viele Mitgliedstaaten eine multilaterale Lösung von Umweltproblemen in Zukunft meiden, um nicht Gefahr zu laufen, dass ihre Rechte aus den GATT-Bestimmungen beschnitten werden. Ferner müssten in einem solchen multilateralen Übereinkommen Sicherheitsbestimmungen aufgenommen werden, die im Sinne des Art. XX GATT eine „ungerechtfertigte oder willkürliche" Diskriminierung sowie eine verschleierte Handelsbeschränkung verhindern.[748]

Vor diesem Hintergrund erscheint es sinnvoller, die Entscheidung über die Vereinbarkeit eines multilateralen Abkommens mit dem GATT von vornherein der Ministerkonferenz zu übertragen. Danach würde die Ministerkonferenz im Wege des Auslegungsbeschlusses eine Liste mehrseitiger globaler Umweltübereinkommen beschließen, welche von der Ausnahmeregelung des Art. XX GATT erfasst werden. Für das Fortschreiben dieser Liste müsste im Sinne des Art. IX Abs. 2 GATT das Quorum einer Zweidrittelmehrheit erreicht werden.

Die Kongruenz des Auslegungsbeschlusses zu Art. XX GATT mit dem TBT-Übereinkommen und dem SPS-Übereinkommen könnte durch einen entsprechenden Hinweis erreicht werden, in dem klargestellt wird, dass die Bestimmungen der Umweltübereinkommen, die durch einen Auslegungsbeschluss der Ministerkonferenz akzeptiert werden, „international standards" im Sinne des Art. 2 Abs. 4 TBT-Übereinkommen und Art. 3 Abs. 2 SPS-Übereinkommen darstellen. Durch die Gleichstellung von Umweltübereinkommen mit „international standards" müssten WTO-Mitglieder diese als Grundlage ihrer nationalen technischen Vorschriften heranziehen. Als problematisch erweist sich hierbei der Umstand, dass eine Auslegung des SPS-Übereinkommens eher den Wortlaut des Übereinkommens berührt als der Auslegungsbeschluss zu Art. XX GATT, weshalb hier eine Auslegung eher einer Vertragsänderung gleichkommen würde. Dies gilt insbesondere im Hinblick auf den „wissenschaftlichen Nachweis", der bei sanitären und phytosanitären Maßnahmen gefordert wird.

Hiergegen spricht nach Auffassung der Europäischen Kommission, dass die Mitglieder der Welthandelsorganisation durch diese Rechtsmacht eine Position erhalten würden, die einer Prüfungsinstanz für Umweltübereinkommen

748 Vgl. GATT, Report by Ambassador *Ukawa* (Japan), Chairman of the Group on Environmental Measures and International Trade, 49th Session, L/7402, 2.2.1994, para. 33.

gleichkommen würde.[749] Nach Ansicht der EU bedarf es eines eigenen Streitbeilegungsmechanismus, welches sich nur mit Handelsbeschränkungen auseinander zu setzen hat, die Nichtmitgliedstaaten von MEAs auferlegt werden.[750] Hiergegen wandte sich Indien, die fernöstlichen Staaten, Südkorea, Marokko, Ägypten und Nigeria, aus deren Sicht das WTO-Recht keiner Ergänzung bedarf,[751] weil anderenfalls der Gefahr Vorschub geleistet wird, dass Umweltschutzbelange von den Mitgliedstaaten zur Verdeckung protektionistischer Absichten herangeführt werden. Diese Ängste erweisen sich insofern als unberechtigt, als die WTO-Ministerkonferenz *ex post* nur über diejenigen Bestimmungen von Umweltübereinkommen bestimmen kann, durch die umweltpolitische Standards mittels Handelsbeschränkungen gegenüber Drittstaaten durchgesetzt werden sollen. Alles andere würde außerhalb der Entscheidungsbefugnis der WTO-Jurisdiktion liegen.[752]

ee) Wechsel der Beweislast

Anlässlich der über das CTE geführten Verhandlungen bezüglich des Verhältnisses zwischen MEAs und der WTO hat die EG ferner die Auffassung vertreten, dass bei Handelsmaßnahmen, die ihre Grundlage in einem MEA finden, der Beschwerdeführer den Beweis zu erbringen hat, dass diese Maßnahme nicht mit dem WTO-Recht zu vereinbaren ist.[753] Das Problem an diesem Vorschlag besteht darin, dass regelmäßig schwer einzuschätzen sein wird, ob eine Maßnahme noch vom Regelungskomplex des jeweiligen MEAs erfasst wird oder nicht. Ferner ist unklar, wer diese Feststellung treffen soll und welche Anforderungen an eine solche Feststellung zu knüpfen sind. Hierzu kann zumindest nicht die bloße Behauptung ausreichen, dass es sich um eine Maßnahme eines MEAs handelt. Hierzu müssen vielmehr objektiv bestimmbare Kriterien vorliegen.[754]

---

749 Vgl. TRADE & ENV'T News Bulletin (Hrsg. GATT) vom 8.12.1995, S. 3.

750 EU Proposes Dispute Settlement to Handle Trade Restrictions in Environmental Pacts, Daily Env't Rep. (BNA) vom 1.3.1996.

751 EU Suggests Amending WTO Rules So Nations Can Use Trade Sanctions to Support Treaties, in: Int'l Env't Daily (BNA) vom 4.3.1996.

752 *Biermann*, AVR 2000, S. 487.

753 WT/CTE/W/170.

754 Vgl. *Marceau*, JWT 2001, S. 1096 Fn. 38.

II. Ergebnis

Zwischen den unterschiedlichen Lösungskonzepten, wie das Spannungsverhältnis zwischen multilateralen Umweltschutzabkommen und den Liberalisierungsbemühungen der WTO aufzulösen ist, erweist sich jene als praktikabel, die der Ministerkonferenz eine umfassende Entscheidungskompetenz einräumt. Danach hat die Ministerkonferenz durch einen Auslegungsbeschluss eine Liste mehrseitiger globaler Umweltübereinkommen zu beschließen, welche von der Ausnahmeregelung des Art. XX GATT erfasst werden, so dass ein weltweiter Konsens über die GATT-Konformität dieser Umweltschutzabkommen besteht. Für das Fortschreiben dieser Liste müsste im Sinne des Art. IX Abs. 2 GATT das Quorum einer Zweidrittelmehrheit erreicht werden. Multilaterale Lösungen zum verbesserten Umweltschutz können jedoch weltweit nur durchgesetzt werden, wenn zum einen den Entwicklungsländern die finanziellen und technischen Voraussetzungen zur Umsetzung multilateraler Umweltschutzziele geschaffen werden. Zum anderen kann bei multilateralen Lösungen nicht auf ein Grundkonsens in Umweltschutzfragen verzichtet werden. Eine wichtige Vorarbeit in diesem Bereich könnten die in Industriestaaten ansässigen, international agierenden Konzernen leisten, indem denen in Anlehnung an den „Global Compact“[755] die Verpflichtung auferlegt wird, ihre Umweltstandards auch bei ihren Tochter- oder Beteiligungsunternehmen, insbesondere im industriell unterentwickelten Ausland, sicherzustellen.[756]

F. Zusammenfassung des welthandelsrechtlichen Teils

Zu Beginn der Abhandlung wurde darauf hingewiesen, dass den Mitgliedstaaten der WTO auf Dauer eine klare Orientierungshilfe an die Hand gegeben werden muss, nach welchen Kriterien sie die Vereinbarkeit handelsbeschränkender Umweltmaßnahmen mit dem WTO-Recht bestimmen können. Allein mit klar definierbaren Auslegungskriterien lässt sich die momentane Unsicherheit, die sich zwischen den Mitgliedstaaten bei der Umsetzung von Umweltschutzmaßnahmen aufgrund ihrer extraterritorialen Wirkung breit macht, beseitigen. So hat

755 Vgl. *Blüthner*, The Global Compact and the WTO „Trade ands“ – Implementing Universal Values in the Globalization Process, in: Nettesheim/Sander (Hrsg.), WTO-Recht und Globalisierung, S. 313 ff.

756 *Bhagwati/Srinivasan*, Trade and Environment: Does Environmental Diversity Detract from the Cause for Fair Trade?, in: Bhagwati/Hudec (Hrsg.), Fair Trade and Harmonization: Prequisites for Free Trade, S. 178.

beispielsweise die EG 1993 eine Richtlinie zum Verbot von überflüssigen Tierversuchen in der Kosmetikindustrie deshalb nicht umsetzen wollen, weil erhebliche Bedenken wegen deren Vereinbarkeit mit dem WTO-Recht bestand.[757] Die gleiche Problematik stellte sich bei den umfangreichen Schutzmaßnahmen von Legehennen, welche die EG-Agrarminister im Juni 1999 beschlossen hatten. Die EG-Eier können wegen der umfangreichen Tierschutzauflagen auf Dauer nur mit Eiern aus Drittländern konkurrenzfähig bleiben, wenn die Mitgliedstaaten WTO-konforme Schutzmechanismen zur Neutralisierung der Billigimporte und zum Ausgleich des umwelt- bzw. tierschutzbedingten Wettbewerbsnachteils ergreifen können. Zu diesen Schutzmaßnahmen gehören in der Regel innerstaatliche Regulierungsvorschriften und Importverbote, die sich gegen umweltschädliche Produkte oder Verfahrenstechniken aus dem Ausland richten und sich deshalb regelmäßig auch dem Verdacht aussetzen, protektionistischen Zwecken zu dienen. Dieser Orientierungsrahmen, der den Staaten die Unsicherheit bei der Ergreifung umweltpolitisch motivierter Handelsbeschränkungen nehmen soll, erhält durch die Analyse der momentanen Rechtsprechungstendenz der Streitgremien zu Art. III Abs. 4 GATT, Art. XX GATT und Art. 2 des TBT-Abkommens klare Konturen. Die Ergebnisse dieser Untersuchung lassen sich wie folgt zusammenfassen:

Schutzmaßnahmen nach Art. III Abs. 4 GATT

- Das in Art. III Abs. 4 GATT geregelte Diskriminierungsverbot zwischen gleichartigen Produkten orientiert sich in Anlehnung an die neuere Rechtsprechungstendenz der Streitbeilegungsgremien an den tatsächlichen Marktverhältnissen der Mitgliedstaaten. Dieser marktorientierte Ansatz, der die Verbraucherpräferenzen zum maßgeblichen Gleichheitskriterium bestimmt, verbindet die unterschiedlichen Kriterien, wie beispielsweise die physische Beschaffenheit, den Verwendungszweck, Preis und die Substituierbarkeit zweier Produkte, die bislang als Indizien für die Annahme einer Gleichheit zweier Produkte herangezogen wurden, indem als gemeinsamer Nenner auf die Perspektive des Verbrauchers abgestellt wird. Soweit danach die Verbraucher in einem Mitgliedstaat ihr Konsumverhalten davon abhängig machen, ob ein Produkt umweltschonend produziert wurde oder nicht, ist eine weniger günstige Behandlung von äußerlich und substantiell identischen Produkten, die jedoch auf umweltschädigende Weise hergestellt wurden, mit dem Diskriminierungsverbot des Art. III Abs. 4 GATT zu vereinbaren, weil

757 Studie des *BMU*, Handel, Umwelt und Nachhaltige Entwicklung im Umfeld der WTO-Ministerkonferenz in Seattle, S. 9.

es sich dann nach der Zweckbestimmung dieser Vorschrift um „ungleiche" Waren handelt.

- Die Voraussetzung einer „weniger günstigen Behandlung" bzw. Benachteiligung von „gleichen" Waren i.S.d. Art. III Abs. 4 GATT ist erst erfüllt, wenn die von der Maßnahme jeweils ausgehende Belastung bei den importierten Produkten insgesamt größer wäre als bei inländischen Produkten. Dieser Ansatz ist neu und steht in Widerspruch zu der früheren GATT-Rechtsprechung. Ob sich mit der Asbest-Entscheidung bereits eine Abkehr von der früheren Rechtsprechungslinie abzeichnet, ist nach wie vor unklar. Die Diskussion über die Auslegung und Deutung der Asbest-Entscheidung ist noch im Fluss. Zukünftige Entscheidungen werden hierüber erst Gewissheit verschaffen können. Diese neue Rechtsprechungstendenz, die möglicherweise mit der Asbest-Entscheidung eingeleitet wurde, verdient volle Anerkennung, zumal der Regelungszweck des Art. III Abs. 4 GATT nicht darin besteht, den Mitgliedstaaten die Verpflichtung zur Gleichbehandlung von in- und ausländischen Produkte aufzuerlegen, sondern protektionistische Maßnahmen zu verhindern. Ein Mitgliedstaat verfolgt mit einer handelsbeschränkenden Umweltmaßnahme in der Regel keine protektionistischen Absichten, wenn die im Inland ansässige Industrie mit dieser Maßnahme über den Gesamtstrich keine Vorteile aus der Maßnahme zieht.

Ausnahmen nach Art. XX (b) und (g) GATT

- Präventive Umweltschutzmaßnahmen können im Hinblick auf die fehlende völkergewohnheitsrechtliche Akzeptanz des Vorsorgeprinzips unilateral nur durchgeführt werden, wenn eine Umwelt- oder Gesundheitsgefahr wissenschaftlich nachgewiesen werden kann.

- Eine Maßnahme ist bereits zur Ressourcenerhaltung geeignet, wenn zumindest die – wenn auch minimale – abstrakte Möglichkeit besteht den in Art. XX (g) GATT vorgesehenen Schutz zu erzielen. Eine Maßnahme zur Ressourcenerhaltung muss sich im Gegensatz zu Art. XX (b) GATT nicht daran messen lassen, ob es auch andere Maßnahmen der Ressourcenerhaltung gibt, die das Schutzziel auf eine den Handel weniger abträglichen Weise sichern. Die Maßnahme muss auch nicht in „erster Linie" auf die Ressourcenerhaltung gerichtet sein; es reicht ein substantieller und vernünftiger Zusammenhang zwischen dem Schutzziel der Ressourcenerhaltung und den zur Erreichung des Schutzziels eingesetzten Mitteln. Ferner fallen Umweltschutzmaßnahmen auch dann in die Ausnahmevorschrift des Art. XX (g) GATT, wenn sie sich gegenüber dem In- und Ausland ungleich auswirken, solange der nationale Bereich vergleichbaren Beschränkungen ausgesetzt ist wie das Ausland.

- Eine „ungerechtfertigte Diskriminierung“ i.S.d. Chapeaus des Art. XX GATT kann sowohl in der Ungleichbehandlung von Gleichem als auch in der Gleichbehandlung von Ungleichem liegen. Ersteres ist anzunehmen, wenn gegenüber Nicht-Beitrittsländern eine unilaterale Lösung des Umweltschutzproblems angestrebt wird anstatt – wie bei den anderen Mitgliedstaaten – Anstrengungen für einen Beitritt in ein multilaterales Umweltschutzabkommen zu unternehmen. Eine Gleichbehandlung von Ungleichem ist hingegen bei Umweltschutzmaßnahmen anzunehmen, die derart unflexibel sind, dass sie den Mitgliedstaaten keinen Handlungsspielraum für die Berücksichtigung unterschiedlicher Umweltschutzbedingungen belassen. In diesem Fall kann ohne hinreichende Flexibilität nicht sichergestellt werden, dass Maßnahmen anderer Mitgliedstaaten, die den Schutz der in Art. XX GATT genannten Schutzgüter auf vergleichbare Weise vorsehen, berücksichtigt werden.

- Mit dem Willkürverbot sollen nach dem Wortsinn krasse Verstöße gegen die Gleichbehandlung geahndet werden, welche über den Unrechtsgehalt einer „ungerechtfertigten“ Diskriminierung hinausgehen. Unter den Begriff der „verschleierten Handelsbeschränkung“ fallen sämtliche Maßnahmen, die trotz formaler Erfüllungen der in Art. XX GATT genannten Voraussetzungen zu einer willkürlichen oder ungerechtfertigten Diskriminierung führen, weil sie *de facto* willkürlich oder ungerechtfertigt sind.

Öko-Labelling

- Umweltpolitisch motivierte Handelsmaßnahmen werden sich im Hinblick auf Art. XX GATT regelmäßig – soweit keine irreversiblen Umwelt- und Gesundheitsschäden auf dem Spiel stehen – daran zu messen haben, ob zur Erfüllung des Schutzziels auch eine einfache Produktkennzeichnung, die den Konsumenten über das umweltschädigende Produkt oder Herstellungsverfahren lediglich informieren und ihm die Verantwortung über den Kauf des Produktes überantworten, ausgereicht hätte.

- Kennzeichnungspflichten die sich auf NPR-PPMs und damit auf umweltschonende oder -schädliche Verfahrenstechniken beziehen, die sich auf das Endprodukt nicht physisch niederschlagen, fallen nicht in den Anwendungsbereich des TBT-Abkommens, sie müssen jedoch den Anforderungen des Code of Good Practice genügen. Danach müssen die gesetzlichen Anforderungen und der Zweck dieses Öko-Labels klar bestimmt werden, so dass für jeden erkennbar ist, welche Produkte von dieser Kennzeichnungspflicht oder -möglichkeit erfasst werden und welcher Aufwand seitens des Herstellers betrieben werden muss, um von einem solchen Öko-Label profitieren zu können.

- Maßstab für das Diskriminierungsverbot des Art. 2.1 TBT-Abkommens ist in Anlehnung an die Rechtsprechungspraxis zu Art. III Abs. 4 GATT ein marktorientierter Ansatz, der die Verbraucherpräferenzen zum maßgeblichen Gleichheitskriterium zweier kennzeichnungspflichtiger Produkte bestimmt.

- Der Notwendigkeitstest in Art. 2.2 TBT-Abkommen unterscheidet sich vom Regelungsbereich des Art. XX GATT in dem Punkt, dass eine Risikoabschätzung und damit eine Verhältnismäßigkeitsprüfung vorzunehmen ist. Sind wichtige Schutzgüter wie beispielsweise das menschliche Leben tangiert, kann das Mitgliedsland auf in der Praxis bewährte Maßnahmen zurückgreifen, die das Risiko vollständig ausschließen und zwar unabhängig davon, ob rein theoretisch noch weniger handelsbeschränkende Maßnahmen in Betracht kommen könnten. Soweit jedoch weniger wichtige Schutzgüter betroffen sind, sind im Einzelfall auch Regulierungsmaßnahmen möglich, bei denen das Risiko der Schutzgutverletzung im Ergebnis größer ist, weil die Maßnahme beispielsweise weniger effektiv und durchsetzbar ist.

Auch wenn danach konkrete Vorgaben existieren, an denen sich die Mitgliedstaaten bei handelsbeschränkenden Umweltschutzmaßnahmen orientieren können, so setzen sich die Mitgliedstaaten bei unilateralen Maßnahmen dennoch dem Verdacht aus, dass sie in Wirklichkeit protektionistische Interessen verfolgen. Demgegenüber erweisen sich multilaterale Lösungen als vorzugswürdig. Auch wenn es momentan noch kein völkerrechtlich anerkanntes Gebot der internationalen Kooperation gibt, der die Mitgliedstaaten vor Einleitung unilateraler Schutzmaßnahmen dazu zwingt, den ernsthaften Versuch zu unternehmen, eine multilaterale Verständigung über das Umweltschutzproblem zu erreichen, so dürfte das Interesse der Staaten an der Unterzeichnung von multilateralen Umweltschutzabkommen dennoch sehr groß sein. Die Attraktivität multilateraler Umweltabkommen rührt im Wesentlichen daher, dass multilaterale Umweltschutzabkommen aufgrund ihrer Immunität gegenüber protektionistischen Interessen bislang noch nie einer WTO-Prüfung unterworfen wurden. Vor diesem Hintergrund dürften multilaterale Umweltschutzorganisationen, insbesondere die unzähligen UN-Unterorganisationen, momentan von der weltweiten Rechtsunsicherheit profitieren, die sich innerhalb der WTO wegen der schwer bestimmbaren Zulässigkeitskriterien von unilateralen Umweltschutzmaßnahmen breit gemacht hat.

Gleichwohl sollten es die Mitgliedstaaten nicht versäumen, den weltweiten Konsens über die GATT-Konformität von multilateralen Umweltschutzabkommen schriftlich festzuschreiben, indem die Ministerkonferenz durch einen Auslegungsbeschluss eine Liste mehrseitiger globaler Umweltübereinkommen beschließt, die ausdrücklich von der Ausnahmeregelung des Art. XX GATT erfasst werden. Auch wenn dadurch multilaterale Umweltschutzabkommen *de facto* dem WTO-Regime unterworfen werden, so ist dieses Opfer zur verbesserten Akzeptanz und Durchsetzung von multilateralen Umweltschutzabkommen zu erbringen. Diese Unterwerfung ist als eine einmalige Chance zu begreifen, die GATT-konformen Umweltschutzabkommen schrittweise zu einer verbesserten Durchsetzung und damit zu einer verstärkten Rechtsmacht zu verhelfen, indem die bislang „zahnlosen" Umweltschutzabkommen zunächst als GATT-konform bezeichnet und anschließend mit den Durchsetzungsmechanismen der WTO versehen werden.

Schlusswort

Die europäische Umweltpolitik gewann in den letzten Jahrzehnten eine wachsende Bedeutung für den nationalen Umweltschutz und führte so zu einer schrittweisen Verbesserung des Umweltschutzes in ganz Europa. Bei den umfassenden Reformen der in den Mitgliedstaaten bestehenden Umweltgesetze handelte es sich nahezu ausschließlich um Anpassungen an EG-rechtliche Vorschriften. Ein Meilenstein in der europäischen Umweltpolitik war der Amsterdamer Vertrag, der die nachhaltige Entwicklung zum vorrangigen Ziel der EU erklärte und die Einbeziehung des Umweltschutzes in andere Zuständigkeitsbereiche der Gemeinschaft, wie beispielsweise in der Beschäftigungs-, Wirtschafts- und Verkehrspolitik erforderlich machte. Allerdings wird die gemeinschaftliche Umweltpolitik in den einzelnen Mitgliedstaaten der EU nach wie vor schleppend vollzogen und umgesetzt, was angesichts der ca. 200 Rechtsakte, die in Form von Verordnungen, Richtlinien und informellen Mitteilungen zur Verbesserung der europäischen Umweltpolitik mittlerweile erlassen wurden, nicht verwundert. Diese Vorschriften zeichnen sich weder durch Transparenz noch durch Übersichtlichkeit aus. Zusätzlich wird eine einheitliche Umsetzung ins nationale Recht durch die Vielzahl an authentischen Sprachfassungen erschwert. Ein Teil dieser Umweltbestimmungen erscheinen bei genauerer Betrachtung sogar als widersprüchlich und unabgestimmt mit den anderen Politikbereichen der Gemeinschaft. Auch die aktuellen Entscheidungen des EuGH im Falle „Dänische Pfandflaschen“ und „Wallonisches Abfallrecht“ haben gezeigt, dass im Bereich des Umweltschutzes noch viele Unklarheiten und Unstimmigkeiten bestehen, die erst durch eine wachsende Rechtsprechungspraxis des EuGH beseitigt werden können. Soll die Integration des Umweltschutzes in die anderen Politikbereiche nicht nur auf dem Papier vollzogen werden, sondern realer Bestandteil der gemeinschaftlichen Umweltpolitik werden, wird auf Dauer eine bessere Koordination der europäischen Politikbereiche erforderlich werden. Mit dem 6. Umweltaktionsprogramm sind Verbesserungen in der Umsetzung der in den Bereichen Klimaänderung, biologische Vielfalt, Abfallwirtschaft und Risikomaterial erlassenen Gemeinschaftsvorschriften zu erwarten.

Zu einer weiteren Verunsicherung innerhalb der Mitgliedstaaten trägt die Schwierigkeit bei, im Sinne des Subsidiaritätsprinzips die Zuständigkeiten und der Normsetzungskompetenzen der EU und den Mitgliedstaaten im Bereich des Umweltschutzes abzugrenzen. Der Umstand, dass die Umweltbestimmungen der Gemeinschaft bewusst entwicklungsoffen formuliert sind, um so flexibel auf neue Herausforderungen des Umweltschutzes reagieren zu können, erschwert die Kompetenzverteilung zwischen der Gemeinschaft und den Mitgliedstaaten zusätzlich. Aus diesem Grund haben sich die Mitgliedstaaten in der Erklärung für die Schlussakte der Konferenz zur Zukunft der Union dazu entschlossen, im Verlauf des „Post-Nizza-Prozesses“, welcher nach wie vor andauert, die Kompetenzen zwischen den Mitgliedstaaten und der EU klarer abzugrenzen. Weiterhin kommt die Gemeinschaft nicht umhin, ihre Umweltpolitik an welthandelsrechtlichen Vorgaben auszurichten, wenn sie nicht Gefahr laufen will, dass gegen sie Handelssanktionen verhängt werden, weil sich ihre Umweltschutzmaßnahmen aus der Sicht der WTO als „protektionistisch“ erweisen.

Die welthandelsrechtliche Teil dieses Buches hat gezeigt, dass die Welthandelsordnung trotz ihrer offenen Formulierung klar definierbare Vorgaben für den Umweltschutz enthält, die nach mehreren aktuellen Entscheidungen im Umweltschutz einer widerspruchsfreien Auslegung zugänglich gemacht werden können. An diese Vorgaben müssen sich die WTO-Mitglieder und damit auch die Gemeinschaft bei der Umsetzung ihrer umweltpolitischen Ziele orientieren. Die neueren Entscheidungen der Streitbeilegungsgremien lassen erkennen, dass Verbraucherpräferenzen zukünftig eine größere Bedeutung in der Welthandelsordnung erlangen werden, und deshalb von den Mitgliedstaaten im Entscheidungsprozess über den Einsatz umweltverträglicher oder der Verhinderung umweltgefährdender Produktionen verstärkt herangezogen werden müssen. Im Interesse des Verbrauchers liegt es auch, sich gemäß dem Vorsorgeprinzip im Zweifelsfall gegen Produkte und Verfahren entscheiden zu dürfen, wenn von diesen ernsthafte Schäden für die Umwelt ausgehen könnten. Aus diesem Grund sollte die GATT-Konformität des Vorsorgeprinzips entweder im Regelwerk der WTO festgeschrieben werden oder zumindest durch einen Auslegungsbeschluss als GATT-konform bezeichnet werden. Damit diese umweltpolitischen Schutzmaßnahmen den Marktzugang anderer Staaten, insbesondere der Entwicklungsländer, nicht ungerechtfertigt beeinträchtigen, sind in Zukunft noch klarere und transparentere Kriterien herauszuarbeiten, die protektionistische Maßnahmen verhindern. Hierzu gehört es auch, multilaterale Umweltschutzabkommen zu fördern, zumal diese gegen die Verfolgung protektionistischer Interessen regelmäßig immun sind.

Die Einbindung der multilateralen Umweltschutzabkommen in das Regelwerk der WTO durch deren Anerkennung als GATT-konform sollte mit Blick auf die besseren Durchsetzungs- und Unterstützungsmechanismen, welche die Welthandelsordnung mit ihren Sanktionsmöglichkeiten bietet, unterstützt werden. Die Einbindung multilateraler Umweltschutzabkommen soll folglich nicht als eine Unterordnung missverstanden, sondern als Chance begriffen werden, den multilateralen Umweltschutzabkommen zu einer größeren Regelungsmacht zu verhelfen. Dadurch könnte auch das Konzept der nachhaltigen Entwicklung eine größere Bedeutung erlangen, indem die entwicklungspolitischen Ansätze der multilateralen Umweltschutzabkommen in das Regelwerk der WTO Einzug erhalten. Entwicklungspolitisch ist folgendes Ziel klar definiert: Der Umweltschutz sollte in den Entwicklungsländern durch einen von der WTO stärker geförderten Transfer von umweltfreundlichen Technologien und durch eine großzügigere Finanzierung und Förderung des Kapazitätenaufbaus vom Schutzniveau stetig angehoben und in Zukunft an das Schutzniveau der Industriestaaten angepasst werden. Damit das klassische Nord-Süd-Gefälle und der dabei bestehende Interessenkonflikt mit den Industriestaaten die Verhandlungen in diesem Regelungsbereich nicht behindern, ist in Zukunft eine engere Verknüpfung und Kooperation zwischen der UNEP und der WTO sowie eine stärkere Einbeziehung der NGOs in den Entscheidungsprozessen der WTO erforderlich.

Literaturverzeichnis

Ahn, Dukgeun: Environmental Disputes in the GATT/WTO: Before and After US – Shrimp Case, in: Michigan Journal of International Law 1999, S. 819 ff.

Ala'I, Padideh: Free Trade or Sustainable development? An Analysis of the WTO Appellate Body's Shift to a More Balanced Approach to Trade Liberalization, in: AM. U. INT'l L. REV. 1999, S. 1129 ff.

Alber, Siegbert: Tendenzen der neueren Rechtsprechung des EuGH, in: ZEuS 2003, S. 1 ff.

Altemöller, Frank: Handel und Umwelt im Recht der Welthandelsorganisation WTO. Umweltrelevante Streitfälle in der Spruchpraxis zu Artikel III und XX GATT, Frankfurt a.M. u.a. 1998

Appleton, Arthur Edmond: Environmental Labelling Programmes – International Trade Law Implications, London/The Hague/Boston 1997

Arntez, Wolf E./Eberhard Fahrbach: El Niño. Klimaexperiment in der Natur, Basel 1991

Bader, Pascal: Europäische Treibhauspolitik mit handelbaren Emissionsrechten, Berlin 2000

Becker, Ulrich: Der Gestaltungsspielraum der EG-Mitgliedstaaten im Spannungsfeld zwischen freiem Warenverkehr und Umweltschutz, Baden-Baden 1991

Behrens, Fritz: Die Umweltpolitik der Europäischen Gemeinschaften und Art. 235 EWGV, in: DVBl. 1978, S. 462 ff.

Behrens, Peter/Hans-Joachim Koch (Hrsg.): Umweltschutz in der Europäischen Gemeinschaft, Baden-Baden 1991

Beise, Marc: Umweltpolitik, in: Thomas Oppermann/Erich-Wolfgang Moersch (Hrsg.), Profi-Handbuch Wirtschaftsraum Europa, 3. Aufl., Berlin u.a. 1994, S. 293 ff.

ders./Thomas Oppermann/Gerald G. Sander: Grauzonen im Welthandel. Protektionismus unter dem alten GATT als Herausforderung an die neue WTO, Baden-Baden 1998

Benedek, Wolfgang (Hrsg.): Die Welthandelsorganisation (WTO), alle Texte einschließlich GATT (1994), GATS und TRIPS, München 1998

Berg, Werner: Gesundheitsschutz als Aufgabe der EU. Entwicklung, Kompetenzen, Perspektiven, Baden-Baden 1997

Berger, Joseph Robert: Unilateral Trade Measures to Conserve the World's Living Resources: An Environmental Breakthrough for the GATT in the WTO Sea Turtle Case, in: Columbia Journal of Environmental Law 1999, S. 355 ff.

Bernazani, Jennifer A.: The Eagle, the Turtle, the Shrimp and the WTO: Implications for the Future of Environmental Trade Measures, in: Connecticut Journal of International Law 2000, S. 207 ff.

Bhagwati, Jagdish N./T. N. Srinivasan: Trade and Environment: Does Environmental Diversity Detract from the Cause for Fair Trade?, in: Jagdish N. Bhagwati/Robert E. Hudec (Hrsg.), Fair Trade and Harmonization. Prequisites for Free Trade, Cambridge (Massachusetts)/ London 1996, S. 178 ff.

Biermann, Frank: Mehrseitige Umweltübereinkommen im GATT/WTO-Recht – Untersuchungen zum rechtspolitischen Reformbedarf, in: AVR 2000, S. 455 ff.

Blüthner, Andreas: The Global Compact and the WTO „Trade ands" – Implementing Universal Values in the Globalization Process, in: Martin Nettesheim/Gerald G. Sander (Hrsg.), WTO-Recht und Globalisierung, Berlin 2003, S. 313 ff.

BMU: Handel, Umwelt und Nachhaltige Entwicklung im Umfeld der WTO-Ministerkonferenz in Seattle – Vorschläge zur Integration von Umwelt- und Nachhaltigkeitselementen in das multilaterale Handelssystem, Hamburg/Berlin 2000.

Bowen, Brandon L.: The World Trade Organization and Its Interpretation of the Article XX exception to the General Agreement on Tariffs and Trade, in Light of Recent Developments, in: GA. J. INT'L & COMP. L. 2000, S. 181 ff.

Breier, Siegfried: Der Streit um die richtige Rechtsgrundlage in der Rechtsprechung des Europäischen Gerichtshofes, in: EuR 1995, S. 46 ff.

Bronckers, Marco/Natalie McNelis: Rethinking the „Like Product" Definition in GATT 1994: Anti-Dumping and Environmental Protection, in: Thomas Cottier/Petros C. Mavroidis (Hrsg.), Regulatory Barriers and the Principle of Non-Discrimination in World Trade Law, World Trade Forum, Nachdruck, Ann Arbor 2000, S. 345 ff.

Bundesforschungsanstalt für Ernährung: Die Strahlenkonservierung von Lebensmitteln (bearbeitet von Dieter A. Ehlermann/H. Delincée), 8. Aufl., Karlsruhe 1998

Callies, Christian: Nach dem Tabakwerbeurteil des EuGH, in: Jura 2001, S. 311 ff.

Cascante, José Christian/Gerald G. Sander: Der Streit um die EG-Bananenmarktordnung. The EC banana organization dispute, Berlin 1999

Cecchini, Paolo: Europa '92. Der Vorteil des Binnenmarktes, Baden-Baden 1988

Charnovitz, Steve: Environmentalism Confronts GATT Rules, in: JWT 1993, S. 37 ff.

ders.: The Law of Environmental „PPMs“ in the WTO: Debunking the Myth of Illegality, in: The Yale Journal of International Law 2002, S. 59 ff.

Chase, Brian: Tropical Forests and Trade Policy: The Legality of Unilateral Attempts to Promote Sustainable Development Under the GATT, in: Hastings International and Comparative Law Review 1994, S. 349 ff.

Cheyne, Ilona: Environmental Unilateralism and the WTO/GATT System, in: GA. J. INT'l & COMP. L. 1995, S. 433 ff.

Cohen, Janey: Committee on Trade and Evironment Gearing Up for Second Round of Talks, in: Int'l Env't Rep. (BNA) 288 (19.4.1995)

von Danwitz, Thomas: Produktwerbung in der Europäischen Union zwischen gemeinschaftlichen Kompetenzschranken und europäischem Grundrechtsschutz. Zum Rechtsschutz gegen das vorgeschlagene Verbot direkter und indirekter Tabakwerbung in Europa, Berlin 1998

Darly, William J./Joost Pauwelyn: MFN Unconditionality: A Legal Analysis of the Concept in View of its Evolution in the GATT/WTO Jurisprudence with Particular Reference to the Issue of the „Like Product“, in: Thomas Cottier/Petros C. Mavroidis (Hrsg.), Regulatory Barriers and the Principle of Non-Discrimination in World Trade Law, Ann Arbor 2000, S. 13 ff.

Dauses Manfred A.: Dogmatik des Freien Warenverkehrs in der Europäischen Gemeinschaft, in: RIW 1984, S. 197 ff.

Demmke, Christoph: Die Implementation von EG-Umweltpolitik in den Mitgliedstaaten. Umsetzung und Vollzug der Trinkwasserrichtlinie, Baden-Baden 1994

Dicke, Klaus: Effizienz und Effektivität internationaler Organisationen, Darstellung und kritische Analyse eines Topos im Reformprozess der Vereinten Nationen, Berlin 1994

Dieckmann, Martin: Das Abfallrecht der Europäischen Gemeinschaft. Systematische Darstellung der gemeinschaftsrechtlichen Vorgaben für die nationale Rechtsetzung und Rechtspraxis, Baden-Baden 1994

Diem, Andreas: Freihandel und Umweltschutz in GATT und WTO, Baden-Baden 1996

Ehlermann, Claus-Dieter: The Internal Market following the Single European Act, in: CMLRev. 1987, S. 361 ff.

Ehring, Lothar: De Facto Discrimination in WTO Law: National and Most-Favored Nation Treatment – or Equal Treatment?, Jean Monnet Working Paper 12/01

Engel, Rüdiger: Der freie Zugang zu Umweltinformationen nach der Informationsrichtlinie der EG und Schutz der Rechte Dritter, in: NVwZ 1992, S. 111 ff.

Engels, Thomas: Grenzüberschreitende Abfallverbringung nach EG-Recht, Baden-Baden 1999

Ensthaler, Jürgen: Umweltauditgesetz, EMAS-Verordnung. Darstellung der Rechtsgrundlagen und Anleitung zur Durchführung eines Umwelt-Audits, 2. Aufl., Berlin 2002

Epiney, Astrid: Umweltrecht in der Europäischen Union, 2. Aufl., Köln/Berlin/München 2005

dies./Andreas Furrer: Umweltschutz nach Maastricht. Ein Europa der drei Geschwindigkeiten?, in: EuR 1992, S. 369 ff.

dies./Thomas M.J. Möllers: Freier Warenverkehr und nationaler Umweltschutz, Köln u.a. 1992

Esty, Daniel C.: Greening the GATT. Trade, Environment and the Future, Washington D.C. 1994

ders./Damien Geradin: Environmental Protection and International Competitiveness – A Conceptional Framework, in: JWT 1998, S. 5 ff.

European Environment Agency: Environment in the European Union at the turn of the century, Luxemburg 1999

Everling, Ulrich: Umweltschutz durch Gemeinschaftsrecht in der Rechtsprechung des EuGH, in: Peter Behrens/Hans-Joachim Koch (Hrsg.), Umweltschutz in der Europäischen Gemeinschaft, Baden-Baden 1991, S. 29 ff.

Fischer, Kristian: Anmerkung zu der Rs. C-309/02 (Radlberger), in: EuZW 2005, S. 85 f.

Frenz, Walter: Europäisches Umweltrecht, München 1997

Furrer, Andreas: Die Sperrwirkung des sekundären Gemeinschaftsrechts auf die nationalen Rechtsordnungen. Die Grenzen des nationalen Gestaltungsspielraums durch sekundärrechtliche Vorgaben unter besonderer Berücksichtigung des „nationalen Alleingangs“, Baden-Baden 1994

Glaesner, Hans-Joachim: Die Einheitliche Europäische Akte, in: EuR 1986, S. 119 ff.

Gloria, Christian: Der „subjektive Faktor“ bei der Frage des Vorliegens einer verschleierten Handelsbeschränkung im Sinne des Artikel 36 Satz 2 EWG-Vertrag, in: RIW 1983, S. 898 ff.

Görlitz, Niklas: EU-Binnenmarktkompetenz und Tabakwerbeverbote, in: EuZW 2003, S. 485 ff.

Grabitz, Eberhard/Meinhard Hilf: Kommentar zum EU-Vertrag/EG-Vertrag, München, Loseblattsammlung

ders./Christian Zacker: Die neuen Umweltkompetenzen der EWG, in: NVwZ 1989, S. 297 ff.
Gramlich, Ludwig, Das französische Asbestverbot vor der WTO, in: AVR 1995, S. 130 ff.
von der Groeben, Hans/Jürgen Schwarze (Hrsg.): Kommentar zum Vertrag über die Europäische Union und zur Gründung der Europäischen Gemeinschaft, Kommentar in 4 Bänden, 6. Aufl., Baden-Baden 2003/2004
Grupp, Walter G./Gerhard Schäder: Neue Tendenzen in der Rechtsprechung des Europäischen Gerichtshofes zur Verhältnismäßigkeit, in: EWS 1993, S. 27 ff.

Hailbronner, Kay: Der „nationale Alleingang" im Gemeinschaftsrecht am Beispiel der Abgasstandards für Pkw, in: EuGRZ 1989, S. 101 ff.
Heerings, Hans: The Role of Environmental Policies in Influencing Patterns of Investment of Transnational Corporations: Case Studie of the Phosphate Fertilizer Industry, in: OECD Documents, Environmental Policies and Industrial Competitiveness, Paris 1993
Helm, Carsten: Sind Freihandel und Umweltschutz vereinbar? Ökologischer Reformbedarf des GATT/WTO-Regimes, Berlin 1995
Henke, Jörg: EuGH und Umweltschutz, München 1992
Herrmann, Philipp: Güterkraftverkehr im Binnenmarkt und Umweltschutz, Baden-Baden 2000
Hilf, Meinhard: Umweltabgaben als Gegenstand von Gemeinschaftsrecht und -politik, in: NVwZ 1992, S. 105 ff.
ders.: Freiheit des Welthandels contra Umweltschutz?, NVwZ 2000, S. 481 ff.
ders./Stefan Oeter: WTO-Recht. Rechtsordnung des Welthandels, Baden-Baden 2005
Himmelmann, Steffen: EG-Umweltrecht und nationale Gestaltungsspielräume, Baden-Baden 1997
Hoffert, Ursula: Europarecht und nationale Umweltpolitik, Wien/New York 1993
Howse, Robert: The Appellate Body Rulings in the Shrimp/Turtle Case: A New Legal Baseline for the Trade and Environment Debate, in: Columbia Journal of Environmental Law 2002, S. 491 ff.
ders./Donald Regan: The Product/Process Distinction – An Illusory Basis for Disciplining „Unilateralism" in Trade Policy, in: European Journal of International Law 2000, S. 249 ff.
ders./Elisabeth Türk: The WTO Impact on Internal Regulations – A Case Study of the Canada – EC Asbestos Dispute, in: Craimme de Burca/Joanne Scott (Hrsg.), The EU and the WTO: Legal and Constitutional Issues, Oxford/Portland Oregon 2001, S. 283 ff.

Hudec, Robert E.: Differences in National Environmental Standards: The Level Playing Field Dimensions, in: Minnesota Journal of Global Trade 1995, S. 1 ff.

ders.: GATT Legal Restraints on the Use of Trade Measures Against Foreign Environmental Practices, in: Jagdish N. Bhagwati/Robert E. Hudec (Hrsg.), Fair Trade and Harmonization, Cambridge (Massachusetts)/London 1996, S. 95 ff.

Hurlock, Matthew H., The GATT U.S. Law and the Environment: A Proposal to Amend the GATT in Light of the Tuna/Dolphin Decision, in: Columbia Law Review 1992, S. 2098 ff.

Jackson, John H.: World Trade Rules and Environmental Policies. Congruence or Conflikt?, in: Wash. & Lee L. Rev. 1992, S. 1227 ff.

Jahns-Böhm, Jutta: Umweltschutz durch europäisches Gemeinschaftsrecht am Beispiel der Luftreinhaltung, Berlin 1994

Jakobs, Michael: The Green Economy: Environment, Sustainable Development and the Politics of the Future, xv-xvii (1991)

Jones, Tom: Economic Globalisation and the Environment: An Overview of the Linkages, in: OECD (Hrsg.), Globalization and the Environment, Paris 1998

Kahl, Wolfgang: Umweltprinzip und Gemeinschaftsrecht, Heidelberg 1993

Kamann, Hans-Georg: Viel Rauch um nichts? – Gesundheitsschutz im Rahmen der Binnenmarktharmonisierung gemäß Art. 95 EGV nach dem „Tabakwerbeurteil" des EuGH, in: ZEuS 2001, S. 23 ff.

Kluttig, Bernhard, Welthandelsrecht und Umweltschutz – Kohärenz statt Konkurrenz, Arbeitspapiere aus dem Institut für Wirtschaftsrecht, Heft 12, Halle/Saale 2003

Knorr, Andreas: Welthandelsordnung und Umweltschutz, in: ORDO 1995, S. 203 ff.

Koch, Hans-Joachim: Luftreinhalterecht in der Europäischen Gemeinschaft, in: Peter Behrens/Hans-Joachim Koch (Hrsg.), Umweltschutz in der Europäischen Gemeinschaft, Baden-Baden 1991, S. 75 ff.

von Köller, Henning/Wolfgang Klett/Olaf Konzak: EG-Abfallverbringungsverordnung, Berlin 1994

Koenig, Christian/Christina Engelmann: E-Commerce mit Arzneimitteln im Europäischen Binnenmarkt und die Freiheit des Warenverkehrs, in: ZUM 2001, S. 19 ff.

Krämer, Ludwig: The Single European Act and Environment Protection. Reflections on several New Provisions in Community Law in: CMLRev. 1987, S. 659 ff.

ders.: Grundrecht auf Umwelt und Gemeinschaftsrecht, in: EuGRZ 1988, S. 285 ff.
ders. (Hrsg.): Umweltrecht der EU. Textsammlung, 4. Aufl., Baden-Baden 2001

Langeheine, Bernd: Rechtsangleichung unter Art. 100a EWGV – Harmonisierung vs. nationale Schutzinteressen, in: EuR 1988, S. 235 ff.
Leible, Stefan: Kennzeichnung gentechnisch hergestellter Lebensmittel, in: EuZW 1992, S. 599 ff.
Lersner, Heinrich von: Umweltschutz im Spannungsfeld von nationalem Recht und europäischem Gemeinschaftsrecht, in: Peter Behrens/Hans-Joachim Koch (Hrsg.), Umweltschutz in der Europäischen Gemeinschaft, Baden-Baden 1991, S. 157 ff.
Lietzmann, Kurt: Einheitliche Europäische Akte und Umweltschutz: Die neuen Umweltbestimmungen im EWG-Vertrag, in: Hans-Werner Rengeling (Hrsg.), Europäisches Umweltrecht und europäische Umweltpolitik, Köln u.a. 1988, S. 163 ff.
Lübbe-Wolff, Gertrude: Die Bedeutung des EG-Rechts für den Grundwasserschutz, in: Peter Behrens/Hans-Joachim Koch (Hrsg.), Umweltschutz in der Europäischen Gemeinschaft, Baden-Baden 1991, S. 127 ff.

Macmillan, Fiona: WTO and the Environment, London 2001
Maier, Jürgen: Weder Durchbruch noch Rückschlag, Eine erste Bilanz des Weltgipfels für nachhaltige Entwicklung in Johannesburg, in: Vereinte Nationen 2002, S. 177 ff.
Marceau, Gabrielle: Conflicts of Norms and Conflicts of Jurisdictions – The Relationship between the WTO Agreement and MEAs and other Treaties, in: JWT 2001, S. 1081 ff.
McDonald, Jan: It's Not Easy Being Green: Trade and Environment Linkages beyond Doha, in: Ross P. Buckley (Hrsg.), The WTO and the Doha Round – The Changing Face of World Trade, The Hague/London/New York 2003, S. 145 ff.
Middeke, Andreas: Nationaler Umweltschutz im Binnenmarkt, Köln u.a. 1994
Moench, Christoph: Reinheitsgebot für Bier, in: NJW 1987, S. 1109 ff.
Möschel, Wernhard: Kehrtwende in der Rechtsprechung des EuGH zur Warenverkehrsfreiheit, in: NJW 1994, S. 429 ff.
Motaal, Doa abdel: The Agreement on Technical Barriers to Trade, the Committee on Trade and Environment, and Eco-labelling, in: Gary Sampson/ Bradnee Chambers (Hrsg.), Trade, Environment and the Millennium, New York 1999, S. 223 ff.

Nettesheim, Martin: Das Umweltrecht der Europäischen Gemeinschaften, in: Jura 1994, S. 337 ff.

ders.: Die mitgliedstaatliche Durchführung von EG-Richtlinien. Eine Untersuchung am Beispiel der Luftqualitätsrahmenrichtlinie, Berlin 1999

Nissen, Jill Lynn: Achieving a Balance Between Trade And The Environment: The Need to Amend the WTO/GATT to Include Multilateral Environmental Agreements, in: Law & Policy in International Business 1997, S. 901 ff.

Nollkaemper, André: The Legality of Moral Crusades Disguised in Trade Laws: An Analysis of the EC „Ban" on Furs from Animals Taken by Leghold Traps, in: Journal of Environmental Law 1996, S. 237 ff.

Nordström, Hakan/Scott Vaughan: Trade and Environment, World Trade Organization Special Studies 4, World Trade Organization, Geneva 1999

OECD: Process and Production Methods (PPMs). Conceptual Framework and Considerations on use of PPM-based Trade Measures, Paris 1997

Oppermann, Thomas: „Gute Nachbarschaft" im internationalen und europäischen Umweltrecht, in: Wilhelm G. Grewe/Hans Rupp/Hans Schneider (Hrsg.), Europäische Gerichtsbarkeit und nationale Verfassungsgerichtsbarkeit, Festschrift für Hans Kutscher, Baden-Baden 1981, S. 301 ff.

ders.: Europarecht, 2. Aufl., München 1999

ders./Marc Beise: Freier Welthandel und Umweltschutz nach der WTO-Doha-Konferenz 2001, in: RIW 2002, S 269 ff.

O'Rourke, Raymond: European Food Law, 2. Aufl., Bembridge 2001

Osakwe, Chiedu: Finding New Packages of Acceptable Combinations of Trade and Positive Measures to Improve the Effectiveness of MEAs: A General Framework, in: Agata Fijalkowski/James Cameron (Hrsg.), Trade and the Environment: Bridging the GAP; The Hague 1998, S. 38 ff.

Palme, Christoph E.: Nationale Umweltpolitik in der EG. Zur Rolle des Art. 100a IV im Rahmen einer Europäischen Umweltgemeinschaft, Berlin 1992

Patterson, Eliza: GATT and the Environment, in: JWT 1992, S. 99 ff.

Pechstein, Matthias: EG-Umweltkompetenzen und nationale Alleingänge beim Umweltschutz, in: Jura 1996, S. 176 ff.

Pernice, Ingolf: Auswirkungen des europäischen Binnenmarktes auf das Umweltrecht – Gemeinschafts(verfassungs-)rechtliche Grundlagen, in: NVwZ 1990, S. 201 ff.

Petersmann, Ernst-Ulrich: Freier Warenverkehr und nationaler Umweltschutz in der EWG und EWR, in: Aussenwirtschaft 1993, S. 97 ff.

ders.: International Trade Law and International Environmental Law. Prevention and Settlement of International Environmental Disputes in GATT, in: JWT 1993, S. 43 ff.

Puls, Bret: The Murky Waters of International Environmental Jurisprudence: A Critique of Recent WTO Holdings in the Shrimp/Turtle Controversy, in: Minn. J. Global Trade 1999, S. 343 ff.

Qureshi, Asif H.: The Cartagena Protocol on Biosafety and the WTO – Co-Existence or Incoherenz?, in: International and Comparative Quarterly 2000, S. 835 ff.

Rabe, Hans-Jürgen: Garantien und Sicherungen des freien Warenverkehrs im Lichte der neusten Rechtsprechung des EuGH – Cassis de Dijon und die Folgerechtsprechung, in: Jürgen Schwarze (Hrsg.), Das Wirtschaftsrecht des Gemeinsamen Marktes in der aktuellen Rechtsentwicklung, Baden-Baden 1983, S. 41 ff.

Regan, Donald H., Regulatory Purpose and „Like Products" in Article III:4 of the GATT (With Additional Remarks on Article III:2), in: JWT 2002, S. 443 ff.

Rege, *Vinod*: GATT Law and Environment: Related Issues Affecting the Trade of Developing Countries, in: JWT 1994, S. 95 ff.

Rengeling, Hans-Werner: Umweltvorsorge und ihre Grenzen im EWG-Recht: Zu Grenzwerten für Pflanzenschutzmittel in der EWG-Richtlinie über die Qualität von Wasser für den menschlichen Gebrauch (80/778/EWG), Köln 1989

ders./Kersten Heinz: Die dänische Pfandflaschenregelung, in: JuS 1990, S. 613 ff.

Revesz, *Richard*: Rehabilitating Interstate Competition: Rethinking the „Race-To-The-Bottom" Rationale for Federal Environmental Regulation, in: New York University Law Review 1992, S. 1210 ff.

Rich, Bruce: Mortgaging the Earth: The World Bank, Environmental Impoverishment and the Crises of Development, London 1994

Sander, Gerald G.: Der Europäische Gerichtshof als Förderer und Hüter der Integration. Eine Darstellung anhand seiner Einwirkungsmöglichkeiten auf die einzelnen Dimensionen des Einigungsprozesses, Berlin 1998

ders.: Gesundheitsschutz in der WTO – eine neue Bedeutung des Codex Alimentarius im Lebensmittelrecht?, in: ZEuS 2000, S. 335 ff.

ders.: Der Vertrieb von Arzneimitteln über das Internet im Spannungsfeld von Freihandel und Gesundheitsschutz, Eschborn 2002

ders.: Internationaler und europäischer Gesundheitsschutz. Gesundheitsrecht in WHO, FAO/CAK, WTO und EU, unter besonderer Berücksichtigung des Lebensmittelrechts, Baden-Baden 2004

ders.: Zwangslizenzen zur Arzneimittelherstellung in Entwicklungsländern, in: NORD-SÜD aktuell 2004, S. 125 ff.

ders.: Die WTO und die Entwicklungsrunde – unter besonderer Berücksichtigung der Verhandlungspositionen der EU, in: Gerald G. Sander/Ivo Maryška (Hrsg.), Die Europäische Union vor neuen Herausforderungen. Verfassung – Osterweiterung – Welthandel, Frankfurt am Main u.a. 2005, S. 167 ff.

ders.: Europäischer Gesundheitsschutz als primärrechtliche Aufgabe und grundrechtliche Gewährleistung, in: ZEuS 2005, S. 253 ff.

Sasdi, Andreas: Innovationsschutz im TRIPS-Übereinkommen. Unter besonderer Berücksichtigung arzneimittelbezogener Aspekte der Rechte des geistigen Eigentums, Berlin 2004

Schenek, Matthias: Das Gentechnikrecht der Europäischen Gemeinschaft. Gemeinschaftliche Biotechnologiepolitik und Gentechnikregulierung, Berlin 1995

Scheuing, Dieter H.: Umweltschutz auf der Grundlage der Einheitlichen Europäischen Akte, in: EuR 1989, S. 152 ff.

Schilling, Theodor: Rechtsfragen zu Art. 30 EGV, in: EuR 1994, S. 50 ff.

Schimmelpfennig, Alexander: Eine umweltpolitische Reform des WTO-Systems?, Baden-Baden 2005

Schlacke, Sabine: Risikoentscheidungen im europäischen Lebensmittelrecht. Eine Untersuchung am Beispiel des gemeinschaftlichen Zusatzstoffrechts unter besonderer Berücksichtigung des europäischen Ausschußwesens („Komitologie"), Baden-Baden 1998

Schmidt, Gudrun: Freier Warenverkehr innerhalb der EG, in: Hans-Werner Rengeling/Reimer von Borries (Hrsg.), Aktuelle Entwicklungen in der Europäischen Gemeinschaft, Köln u.a. 1992, S. 57 ff.

Schmidt, Reiner/Wolfgang Kahl: Umweltschutz und Handel, in: Hans-Werner Rengeling (Hrsg.), Handbuch zum europäischen und deutschen Umweltrecht, Bd. II/2, 2. Aufl., Köln u.a. 2003, S. 1682 ff.

Schmitz, Stefan: Die Europäische Union als Umweltunion. Entwicklung, Stand und Grenzen der Umweltschutzkompetenzen der EU, Berlin 1996

Schoenbaum, Thomas J.: International Trade and Protection of the Environment: The Continuing Search for Reconciliation, in: AJIL 1997, S. 268 ff.

ders.: International Trade and Environmental Protection, in: Patricia W. Birnie/Alan E. Boyle (Hrsg.), International Law and the Environment, 2. Aufl., Oxford 2002, S. 697 ff.

Schröder, Meinhard: Die steuernde und marktbegrenzende Wirkung umweltschutzrelevanter Prinzipien des EG-Vertrags am Beispiel des Abfallexports, in: NVwZ 1996, S. 833 ff.

ders.: Aktuelle Entwicklungen im europäischen Umweltrecht – unter besonderer Berücksichtigung des Vertrags von Amsterdam, in: Natur und Recht 1998, S. 1 ff.

Schröer, Thomas: Die Kompetenzverteilung zwischen der Europäischen Wirtschaftsgemeinschaft und ihren Mitgliedstaaten auf dem Gebiet des Umweltschutzes, Berlin 1992

Schultz, Jenny: Environmental Reform of the GATT/WTO International Trading System, in: World Competition 1994, S. 77 ff.

Schutt, Wolfgang/Joachim Steffens: EuGH-Entscheidung zu Verpackungsvorschriften in Dänemark, in: RIW 1989, S. 447 ff.

Schweitzer, Michael/Werner Schroeder/Yves Bock: EG-Binnenmarkt und Gesundheitsschutz. Am Beispiel der neuen Tabakrichtlinie der Europäischen Gemeinschaft, Heidelberg 2002

Seidel, Martin: Umweltrechtliche und wirtschaftslenkende Abgaben und Maßnahmen aus gemeinschaftsrechtlicher Sicht, in: NVwZ 1993, S. 105 ff.

Seidel, Wolfgang: Gewässerschutz durch europäisches Gemeinschaftsrecht. Grundlagen, Regelungsdefizite und Reformperspektiven, Baden-Baden 2000

Senti, Richard: WTO. System und Funktionsweise der Welthandelsordnung, Zürich/Wien 2000

Shaffer, Gregory C.: The World Trade Organization Under Challenge: Democracy And the Law and Politics of the WTO's Treatment of Trade and Environment Matters, in: Harvard Environmental Law Review 2001, S. 1 ff.

Simmons, Benjamin: In Search of Balance: An Analysis of the WTO Shrimp/Turtle Appellate Body Report, in: Columbia Journal of Environmental Law 1999, S. 413 ff.

Simonis, Udo Ernst/Ernst-Ulrich von Weizsäcker: Globale Umweltprobleme – Neun Thesen, in: EA 1990, S. 1 ff.

Skala, Astrid K.: Internationale technische Regeln und Standards zum Umweltschutz. Ihre Entstehungsarten und rechtlichen Wirkungen, Köln u.a. 1982

Steiger, Heinhard: Begriff und Gestaltungsebenen des Umweltrechts, in: Jürgen Salzwedel (Hrsg.), Grundzüge des Umweltrechts, Berlin 1982, S. 1 ff.

Steiner, Henry J..: Drawing the Line: Uses and Abuses of Article 30 EEC, in: CMLRev. 1992, S. 749 ff.

Steininger, Karl: Reconciling Trade and Environment: Towards a Comparative Advantage for Long-Term Policy Goals, 9 Ecological Economics 1994 S. 23 ff.

Stevens, Candice: Synthesis Report: Environmental Policies and Industrial Competitiveness in OECD Paper on Competitiveness, Paris 1993

Stewart, Richard B.: Environmental Regulation and International Competitiveness, in: 102 Yale L.J. 1993, S. 2039 ff.

Stökl, Lorenz: Der welthandelsrechtliche Gentechnikkonflikt. Die europarechtlichen Handelsbeschränkungen für gentechnisch veränderte Lebensmittel und ihre Vereinbarkeit mit Welthandelsrecht, Berlin 2003 *ders.*: WTO und Gentechnik. Die Anforderungen des WTO-Rechts für Beschränkungen des Handels mit gentechnisch veränderten Organismen und Lebensmitteln, in: Martin Nettesheim/Gerald G. Sander (Hrsg.), WTO-Recht und Globalisierung, Berlin 2003, S. 73 ff.

Stoll, Peter-Tobias/Frank Schorkopf: WTO – Welthandelsordnung und Welthandelsrecht, Köln u.a. 2002

Subedi, Surya P.: Balancing International Trade with Environmental Protection: International Legal Aspects of Eco-Labels, in: Brooklyn Journal of International Law 1999, S. 373 ff.

Tietje, Christian: Voluntary Eco-Labelling programmes and Questions of State Responsibility in the WTO/GATT Legal System, in: JWT 1995, S. 123 ff.

UNITAR: The Eagle, the Turtle, the Shrimp and the WTO: Implications for the Future of Environmental Trade Measures, in: Connecticut Journal of International Law 2000, S. 211 ff.

Veh, Gerhard M./Günther-Michael Knopp: Gewässerschutz nach EG-Recht, Stuttgart u.a. 1995

Vogel, David: The WTO, International Trade and Environmental Protection: European and American Perspectives, EUI Working Paper, Robert Schuman Centre For Advanced Studies No. 2002/34

Vorwerk, Axel: Die umweltpolitischen Kompetenzen der Europäischen Gemeinschaft und ihrer Mitgliedstaaten nach Inkrafttreten der EEA, München 1990

Wägenbaur, Bertrand: Tabak, Ende der Diskussion oder Diskussion ohne Ende?, in: EuZW 2003, S. 107 ff.

Wägenbaur, Rolf: Ein Programm für die Umwelt, in: EuZW 1993, S. 241 ff.

Waincymer, Jeff: „Reformulated Gasoline under Reformulated WTO Dispute Settlement Procedures: Pulling Pandora out of a Chapeau", in: 18 Michigan Journal of International Law 1996, S. 156 ff.

Ward, Halina: Common but Differential Debates: Environment, Labour and the World Trade Organization, in: International and Comparative Law Quaterly 1996, S. 592 ff.

Wasmeiner, Martin: Umweltabgaben und Europarecht. Schranken des staatlichen Handlungsspielraumes bei der Erhebung öffentlicher Abgaben im Interesse des Umweltschutzes, München 1995

Weiher, Birgit: Nationaler Umweltschutz und Internationaler Warenverkehr, Baden-Baden 1997

Weinstock, Ulrich: Nur eine europäische Umwelt?, in: ZfU 1983, S. 1 ff.

Weiß, Wolfgang/Christoph Herrmann: Welthandelsrecht, München 2003

Wilmowsky, Peter von: Abfallwirtschaft im Binnenmarkt, Düsseldorf 1990
ders.: Abfall und freier Warenverkehr: Bestandsaufnahme nach dem EuGH-Urteil zum wallonischen Einfuhrverbot, in: EuR 1992, S. 414 ff.
ders.: Einführung in das Recht der Europäischen Gemeinschaft, in: Jura 1992, S. 337 ff.

Zils, Hans-Peter: Die Wertigkeit des Umweltschutzes in Beziehung zu anderen Aufgaben der Europäischen Gemeinschaft, Heidelberg 1994
Zuleeg, Manfred: Vorbehaltene Kompetenzen der Mitgliedstaaten der Europäischen Gemeinschaft auf dem Gebiet des Umweltschutzes, in: NVwZ 1987, S. 280 ff.
ders.: Umweltschutz in der Rechtsprechung des Europäischen Gerichtshofs, in: NJW 1993, S. 31 ff.

Stichwortverzeichnis

Peter Lang · Europäischer Verlag der Wissenschaften

Melanie Lorenz

Umweltschutz und wettbewerblich konzipierter Binnenmarkt im Gemeinschaftsrecht

Frankfurt am Main, Berlin, Bern, Bruxelles, New York, Oxford, Wien, 2004.
XIV, 229 S.
Europäische Hochschulschriften: Reihe 2, Rechtswissenschaft. Bd. 3977
ISBN 3-631-52493-5 · br. € 42.50*

Die Arbeit untersucht das Verhältnis zwischen dem Ziel des Umweltschutzes und den Zielen des Binnenmarktes sowie eines unverfälschten Wettbewerbs im Gemeinschaftsrecht. Die im EG-Vertrag vorgesehene Integration des Umweltschutzes in die anderen Gemeinschaftspolitiken und das Ziel einer nachhaltigen Entwicklung fordern, im Rahmen der wirtschaftlich ausgerichteten Ziele, auch Belange des Umweltschutzes zu berücksichtigen. Es wird geprüft, in welcher Rangordnung die Ziele zueinander stehen, ob sie grundsätzlich miteinander vereinbar sind und wie sich Zielkonflikte lösen lassen. Ferner wird aufgezeigt, wie der Europäische Gerichtshof und die Europäische Kommission Zielkonflikte bei der Anwendung der Vorschriften der Grundfreiheiten und des EG-Wettbewerbsrechts lösen und wie man die Vorschriften auslegen sollte, um noch besser den Vorgaben des EG-Vertrages zu genügen.

Aus dem Inhalt: Europarecht · Binnenmarkt · Umweltschutz · Grundfreiheiten · EG-Wettbewerbsrecht

Kolibri 360 GmbH
Ferdinand-Jühlke-Straße 7
99095 Erfurt, Deutschland
produktsicherheit@kolibri360.de

Druck:
CPI Druckdienstleistungen GmbH
im Auftrag der
Kolibri 360 GmbH
Ferdinand-Jühlke-Str. 7
99095 Erfurt